Klaus-Jürgen Bremm

DIE SCHLACHT

So dachte sich das spätere 19. Jahrhundert Napoleons letzten Kampf:
"Die Schlacht von Waterloo". *Gemälde, 1874, von Felix Philippoteaux (1815–84).*

Klaus-Jürgen Bremm

DIE SCHLACHT

Waterloo 1815

HERDER

FREIBURG · BASEL · WIEN

THEISS

Abbildungsnachweis

Akg-images: S. 2, 189; bpk Berlin: S. 9, 58, 153, 185, 187, 201; Klaus-Jürgen Bremm: S. 123, 129, 222; Peter Palm, Berlin: S. 236–245; picture-alliance: S. 28, 231; WBG-Archiv: S. 42, 56, 224

Für seine aufmerksame Durchsicht des Textes sei Professor (em.) Werner Lehfeldt aus Göttingen herzlich gedankt.

wbg Theiss ist ein Imprint der Verlag Herder GmbH

© Verlag Herder GmbH, Freiburg im Breisgau 2025
Hermann-Herder-Str. 4, 79104 Freiburg
Alle Rechte vorbehalten
www.herder.de

Bei Fragen zur Produktsicherheit wenden Sie sich an
mailto: produktsicherheit@herder.de

Lektorat: Kristine Althöhn, Mainz
Satz: Mario Moths, Merl
Covergestaltung: Stefan Schmid, Stuttgart
Coverbild: Schlacht von Waterlo. Gemälde von William Sadler (1782 - 1839).

Herstellung: GGP Media GmbH, Pößneck

Printed in Germany

ISBN Print: 978-3-534-61152-2
ISBN E-Book (E-Pub) 978-3-534-61199-7
ISBN E-Book (PDF): 978-3-534-61205-5

INHALT

Waterloo – der vereinnahmte Sieg

„Um Mitternacht in Waterloo, von der Verfolgung zurückkommend, die ich mit der preußischen Armee bis vor Genappe fortgesetzt hatte, sagte ich dem Herzog (von Wellington, KJB), der Feldmarschall (von Blücher, KJB) werde die Schlacht „Belle Alliance" benennen. Er gab mir keine Antwort darauf und ich bemerkte sogleich, dass er nicht die Absicht hatte, ihr diesen Namen zu geben. Ob er nun fürchtete, sich selbst oder seiner Armee etwas dadurch zu vergeben, ich weiß es nicht…"

Friedrich Karl Freiherr v. Müffling genannt Weiß, Aus meinem Leben[1]

Den Namen des Ortes kenne er zwar nicht, schrieb Fähnrich Charles Short von den Coldstream Guards am 19. Juni 1815 aus dem belgischen Nivelles an seine Mutter in England, „aber Du wirst ihn sicherlich aus der Zeitung erfahren und Europa wird sich an ihn erinnern, solange Europa Europa ist."[2]

Wenn auch geografisch alles andere als korrekt, trägt inzwischen das Schlachtfeld, auf dem der Herzog von Wellington und der preußische Feldmarschall Fürst Blücher von Wahlstatt gemeinsam ihren korsischen Widersacher bezwangen, den Namen „Waterloo".

Wie die meisten Überlebenden des zehnstündigen mörderischen Schlagabtausches zweifelte der junge Short keinen Augenblick daran, dass er und seine Kameraden am Vortag an einem weltgeschichtlichen Ereignis teilgenommen hatten. Nicht nur der Großteil der französischen Armee war an diesem Sonntagabend untergegangen, auch die wohl herausragende Persönlichkeit ihrer Epoche, Napoleon Bonaparte, war für immer von der Bühne der Geschichte abgetreten.

Mehr als acht Stunden hatte eine britisch-niederländisch-deutsche Armee unter dem Befehl des Herzogs von Wellington den nur wenig koordinierten, aber wuchtigen Schlägen der kaiserlichen Streitmacht standgehalten, hatte das endlose Bombardement aus mehr als 200 französischen

Geschützen ertragen, ehe am frühen Abend das Erscheinen von 40 000 Preußen in der rechten Flanke der Franzosen die Schlacht entschied.

Auch wenn die zu Tode erschöpften Soldaten der beiden siegreichen Armeen, betäubt vom stundenlangen Geschützlärm und durstig von dem Geschmack des Schwarzpulvers in ihren Mündern, für die nächsten Stunden zunächst damit beschäftigt waren, auf dem von mehr als 40 000 Toten und Verwundeten bedeckten Schlachtfeld Trinkwasser, Verpflegung und wohl auch Beute zu finden, so stand für die meisten doch zweifelsfrei fest, dass sie sich nunmehr auf historischem Boden bewegten.

Keiner der beteiligten Soldaten konnte in dieser Nacht oder an den noch folgenden Tagen überblicken, dass mit „Waterloo" unwiderruflich die lange Epoche der Revolutionskriege zu Ende gegangen war, die Europa ein Vierteljahrhundert lang bis in die Weiten Russlands in Flammen gesetzt hatten. Wenige ahnten vielleicht, dass nunmehr Großbritanniens hundertjährige Weltherrschaft beginnen würde. Wohl aber hatte sie alle die unmittelbare Erfahrung der so plötzlichen und vollkommenen Wende des Schicksals erschüttert. Schien das militärische Genie Napoleon noch kurz vor 19 Uhr unmittelbar vor dem erhofften Sieg gestanden zu haben, so strömte seine Armee nur wenige Minuten später bereits in voller Auflösung zurück auf ihre Ausgangsposition bei Belle Alliance und sogar noch weiter nach Genappe. In einer gewaltigen Arena von etwa anderthalb Kilometern Breite und vier Kilometern Länge hatte sich in den Abendstunden des 18. Juni 1815 in bestürzender Schnelligkeit ein Drama vollendet, das die Ereignisse der großen Schlacht von Leipzig nur 21 Monate zuvor weit in den Schatten stellte.

Obwohl von den etwa 180 000 Kämpfern bei Waterloo beinahe die Hälfte Deutsche aus Preußen, Braunschweig, Nassau und dem Königreich Hannover waren, spielte die Schlacht im nationalen Erinnerungskanon nie eine herausragende Rolle. Es mag damit zu tun haben, dass sich einzig in Preußen Blüchers redlich gemeinter Vorschlag durchsetzen konnte, die Schlacht nach dem Farmhaus „La Belle Alliance" zu benennen, wo er am Abend mit Wellington zusammengetroffen war. Selbst in den anderen beteiligten deutschen Staaten war auf zahlreichen Denkmälern und Erinnerungsmedaillen von Anfang an der Name jener Ortschaft etwa sechs Kilometer nördlich des Schlachtfeldes vermerkt, wo Wellington jeweils in der Nacht davor und danach sein Quartier genommen hatte.

Mit dem Namen Waterloo aber war die große Schlacht vor den Toren Brüssels unwiderruflich zu einem Sieg Wellingtons und seiner britischen Soldaten gestempelt. Kein Brite des heraufziehenden Viktorianischen Zeitalters zweifelte denn auch daran, dass der Herzog die Schlacht nur mit einem kleinen Kern von entschlossenen „Rotröcken" gewonnen hatte, assistiert lediglich von seinen niederländischen und deutschen Hilfstruppen.

Kupferstich von 1816: „Vue de la ferme de la Belle Alliance. Dessinée deux jours après la Bataille de Watterloo ou du Mont St. Jean" (aus: François-Thomas Delbare, Brüssel 1816).

Die preußischen Veteranen konnten es verschmerzen, hatten sie doch mit Leipzig einen eigenen Gedenkort, der nicht der Willkür der Belgier, Briten oder Franzosen unterlag.[3] Nach den Einigungskriegen 1864–1871 verdrängten dann endgültig neue spektakuläre Siege wie der von Sedan das Gedenken an Waterloo. Im prosperierenden Wilhelminischen Reich hatte schließlich das einst verbündete England anstelle von Frankreich die Rolle des großen Rivalen übernommen. Da passte es durchaus ins Bild, dass die „perfiden Vettern" jenseits des Ärmelkanals die Leistungen der Preußen und der anderen deutschen Kontingente gegen Napoleon immer noch herunterzuspielen pflegten.

In Großbritannien war der Name der Schlacht und die Erinnerung an die darin erbrachten Opfer sogleich so allgegenwärtig, dass 1819 ein Aufsehen erregendes Massaker an Demonstranten für eine Wahlrechtsreform auf dem St. Peters Field bei Manchester im ganzen Land bald nur noch unter dem Namen „Peterloo" kursierte. Zwei Jahre früher war in London bereits die Waterloo-Brücke eröffnet worden und Dutzende von Straßen und Plätzen im gesamten Königreich wurden nach Wellingtons größtem Sieg umbenannt. Aus britischer Sicht hatte der Herzog bei Waterloo nur vollendet, was Admiral Nelson ein Jahrzehnt zuvor bei Trafalgar begonnen hatte.[4] Über den französischen Furor und das militärische Genie des Korsen hatten britische Disziplin, Ausdauer und Beharrungsvermögen die Oberhand behalten. Es waren zugleich auch schon die Tugenden des neuen Industriezeitalters.

An der entscheidenden Rolle Wellingtons in der Schlacht hat im Kern auch die neuere Historiografie festgehalten, obwohl der Herzog selbst sich stets geweigert hatte, in die schon bald geführte Debatte über die Ursachen des Sieges einzugreifen. Aus seiner Feder existiert lediglich der noch am späten Abend des 18. Juni verfasste Bericht an den britischen Kriegsminister, den Earl of Bathurst. Zwar werden inzwischen von fast allen Autoren die Versäumnisse des Herzogs eingeräumt. Selbst ein Hagiograf wie Jac Weller lässt seiner Analyse der Führungsleistung Wellingtons bei Waterloo immerhin ein Kapitel über *Wellington's Mistakes* folgen, aber nur, um darin jeden jemals erhobenen Vorwurf gegen seinen Helden zu widerlegen.[5]

Sogar bei deutschen Autoren wie dem Napoleon-Biografen Johannes Willms hat sich die Auffassung gehalten, dass Waterloo der Sieg Wellingtons gewesen sei.[6]

Es erstaunt, dass trotz des *Cultural Turn* in der Militärgeschichte auch in jüngeren Publikationen zur Schlacht das Geschehen immer noch gern im Lichte der großen Entschlüsse betrachtet wird. Das gilt auch für die ansonsten wohl lesenswerteste Darstellung der Schlacht aus der Feder des Belgiers Jacques Logie. Dabei hatte spätestens in den 1970er-Jahren John Keegans bahnbrechende Studie *The Face of Battle* (dt. „Die Schlacht") das Erleben der einfachen Soldaten bei Waterloo in den Blick gerückt und nebenher die schon von Stendhal in der „Kartause von Parma" gestellte Frage aufgeworfen, ob sich aus der begrenzten Perspektive der Beteiligten überhaupt jemals ein konsistentes Bild der Abläufe des 18. Juni rekonstruieren lässt. Keegan schöpfte dabei aus einem großen Fundes von Erlebnisberichten von Offizieren aller Dienstgrade und auch der einfachen Soldaten. Schließlich war Waterloo auch die erste Schlacht in der europäischen Geschichte, die zum Objekt eines aufwendigen Oral-History-Projekts wurde. Nur zwei Dekaden nach dem Sturz Napoleons hatte der britische Hauptmann William Siborne, der selbst nicht an der Schlacht teilgenommen hatte, Hunderte von Überlebenden nach ihren Erfahrungen von Waterloo befragt und ein Korpus von etwa 500 Erlebnisberichten und Beiträgen zusammengebracht.[7]

Spätestens seit der Veröffentlichung eines Teils dieser Sammlung als *Waterloo-Letters* im Jahre 1891 durch Sibornes Sohn, Generalmajor Herbert Siborne, haben die meisten Autoren, die seither über Waterloo schrieben, auf den eindrucksvollen Bestand zurückgegriffen und damit fraglos ihren Darstellungen größere Anschaulichkeit und Lebendigkeit verliehen.

Doch nach wie vor geht es in allen Büchern über Waterloo um die großen Entscheidungen. Das Kämpfen und Leiden der Soldaten bleiben schmückendes Beiwerk. Darüber stehen turmhoch weiterhin das „strategische Genie" und das Charisma Napoleons oder auf der Gegenseite Wellingtons taktisches Geschick und seine außergewöhnliche Kaltblütigkeit.[8] Auch Sergej Bondartschuks Film „Waterloo" aus dem Jahre 1970 schildert die große Schlacht konsequent als Duell der beiden Feldherren, während Blüchers Preußen darin lediglich als Fußnote in Erscheinung treten.[9]

Gewiss prägten die großen Entschlüsse und Irrtümer den Feldzug von 1815, lenkten die Kämpfe in bestimmte Räume, zersplitterten Truppen oder massierten sie. Versäumnisse und Missgriffe scheint es aber auf beiden Seiten gegeben zu haben. Wellington etwa verschlief praktisch den ersten Tag des Feldzuges und hätte die wichtige Kreuzung von Quatre Bras am Abend des 15. Juni beinahe unbesetzt gelassen, während Blücher einen Tag später nicht in der Lage war, mit 80 000 Preußen das Schlachtfeld von Ligny gegen 60 000 Franzosen zu behaupten. Napoleon wiederum verpasste am Vormittag des 17. Juni die einmalige Gelegenheit, Wellingtons noch unvollständige Armee isoliert bei Quatre Bras zu schlagen. Man könnte am Ende einer langen Aufrechnung vielleicht sogar von einem Patt der Fehler und Versäumnisse sprechen.

Allen zuvor versäumten Chancen zum Trotz hatte Napoleon am Mittag des 18. Juni immerhin fünf Stunden Zeit, um mit seiner vergleichsweise erfahrenen, homogenen und gut ausgebildeten Armee, unterstützt von fast 250 Geschützen, Wellingtons bunt gemischte Truppe zu schlagen, ehe nur ein einziger Preuße einen Schuss abgeben konnte. Strategisch hatte er den Feldzug zu diesem Zeitpunkt gewonnen, um ihn in den folgenden acht Stunden taktisch zu verlieren. Warum aber misslang der Angriff des Korps d'Erlon mit fast 20 000 Mann gegen Wellingtons nur halb so starken linken Flügel? Warum blieb Gut Goumont in englischer Hand und weshalb dauert es mehr als sechs Stunden, bis das schwach besetzte Farmhaus La Haye Sainte endlich von den Franzosen erobert wurde? Und schließlich: Weshalb scheiterte ausgerechnet Napoleons Elite am Ende der Schlacht, geführt von den besten Generalen der Armee, in beinahe kläglichster Form?

Nicht der scheinbar verblassende Genius des Korsen oder die angeblichen oder echten Fehler seiner Marschälle haben offenbar Frankreich 1815 in die Niederlage gestürzt. Es waren eher die zahllosen blutigen Duelle auf Kompanie- und Bataillonsebene, die vielen kleinen Entscheidungen, wie sie John Keegan in seinem Buch so exzellent beschrieben hat, die sich schließlich zum großen Untergang einer ganzen Armee aufsummierten.[10] Das scheint wohl die wahre Geschichte von Waterloo zu sein.

VORGESCHICHTE

1. Waterloo – Die letzte Schlacht des Ancien Régime

Am 9. September 1709 kämpften in der Nähe des kleinen belgischen Weilers Malplaquet, südlich der Festung Mons, die verbündeten Armeen Englands, Österreichs, der Niederlande – die damals noch Generalstaaten hießen – sowie andere deutsche Kontingente in einer der größten und blutigsten Schlachten des 18. Jahrhunderts gegen das Aufgebot Frankreichs. An der Spitze dieser Truppen standen die renommiertesten Feldherrn ihrer Zeit, darunter John Churchill, der 1. Herzog von Marlborough, und Prinz Eugen von Savoyen, der Sieger von Zenta, Höchstädt und Turin. Auf der Gegenseite führte der Marschall Claude Louis de Villars den Oberbefehl über 100 000 Franzosen, das letzte Aufgebot einer längst ausgebluteten Großmacht am Ende eines halben Jahrhunderts voller Feldzüge und Belagerungen. Gemeinsam hatten Villars Gegner an diesem Tag etwa dieselbe Zahl von Soldaten aufgebracht.[1]

Die Infanterie beider Streitmächte kämpfte in dieser letzten großen Schlacht des Krieges um die spanische Erbfolge mit Steinschlossmusketen, an deren Mündungen erst seit Kurzem Bajonette befestigt waren. Unterstützt wurde sie von glattläufigen Feldgeschützen aus Bronze, die wie schon in den Schlachten des Dreißigjährigen Krieges vier-, sechs- oder achtpfündige Eisenkugeln auf bis zu 800 Meter Distanz verschießen konnten oder mit Blei- und Eisenteilen gefüllte Kanister, sogenannte Kartätschen, auf kurze Entfernungen ausspien. In beiden Fällen waren die Wirkungen für die in dichten Linien agierende Infanterie verheerend. Bei einer Mündungsgeschwindigkeit von 500 Meter je Sekunde rissen die Eisenkugeln blutige Schneisen in die Kolonnen des Gegners, und der Kartätschenbeschuss hatte die Wirkung moderner Streubomben. Im richtigen Moment eingesetzt, konnte eine einzige Batterie von vier oder sechs Geschützen ein Bataillon von 800 Mann in Minuten auslöschen. Am Ende des Tages hatte der Zusammenprall bei Malplaquet beide Armeen mehr als 40 000 Tote und Verwundete gekostet. Eine militärische Entscheidung war jedoch nicht gefallen. Die Franzosen zogen sich halbwegs geordnet zurück.

Wenig mehr als ein Jahrhundert später traten am Nachmittag des 18. Juni 1815 südlich der Ortschaft Mont Saint Jean, nur einige Dutzend Kilometer von dem alten Kampfplatz des Erbfolgekrieges entfernt, erneut drei große Armeen gegeneinander an. Weder in ihrer Bewaffnung noch in ihrer Uniformierung unterschieden sich die Soldaten dieser Schlacht, für die sich außer in Preußen der Name Waterloo durchgesetzt hat, wesentlich von ihren Vorgängern. Immer noch prägten bunte Uniformen das Gefechtsfeld, das sich, eingehüllt in dichte Schwaden von Pulverdampf, den Soldaten und ihren Offizieren nur schemenhaft präsentierte. Wie in den Schlachten des Erbfolgekrieges griff die Infanterie hinter lockeren Schwärmen leichter Schützen in tiefen Kolonnen an oder verteidigte sich in langen Schützenlinien zu drei oder vier Gliedern. Generationen von Taktikern wie etwa der französische Baron François de Guibert hatten sich während des 18. Jahrhunderts über die Evolution der Gefechtsformationen den Kopf zerbrochen und komplexe Lösungen ersonnen. Doch im Prinzip blieb alles beim Alten.[2]

Auch bei Waterloo dominierte immer noch der Bajonettangriff der Infanteriekolonnen, in deren Lücken die Artillerie eingeschoben war. Mit ihrem Feuer sollte sie den Gegner an den Einbruchstellen dezimieren. Allein das entschlossene und gleichförmige Vordringen einer dichten Masse von Männern mit gefälltem Bajonett, idealerweise flankiert von der eigenen Kavallerie, die den Gegner zwang, sich in sogenannten Karrees einzuigeln, garantierte auch noch zu Zeiten Napoleons den militärischen Erfolg. Der grimmige Angriff mit der blanken Waffe verbreitete nach wie vor unter den Gegnern das größte Entsetzen und ließ deren Reihen oft noch vor dem tödlichen Anprall, dem sogenannten Schock, auseinanderbrechen. Als etwa Marschall Michael Ney in der Schlacht von Montmirail am 11. Februar 1814 seine Soldaten sogar die Feuersteine von ihren Musketen entfernen ließ, war dies vielleicht im Detail eine Übertreibung, vom Grundsatz her aber gängige Praxis und auch an diesem Tag von Erfolg gekrönt. Vor den Bajonetten ihrer Gegner ergriffen die verbündeten Russen und Preußen schleunigst die Flucht.[3] Für die größte Wirkung auf den Schlachtfeldern des frühen 19. Jahrhunderts sorgte somit immer noch der kalte Stahl, nicht die heiße Kugel.

Wie schon bei Malplaquet standen an der Spitze der Armeen von 1815 Europas bedeutendste Befehlshaber, der Herzog von Wellington, der Sieger in Spanien, oder der preußische Marschall Fürst Blücher von Wahlstatt, dessen legendärer Elan angeblich ein ganzes Armeekorps ersetzte. Als unbestrittener Primus auf dem militärischen Olymp aber galt trotz seiner Niederlagen in Russland und Sachsen noch immer Napoleon Bonaparte. Schon im zehnten Jahr kämpfte er, wie Ludwig XIV. und seine Marschälle ein Jahrhundert zuvor, einmal mehr gegen eine feindliche Koalition aus Briten, Preußen, Niederländern und anderen deutschen Kontingenten. Es war genau jene Konstellation der Allianzen, die seit Englands *Glorious Revolution* im Jahre 1688 für mehr als ein Jahrhundert die Kriegführung des Ancien Régime geprägt hatte und während der Revolutionszeit noch einmal entschieden erneuert worden war. Im kurzen Feldzug von 1815 aber hatte sie zum letzten Mal in der europäischen Geschichte Gestalt angenommen. Vier Dekaden später kämpften Briten und Franzosen bereits gemeinsam auf der entlegenen Krim gegen die Armee des Zaren, und dem britischen Oberbefehlshaber General Fitzroy Somerset, den Zeitgenossen besser bekannt als Lord Raglan, dürfte das *Vive l'Empereur* seiner nunmehrigen Verbündeten noch einmal eine schaurige Erinnerung an seinen bei Waterloo verlorenen Arm verschafft haben.

Obwohl im Jahre 1815 schon die industrielle Revolution das Vereinigte Königreich sichtbar zu verwandeln begonnen hatte, von der Dampfkraft angetriebene Lokomotiven in den zahlreichen Zechen Englands keine Seltenheit mehr waren und neue Verfahren der Verhüttung sowie des Walzens den Ausstoß an Schmiedeeisen auf bisher nicht für möglich gehaltene Mengen steigen ließen, galten für die drei Armeen auf den regenfeuchten Feldern südlich von Brüssel noch annähernd die gleichen technischen Bedingungen wie zu Zeiten König Gustav Adolfs von Schweden. Zwar war die Zahl der Söldner, die das Erscheinungsbild sämtlicher Streitmächte des Ancien Régime so lange geprägt hatten, inzwischen deutlich zurückgegangen, doch hinsichtlich der Parameter Feuerkraft, Beweglichkeit und Kommunikation herrschte seit annähernd zwei Jahrhunderten ein bemerkenswerter Stillstand. Immer noch betrug die mittlere Feuergeschwindigkeit der Infanterie zwei bis drei Schuss pro Minute, wobei Zielgenauigkeit und Wirksamkeit der Geschosse schon nach 100 Metern rapide abnahmen. Immer noch marschierten die Armeen über oft Hunderte von Kilometern zu Fuß, wobei eine Strecke von 50 Kilometern pro Tag das erreichbare Maximum darstellte. Immer noch zogen Pferde die Geschütze oder Proviantkarren, und immer noch überbrachten sogenannte *Aide de Champs* (Feldherrngehilfen) Befehle und Meldungen, die oft schon von den Ereignissen überholt waren, wenn sie denn überhaupt eintrafen.

Lange vor der industriellen Revolution hatten die Armeen Europas zu Beginn des 17. Jahrhunderts bereits eine Phase tiefer Umbrüche erlebt, für die britische Autoren den Begriff der „Militärischen Revolution" geprägt haben.[4] Aus den nur schwer zu kontrollierenden Söldnerheeren der Renaissance waren innerhalb eines halben Jahrhunderts die stehenden Heere des Ancien Régime hervorgegangen, die ständiger Drill und brutale Disziplin zu gefügigen Werkzeugen ihrer absolutistischen Souveräne geformt hatten. Kontinuierlich waren seither die Truppenstärken gestiegen. Militärische Operationen stützten sich nunmehr auf ein verzweigtes System von Magazinen. Vor allem aber verbesserte sich in diesem Zeitraum die Ausbildung der Offiziere, da fast sämtliche Großmächte im Laufe des 18. Jahrhunderts zentrale Militärakademien oder Kriegsschulen errichteten. Kenntnisse im Festungsbau, des Artilleriewesens, der Logistik und der Kriegsgeschichte zählten bald zum Handwerkszeug der militärischen Führer, auch wenn Adel und Anciennität weiterhin das innere Gefüge der Armeen prägten.

Doch alle organisatorischen Fortschritte wie auch die Verbesserungen der Schusswaffentechnik vollzogen sich noch innerhalb der seit zwei Jahrhunderten unverrückbar erscheinenden technischen Grenzen.[5] So ließ sich zwar durch verbesserte Munition oder leichtere Lafetten das Gewicht von Musketen und Geschützen zum Teil deutlich verringern, doch eine ballistische Leistungssteigerung ergab sich daraus nicht.[6] Optische Telegrafen und gepflasterte Chausseen lieferten die besten Beispiele für diese Optimierungsversuche der Militärs innerhalb des Systems. Dagegen war die schon in die Zukunft weisende Zugmaschine des französischen Hauptmanns Cugnot wieder im Arsenal von Vincennes verschwunden, nachdem sein durch Dampfkraft angetriebenes Gefährt 1775 auf einer Probefahrt eine Kasernenmauer gerammt hatte.[7]

Es war bezeichnend für Waterloo, diese Schlacht exakt am Vorabend des Maschinenzeitalters, dass der Bericht des Herzogs von Wellington über ihren Ausgang erst am 22. Juni 1815 in der Londoner Times erscheinen konnte. Major Henry Percy vom 14. Leichten Dragonerregiment war zwar schon am Mittag des 19. Juni mit der Siegesmeldung seines Oberbefehlshabers von Brüssel nach England aufgebrochen, doch eine Flaute im Ärmelkanal zwang ihn bald, in ein Ruderboot umzusteigen, mit dem er am 21. Juni nachmittags um 15 Uhr die englische Küste bei Brodstairs erreichte. Von dort benötigte er mit der Postkutsche noch weitere sechs Stunden, um schließlich am Abend in London einzutreffen. Somit erfuhren die hauptstädtischen Leser erst nach vier Tagen in einem Artikel der Times die ersten Details eines Ereignisses, das nur 300 Kilometer entfernt stattgefunden hatte.[8] Kaum ein Jahr später hätte Major Percy schon mit einem Dampfschiff den Ärmelkanal überqueren können. Die erste Passage von New Haven nach Le Havre glückte einem auf den Namen Élise umgetauften Flussdampfer aus dem schottischen Dumbarton am 17. März 1816. Die Weiterfahrt des Schiffes auf der Seine nach Paris geriet schließlich zu einem Triumphzug. Das Maschinenzeitalter hatte damit unwiderruflich begonnen.

Als eine Generation später der nächste Krieg der Großmächte auf der fernen Krim ausgetragen wurde, waren die Flotten aller Großmächte zwar immer noch mit Segeln ausgestattet, doch verfügten die meisten alliierten Schiffe vor Sewastopol bereits über Dampfmaschinen als Hilfsantriebe und die Armeen des Zweiten Kaiserreiches waren auf den brandneuen Eisenbahnlinien zu ihren Einschiffungshäfen in Toulon und Marseille gelangt.

Trotz der erheblichen Distanzen waren das exotische „Kriegstheater" am Schwarzen Meer und die heimischen Metropolen bereits durch Telegrafen enger miteinander verknüpft als noch vier Jahrzehnte zuvor Belgien mit dem benachbarten Inselreich. Vom Scheitern des gemeinsamen Angriffs der britischen und französischen Regimenter auf das Fort Malakow bei Sewastopol am 18. Juni 1855, auf den Tag genau 40 Jahre nach der Schlacht von Waterloo, erfuhr das nachrichtenhungrige Publikum in London und Paris schon am nächsten Tag aus den telegrafischen Depeschen der zahllosen Kriegskorrespondenten auf der Schwarzmeerhalbinsel.

Auch wenn die Revolution in Frankreich seit 1789 in raschen und drakonischen Schritten den alten Feudalstaat mit allen Privilegien abgeschafft hatte und später Napoleon mit seinem Zivilgesetzbuch sogar bereits der modernen Wettbewerbswirtschaft den Weg ebnete, war Waterloo 1815 nicht nur die letzte Schlacht des Ancien Régime. Sie war zugleich auch der letzte militärische Schlagabtausch, in dem die Innovationen der immerhin schon 30 Jahre währenden industriellen Revolution so gut wie keine Rolle gespielt hatten. So schenkte Napoleon den neuartigen Raketengeschossen des Briten William Congreve ebenso wenig Beachtung wie dem Heißluftballon der Brüder Montgolfier, obwohl Letzterer seinen militärischen Nutzen in der Schlacht von Fleurus 1794 eindrucksvoll unter Beweis gestellt hatte.[9] Darin unterschied sich der Korse kaum von seinem Widersacher Wellington, der Congreves Raketen trotz ihrer viel beachteten Erfolge bei Leipzig als blanke Terrorwaffen betrachtete, mit denen sich höchstens Städte und Ortschaften in Brand schießen ließen.[10] Obwohl es technisch auch bereits möglich war, die unzuverlässige Steinschlosszündung durch das Perkussionsprinzip zu ersetzen, blieb der Einsatz von Zündhütchen auf Basis von Chlorkalisalz in den ersten beiden Dekaden des 19. Jahrhunderts noch auf Jagdwaffen beschränkt. Erst in den 1830er-Jahren setzten sie sich nach umfangreichen Erprobungen auch bei den Militärwaffen durch.[11]

Während das blutige Vierteljahrhundert der Revolutionskriege noch einen militärischen Innovationsstau bewirkt zu haben schien, da den Kriegsherren kaum Zeit blieb, sich mit unerprobten Innovationen zu befassen, explodierte die Zahl der Neuerungen in der Militärtechnik nach 1815, obwohl die vier Dekaden nach dem Sturz Napoleons vergleichsweise friedlich verlaufen waren. Erst auf der Krim kämpften 1854 wieder drei der fünf europäischen Großmächte gegeneinander und in der Schlacht an der Alma dezimierte die britische Garde die dunkelgrünen Kolonnen ihres ehemaligen russischen Verbündeten mit dem weitreichenden Miniégewehr.[12] Bereits ein Jahr zuvor hatte der russische Admiral Paul Nachimov die türkische Flotte im Schwarzmeerhafen von Sinope mithilfe der Sprenggeschosse des französischen Generals Henri Paixhans versenkt. Zehn Jahre später wiederum sicherte Nikolaus Dreyses revolutionäres Hinterladergewehr mit seinem Zündnadelsystem Preußens Sieg über den Erzrivalen Österreich und Henry Bessemers spektakuläre Methode der kostengünstigen Stahlerzeugung erlaubte endlich die massenhafte Herstellung weit reichender Geschütze.

Als Großbritannien fast genau 100 Jahre nach Waterloo wieder eine Armee nach Belgien schickte, gab es zwar noch wie bei Malplaquet die drei klassischen Truppengattungen der Infanterie, der Kavallerie und der Artillerie, doch während John Churchills Rotröcke sich durchaus noch in den Soldaten Wellingtons hätten wiedererkennen können, wären Letzteren wiederum wohl Herbert Kitcheners neue Armeen mit ihren erdgrauen Felduniformen, ihren Tellerhelmen und Gasmasken bereits wie eine Expedition von einem anderen Stern erschienen.

2. Belgien – Grenz- und Kriegsregion im Zentrum Europas

Von der Schelde im Westen zieht sich entlang der Nordgrenze Frankreichs auf einer Breite von nicht mehr als 80 Kilometern ein fast ebener Landstreifen bis nach Lüttich und Namur im Osten. Seit 1830 bildet dieser dicht besiedelte Raum mit seinen sanften Erhöhungen den Kern des Königreiches Belgien. Zuvor war es fast ein Vierteljahrtausend lang das prominenteste Schlachtfeld Europas gewesen. Dutzende von Festungen wie Charleroi, Namur, Lüttich, Tournai oder Lille hatten Spanier, Niederländer und schließlich Franzosen im Laufe dieser Zeit angelegt oder ausgebaut. Selbst Alexander, Scipio oder Cäsar hätten niemals so leicht andere Länder erobern können, schrieb der englische Söldner Sir Roger Williams im Jahre 1590, wenn diese so befestigt gewesen wären wie die Niederlande.[13]

Auch wenn die Rebellion ihrer nördlichen Provinzen gegen das habsburgische Spanien 1648 zur völkerrechtlichen Unabhängigkeit der Generalstaaten geführt hatte, galten die Niederlande mit ihren insgesamt 17 Provinzen noch in den 1660er-Jahren Verfassern wie dem Franzosen Adam Bossingault als eine geografische Einheit. Der Autor eines ausführlichen Reisehandbuches bezeichnete die gesamte Region wahlweise als „Gaule Belgique" oder „Pays Bas", in das er auch die Stadt Lüttich einbezog, obwohl das gleichnamige Erzbistum bis zu seiner Eroberung durch französische Revolutionstruppen im Jahre 1794 staatsrechtlich eigenständig war.

Die beispiellos lange Kette von Belagerungen und Schlachten auf dem Boden des zukünftigen Belgiens begann 1568 mit der Revolte des calvinistischen Nordens gegen Spanien und endete erst mit Napoleons Feldzug von 1815 und der Schlacht von Waterloo. Allein von 1702 bis 1712 führte der britische Feldherr John Churchill zwischen Schelde und Rhein zehn Feldzüge, belagerte etwa 30 Festungen und schlug immerhin vier größere Schlachten gegen die Armeen Ludwigs XIV. In der Nähe des Städtchens Fleurus wiederum kam es zwischen 1622 und 1815 zu vier größeren Schlachten, die letzte davon am 16. Juni 1815 bei Ligny.

Eine ähnliche Häufung von Kriegshandlungen erlebten im selben Zeitraum nur noch das spätere Königreich Sachsen und Norditalien. Wie in Sachsen erlaubte vor allem die hohe Bevölkerungsdichte der südlichen Niederlande den Einsatz größerer Armeen, die trotz eines verbesserten Systems von Magazinen darauf angewiesen waren, sich aus dem Lande zu ernähren.[14] In einer seit Jahrhunderten von Handel, Gewerbe und reichen Städten geprägten Region begünstigte ein vergleichsweise dichtes Netz von Straßen und schiffbaren Flussläufen die Bewegungen sämtlicher Heere.

In den so lange umkämpften 17 Provinzen der Niederlande lag auch das Zentrum der Militärischen Revolution, die seit dem Ende des 16. Jahrhunderts in wenigen Jahrzehnten aus den ungelenken Heerhaufen des Feudalismus die schlagkräftigen Heere des Absolutismus geformt hatte.

Den Anfang machten in den 1590er-Jahren in den nördlichen Generalstaaten die Grafen Moritz und Wilhelm Ludwig von Nassau, indem sie unter Rückgriff auf altrömische Traditionen Schützenregimenter aufstellten und drillten. Ihre neuen Infanterieformationen waren kleiner und damit flexibler als die klassischen spanischen Tercios. Disziplin und Gehorsam sollten die Kardinaltugenden ihrer neuen Soldaten sein, die nach besonderen Exerzierhandbüchern dazu ausgebildet wurden, in einem komplexen Bewegungsablauf ein kontinuierliches Musketenfeuer abzugeben.[15] Rasch übernahmen aufstrebende Mächte wie Schweden, Frankreich oder Brandenburg die revolutionären Methoden der beiden oranischen Reformer. Die spektakulären Erfolge Gustav Adolfs im Deutschen Reich wären ohne ihre Vorarbeit undenkbar gewesen.[16]

Die Westfälischen Verträge von 1648 schufen erstmals ein System souveräner Territorialherren, die nach der konsequenten Gleichschaltung der opponierenden Landstände ihre Heeresstärken kontinuierlich steigern konnten. Die Muskete – zunächst noch in ihrer Luntenschlossversion – stieg zur wichtigsten Waffe auf den Schlachtfeldern Europas auf. Spätestens seit dem Beginn des Spanischen Erbfolgekrieges 1701–1713 war sie, inzwischen auf Steinschlosszündung umgestellt, zur Standardausrüstung der Infanterieregimenter geworden. Mit ihrem aufsetzbaren Bajonett hatte sie auch bald die Pike endgültig verdrängt.

Die Dekaden nach dem Ende des Dreißigjährigen Krieges waren alles andere als friedlich verlaufen. Kaum hatten die Generalstaaten nach 80-jährigem Kampf ihre in Münster feierlich besiegelte Unabhängigkeit erkämpft, betrat Frankreich anstelle Spaniens als neue Hegemonialmacht die europäische Bühne. Die südlichen Niederlande, die nach dem sogenannten Pyrenäenfrieden von 1659 im Besitz der spanischen Universalmonarchie verblieben waren, schienen nunmehr das natürliche Ziel der Expansionsbestrebungen des jugendlichen Sonnenkönigs. Der ehrgeizige Monarch, ein höchst disziplinierter Arbeiter, profitierte von einem stetig anwachsenden Heer, das sein langjähriger Kriegsminister François le Tellier, Marquis de Louvois, zuletzt auf fast 300 000 Mann vergrößert hatte.

Nach dem Tod des spanischen Königs Philipp IV. im September 1665 kämpften die westeuropäischen Mächte in wechselnden Koalitionen um die Kontrolle seines niederländischen Erbes. Dem sogenannten Devolutionskrieg gegen Spanien, hauptsächlich eine Kette von Belagerungskämpfen zur Begradigung der französischen Nordgrenze, folgte 1672 der Holländische Krieg, der allerdings auch noch auf anderen Kriegsschauplätzen und vor allem zur See ausgetragen wurde.

Mit der Inthronisierung Wilhelms III. von Oranien zum englischen König im Jahre 1688 hatten die europäischen Mächte bereits jene Frontstellung eingenommen, die auch in den Revolutionskriegen ein Jahrhundert später noch Bestand haben sollte. Das England der *Glorious Revolution* bekämpfte fortan beharrlich an der Seite der Generalstaaten und des „Reiches" den Hegemonieanspruch Ludwigs XIV., der sich im 1688 begonnenen Pfälzischen Erbfolgekrieg bereits die Rheingrenze als Ziel gesetzt hatte.

Erstmals wendeten die Franzosen in den zeitweilig besetzten Gebieten der Rheinpfalz die Strategie der verbrannten Erde an. Konnte man die Entsetzlichkeiten des Dreißigjährigen Krieges noch als Kollateralschäden einer entmenschlichten Soldateska bewerten, so stand hinter den nunmehrigen Verwüstungen der französischen Armeen ein klares Kalkül des Kriegsministers Louvois.

In seiner Spätphase verlagerte sich der Krieg von Südwestdeutschland wieder in die spanischen Niederlande, wo die Franzosen bereits die Festungen Mons und Namur in ihre Hand gebracht hatten und damit zwei wichtige Straßen nach Brüssel kontrollierten. Inzwischen hatte Wilhelm III. am 1. Juli 1690 die in Irland gelandeten katholischen Jakobiten in der Schlacht von Boyne entscheidend geschlagen und konnte sich nunmehr verstärkt wieder auf dem Kontinent engagieren. Nach anfänglichen Rückschlägen in den Schlachten von Steenkerke (3. August 1692) und Neerwinden (29. Juli 1693) wendete sich allmählich das Blatt zugunsten der antifranzösischen Koalition. Die wichtige Festung Namur am Zusammenfluss von Maas und Sambre fiel im September 1695 nach einmonatiger Blockade in die Hände der Alliierten. Der Versuch der Franzosen, durch die Belagerung von Brüssel die Armee Wilhelms III. abzulenken, blieb militärisch ohne Resultat. Für die barocke Residenzstadt bedeutete die dreitägige Bombardierung mit Mörsergeschossen jedoch eine Katastrophe. Etwa 4000 Gebäude vor allem im Stadtkern fielen dem französischen Terrorbeschuss zum Opfer.

Es war die letzte Kraftentfaltung der Armeen Ludwigs XIV., dessen drei bedeutendste Befehlshaber, der Graf Turenne, der Prinz von Condè und François Henri de Montmorency-Bouteville, der „Marschall von Luxemburg“, inzwischen verstorben waren. Seit 1695 ebbten die Kampfhandlungen auf allen Kriegsschauplätzen merklich ab. Der Friede von Rijswijk beendete 1697 vorerst den neunjährigen Konflikt, der nach dem Willen Ludwigs XIV. nur ein kurzer Feldzug hatte sein sollen. Frankreich musste am Verhandlungstisch zwar Luxemburg, Lothringen und die verwüstete Rheinpfalz wieder räumen, durfte aber wichtige Grenzfestungen wie etwa Strassburg, Saarlouis und Landau endgültig behalten.

Noch war die Tinte unter den feierlich beschworenen Verträgen nicht getrocknet, da zeichnete sich bereits der nächste kontinentale Waffengang ab. Kein Thema beschäftigte die europäische Diplomatie in den letzten Jahren des 17. Jahrhunderts so sehr wie die spanische Erbfolge. Die österreichischen Habsburger wie auch Frankreichs bourbonisches Herrscherhaus erhoben Anspruch auf die gewaltige Hinterlassenschaft des Weltreiches. Zugleich verprellte der französische Monarch den alternden Wilhelm III., indem er weiterhin die Ansprüche der Jakobiten auf den englischen Thron unterstützte. Nur ein Jahr nach dem Tod des kinderlosen Karl II. formierte sich im September 1701 die Haager Große Allianz zwischen England, den Generalstaaten und Österreich. Erneut waren die südlichen Niederlande das Hauptkampfgebiet dieses nunmehr globalen Krieges, der erst nach 13 Jahren mit einem Patt endete. Die prägenden Persönlichkeiten dieser vorerst letzten Auseinandersetzung mit der französischen Hegemonialmacht waren John Churchill, der 1. Herzog von Marlborough, Markgraf Ludwig von Baden und Prinz Eugen von Savoyen, der mit seinem Sieg bei Senta 1697 den Großen Türkenkrieg beenden konnte. Damit hatte er erstmals seit einem Vierteljahrhundert den österreichischen Habsburgern einen freien Rücken im Kampf gegen Ludwig XIV. verschafft.

Es war eine seltene Ausnahme, dass zwei Militärs, die zugleich die bedeutendsten Heerführer ihrer Epoche waren, über einen Zeitraum von fast zehn Jahren fast reibungslos zusammenarbeiteten. Auch wenn es in diesem letzten Krieg des Sonnenkönigs zu mehr großen Feldschlachten als in den vorhergehenden Konflikten kam, davon allein drei in den südlichen Niederlanden, war das Geschehen doch immer noch von Belagerungskämpfen geprägt. Der Sieg von Ramillies im Mai 1706, etwa 20 Kilometer nördlich der Festung Namur, brachte die Verbündeten in den Besitz fast ganz Belgiens. Zwei Jahre später folgte die Einnahme von Lille, nachdem nahe der flandrischen Festung Oudenaarde Malborough und Eugen mit 80 000 Mann die numerisch etwas stärkere Armee der französischen Marschälle Vendôme und Bourgogne hatten besiegen können. Der Vormarsch der alliierten Heere scheiterte jedoch an der nordfranzösischen Festungskette. Sämtliche Hoffnungen, den Krieg in Paris beenden zu können, waren damit zerplatzt. Zum letzten großen Kräftemessen des Krieges kam es am 9. September 1709 bei Malplaquet südlich der Festung Mons. Frankreich brach nicht zusammen und profitierte schließlich vom Zerfall der gegnerischen Koalition. In Utrecht und Rastatt wurde das spanische Riesenreich geteilt. Die südlichen Niederlande fielen für fast ein Jahrhundert an die Österreichischen Habsburger. Für die Bewohner des zukünftigen Belgiens war es eine vergleichsweise friedliche Phase, denn es sollten immerhin drei Dekaden vergehen, ehe wieder eine französische Armee die Grenze nach

Norden überschritt. Die Bourbonenmonarchie unter Ludwig XV., einem Enkel des Sonnenkönigs, kämpfte im sogenannten Österreichischen Erbfolgekrieg an der Seite Preußens gegen Habsburg. An der Spitze der Armee stand Frankreichs damals renommiertester Heerführer, der Prinz Moritz von Sachsen, ein illegitimer Sohn des sächsischen Kurfürsten und Königs von Polen, August II. Der Marschall, der bereits in vielen Armeen gedient hatte, ehe er in französische Dienste getreten war, eröffnete seinen Feldzug im April 1745 mit der Belagerung der flandrischen Grenzfestung Tournai am Westufer der Schelde. Eine alliierte Armee aus britischen, niederländischen und österreichischen Truppen unter dem Kommando des Herzogs von Cumberland, eines Sohnes von König Georg II., versuchte die Stadt zu entsetzen. Die Franzosen hatten mit etwa 50 000 Mann bis zum Abend des 10. Mai auf einem Plateau am östlichen Ufer der Schelde Stellung bezogen. Der Weiler Fontenoy im Zentrum der französischen Position gab der Schlacht den Namen, die sich am nächsten Morgen in voller Härte entwickelte. Höhepunkt der Kämpfe war ein massiver Angriff von etwa 15 000 Engländern, Schotten und Hannoveranern auf das Zentrum der Franzosen, den der Marschall von Sachsen nur mit seinen letzten Reserven aufhalten konnte. Am Ende hatten beide Parteien mehr als zehn Prozent ihrer Soldaten verloren. Fontenoy war somit alles andere als ein Beispiel für die im 18. Jahrhundert typische Manöverkriegführung. Der ebenfalls auf dem Schlachtfeld anwesende Ludwig XV. soll beim Anblick des mit Toten und Verwundeten übersäten Schlachtfeldes seinen ältesten Sohn ermahnt haben, sich dieses Bild genau einzuprägen, damit er später nicht leichtfertig mit dem Leben seiner Untertanen umgehe.[17]

Doch der Dauphin sollte nie den Thron besteigen, und als der nächste Konflikt um Belgien ausbrach, war das Herrscherhaus der Bourbonen schon fast Geschichte.

Im April 1792 erklärte Ludwig XVI., längst nicht mehr Herr seiner Entschlüsse, dem österreichischen Kaiser den Krieg und löste damit den ersten von insgesamt sieben Koalitionskriegen aus, in denen sich Frankreich stets gegen mehrere Gegner behaupten musste. Anfangs mit großem Erfolg. Der sogenannten Kanonade von Valmy am 20. September 1792 folgte der Gegenstoß General Charles François Dumouriez' und der erste Sieg der Revolutionsarmee bei Jemappes, einige Kilometer westlich von Mons, am 6. November 1792.

Die geschlagenen Österreicher zogen sich bis ins Rheinland zurück und warteten auf Verstärkung, während die siegreichen Franzosen ganz Belgien besetzten. Das folgende Jahr brachte jedoch empfindliche Rückschläge für die Aufgebote der Republik. An der Spitze der habsburgischen Armeen stand inzwischen der bewährte Prinz Josias von Sachsen-Coburg, mehr noch aber half der Kriegseintritt Großbritanniens, das Blatt vorläufig gegen Frankreich zu wenden. Die Briten zahlten nicht nur Subsidien, sondern schickten sogar ein eigenes Expeditionskorps unter dem Kommando des Herzogs von York nach Flandern. Am 18. März 1793 wurden Dumouriez' bewaffnete Horden bei Neerwinden in die Flucht geschlagen, der General selbst lief einen Monat später zu den Österreichern über. Ein letztes Mal fiel Belgien unter habsburgische Kontrolle. Die Festungen Condé und Le Quesnoy in Nordfrankreich ergaben sich jetzt. Im September fiel schließlich Valenciennes nach einem Beschuss von insgesamt 150.000 Granaten und Kanonenkugeln. Der Weg in das Herz der Revolution schien frei. Nun griff das Terrorregime in Paris zu einem naheliegenden und letzten Mittel. Es befahl die Bewaffnung aller unverheirateten Männer zwischen 20 und 24 Jahren. Die neuen französischen Armeen profitierten allerdings auch von der wenig klugen Entscheidung des Herzogs von York, sich von den Österreichern zu trennen, um Dünkirchen zu belagern. Trotz zweier weiterer alliierter Siege bei Tandrecy und Tournay im folgenden Frühjahr brachte das Jahr 1794 den endgültigen Umschwung zugunsten Frankreichs. Zu lange waren Coburgs Forderungen nach Verstärkung und besserer Versorgung seiner Truppen ignoriert worden. Am 20. Juni ging die Schlacht von Fleurus gegen General Jean Baptiste Jourdan verloren, nachdem unmittelbar zuvor Charleroi gefallen war. Am 9. Juli fiel Brüssel in französische Hand. Die Räumung der Niederlande, im fernen Wien von dem leitenden Minister Johann Amadeus v. Thugut entschieden, war in den Augen Coburgs eine verfrühte Maßnahme.[18] Sie sollte sich aber als endgültig erweisen. Die umkämpfte Provinz wurde Teil Frankreichs, und die folgenden 20 Jahre kämpften seine Soldaten unter der Tricolore in ganz Europa, ehe der Krieg 1815 vorläufig ein letztes Mal nach Belgien zurückkehrte.

Das Schlachtfeld heute mit dem Löwenhügel, dem zwischen 1824 und 1826 errichteten Hauptmonument zum Gedenken an die Schlacht von Waterloo bei Braine-l'Alleud.

3. Von Elba nach Paris

Sie werden im Laufe des vergangenen Monats von meiner Landung in Frankreich und meiner Ankunft in Paris sowie der Flucht der Bourbonen erfahren haben. Ihre Majestät sollte sich daher über die wahre Natur dieser Ereignisse völlig im Klaren sein. Sie sind das Werk einer unwiderstehlichen Macht des einmütigen Willens einer großen Nation, die sich ihrer Pflichten und Rechte bewusst ist. Eine ihm aufgezwungene Dynastie konnte das französische Volk nicht länger akzeptieren. Die Bourbonen lehnten die nationalen Gefühle und Gewohnheiten ab, so dass Frankreich gezwungen war, die Bourbonen abzuschaffen. Die Öffentlichkeit rief nach einem Befreier. Die Hoffnung, mich zum größten Opfer machen zu können, war vergeblich. Ich bin zurückgekehrt und von der Stelle, wo mein Fuß zuerst das Land berührt hat, wurde ich von der Zuneigung meiner Untertanen in das Herz meiner Hauptstadt getragen.

Diese große Zuneigung durch die Wahrung eines ehrenvollen Friedens zu belohnen, ist meine erste und tiefste Sorge. Die Wiederherstellung des kaiserlichen Throns war für das Glück Frankreichs unabdingbar und ich hoffe zuversichtlich, dass dies auch den Frieden für ganz Europa bedeutet."

Napoleon am 4. April 1815 an Kaiser Franz I. von Österreich.[19]

Am 7. März 1815 erreichte den Vertreter Großbritanniens am Wiener Kongress, Arthur Wellesley, eine dringliche Nachricht des britischen Konsuls in Genua. Napoleon Bonaparte habe vor zehn Tagen die Insel Elba mit seinem gesamten Gefolge verlassen und nehme voraussichtlich Kurs auf die französische Küste. Für den seit knapp einem Jahr in den Herzogstand erhobenen Heerführer und Diplomaten war die Flucht des gestürzten Kaisers aus seinem Exil keine wirkliche Überraschung. Als britischer Botschafter in Paris hatte er im zurückliegenden Winter selbst erlebt, wie wenig Anhänglichkeit sich das restituierte Bourbonenregime in Frankreich erworben hatte. Die meisten Franzosen sahen in dem fettleibigen König und dem alten Lilienbanner über den Tuilerien nur die Symbole ihrer nationalen Demütigung. Sie waren der bittere Preis, den Frankreich für den Frieden und das rasche Ende der militärischen Besetzung ihres Landes hatte zahlen müssen. Da beide Ziele inzwischen erreicht waren, begann in der Erinnerung vieler der Glanz des napoleonischen Imperiums, das doch angeblich nur durch Verrat gefallen war, umso heller zu erstrahlen.

Dabei verfolgte Ludwig XVIII., der Bruder des 1793 guillotinierten Königs, durchaus nicht das Ziel, das Ancien Régime mit seinen verhassten Adelsprivilegien zurückzubringen. Von seiner berüchtigten „Veroner Erklärung" von 1795 und der darin angekündigten Verfolgung der Königsmörder war jetzt keine Rede mehr. In seinen ersten Entscheidungen zeigte der Monarch, der fast 20 Jahre im britischen Exil zubringen musste, ein erstaunliches Fingerspitzengefühl. Sogar die politische Charta hatte er akzeptiert, die noch vor seiner Ankunft in Paris von einem provisorischen Senat unter Federführung des neuen Außenministers Charles Maurice Talleyrand erlassen worden war. Damit war Frankreich offiziell zu einer konstitutionellen Monarchie geworden.[20]

In der Praxis setzte sich die erste Kammer allerdings allein aus dem engen Kreis der Pairs zusammen, die der Monarch selbst bestimmen konnte, während das Deputiertenhaus wegen des hohen Zensus nur dem wohlhabenden Bürgertum zugänglich war. Der politisch eher desinteressierte König hatte die Staatsgeschäfte bald seinen Ministern überlassen und schien auch gegenüber den Vertretern der auswärtigen Mächte viel zu nachgiebig gewesen zu sein. Ein arbeitsfähiges Kabinett, das eine gemeinsame Politik formulieren konnte, existierte nicht. Die Bevölkerung schien angesichts der neuen Verhältnisse längst resigniert zu haben, doch den rasch wachsenden Einfluss der verhassten Exilanten und Kleriker am Hof registrierte man überall mit hilfloser Wut. Die Armee wiederum stand schmollend im Abseits und wartete insgeheim auf das Signal zum großen Umsturz.[21]

Dass der Korse in seinem ehemaligen Kaiserreich immer noch auf starken Zuspruch rechnen konnte, war seinen Widersachern in Wien durchaus bewusst gewesen. Mancher sah die tiefe Kluft zwischen Bonapartisten und Royalisten sogar als Vorteil. So hatte der preußische General August Graf Neidhardt von Gneisenau noch am 18. Februar 1815 in einem Brief an Oberst Carl von Clausewitz erwogen, Frankreich durch einen Bürgerkrieg zu schwächen, indem man Napoleon zur Flucht von Elba verhelfe.[22] Dies blieb jedoch die isolierte Meinung einiger Preußen, die glaubten, dass ihre Rechnung mit Frankreich noch längst nicht beglichen war. Für Österreich und Großbritannien war dagegen von Anfang an die gefährliche Nähe der Insel zum europäischen Festland der heftigste Kritikpunkt am Vertrag von Fontainebleau gewesen, den der russische Zar Alexander I. im April 1814 mit Napoleon ausgehandelt hatte. Es hatten daher sogar schon Überlegungen in Wien die Runde gemacht, den Korsen in ein neues Exil auf St. Helena zu verlegen,[23] zumal Ludwig XVIII. die vertraglich vereinbarten Zahlung von jährlich 2 Mio. Franc an den Korsen beharrlich verweigert hatte. Eine gewagte Provokation, deren Folgen niemand einschätzen konnte.

Auch wenn alle Verantwortlichen in Paris und Wien ahnten, dass sich die gespannte Lage in irgendeiner Form entladen musste, so hatte doch kaum jemand in Europa mit dem raschen und unblutigen Siegeszug des Korsen durch halb Frankreich gerechnet. Seine Hoffnungen hatte der Korse auf die Armee und vor allem auf die gewöhnlichen Soldaten gestützt, als er am 1. März 1815 bei Cannes mit nur 1100 Mann französischen Boden betrat. Napoleons Botschaft an sie war unmissverständlich: Soldaten, wir wurden nicht besiegt. „Zwei Männer aus unseren Reihen haben unseren Ruhm verraten, ihr Land, ihren Kaiser und Wohltäter." Gemeint waren die Marschälle Augerau und Marmont, die er ausdrücklich von seiner allgemeinen Amnestie ausnahm.[24] Die Geschichtsklitterung seiner ersten Abdankung traf tatsächlich den Nerv der meisten Franzosen. In kaum drei Wochen zerrann die brüchige Autorität der Bourbonen. Das Heer ging dem König schneller von der Fahne, als selbst die größten Skeptiker befürchtet hatten. Es war wohl Ludwigs größter Fehler gewesen, sich nicht die Armee und vor allem die unteren Dienstgrade verpflichtet zu haben. Später resümierte Napoleon, dass er seinen spektakulären Erfolg nur den Bewohnern der Städte und Dörfer sowie den Soldaten und jüngeren Offizieren zu verdanken hatte. „Auf sie allein konnte ich mich verlassen. Sämtliche Generale dagegen, die ich auf meiner Reise traf, zögerten oder verhielten sich sogar unhöflich, selbst wenn sie mir nicht feindlich gesonnen waren. Aber die Begeisterung ihrer Soldaten zwang sie, mich passieren zu lassen."[25]

Lyon fiel am 10. März und Marschall Michael Ney, der dem König in unbedachter Großmäuligkeit versprochen hatte, ihm „Bonaparte" in einem eisernen Käfig zu überbringen, lief nur vier Tage später bei Lons-le-Saulnier (bei Besançon) mit allen seinen Truppen zu Napoleon über.[26] Der König solle keine Truppen mehr schicken, der Kaiser habe jetzt genug, spotteten bereits die Bonapartisten in Paris, während Napoleon wie in früheren Tagen wieder seine Dekrete im ganzen Land verbreiten ließ. Überall sollte das Lilienbanner durch die Trikolore ersetzt werden, und der Kaiser machte auch unmissverständlich klar, dass er die Marschälle Oudinout, Marmont und Gouvion Saint Cyr weiterhin als Verräter ansah.[27]

In der Nacht zum 20. März musste Ludwig XVIII., kaum elf Monate nach seiner Ankunft im Lande, mit seinem Gefolge erneut Paris verlassen und jenseits der französischen Grenzen in Gent Asyl suchen. Nur 18 Stunden später erreichte Napoleon die Hauptstadt und wurde am Abend im Triumph von seinen Anhängern in den Tuilerienpalast getragen. Bis dahin hatte seine auf nunmehr 40 000 Mann angewachsene Armee nicht einen einzigen Schuss abfeuern müssen.

Dass trotz aller Euphorie über den Triumphzug des Kaisers, der so sehr an seine früheren glänzenden Erfolge erinnerte, Napoleon das Land nicht mehr wie ein Autokrat regieren konnte, war selbst den Militärs klar. Als Oberst Charles de La Bédoyère am 7. März als einer der ersten Kommandeure der Armee in Grenoble die Seiten gewechselt hatte, war er dem Ankömmling aus Elba mit der Mahnung begegnet: „Sir, die Franzosen werden für Ihre Majestät alles tun, aber Ihre Majestät müssen auch alles für Sie tun: keinen Ehrgeiz mehr und keinen Despotismus. Wir wollen frei und glücklich sein."[28] Napoleon schien auf derartige Erwartungen einzugehen. Den Lyoner Behörden hatte er nur vier Tage später am 11. März versprochen, eine unverletzliche Verfassung zu verabschieden, die das gemeinsame Werk des Volkes wie auch des Kaisers sein sollte.[29] Die Botschaft eines neuen konstitutionellen Kaisertums war ebenso sehr auch an das Ausland gerichtet. Von Frankreich ginge zukünftig keine Gefahr mehr aus.

Für die alliierten Mächte jenseits des Rheins war jedoch auch ein nicht mehr unbeschränkt herrschender Napoleon ein gefährlicher Störfaktor, der ihr so mühsam konstruiertes kontinentales Gleichgewicht dauerhaft bedrohte. Keiner der in Wien versammelten Monarchen und Diplomaten, die der Korse fast anderthalb Jahrzehnte lang erpresst, getäuscht und gedemütigt hatte, glaubte noch ernsthaft daran, dass ein erneuertes französisches Kaisertum unter Napoleon die Grenzen von 1792 akzeptieren und den Frieden in Europa wahren würde.

Schon der vorzeitige Alleingang von Joachim Murat, Napoleons Schwager und von ihm einst zum König von Neapel und Sizilien gemacht, schien der schlagende Beweis, dass dem Korsen nicht getraut werden durfte. Dabei war der Vormarsch der neapolitanischen Armee auf Bologna keineswegs mit dem Korsen abgestimmt. Zudem lehnte der Kaiser jede Unterstützung durch seinen einstigen besten Kavallerieführer auch aus prinzipiellen Erwägungen ab. Hatte doch Murat, der Sohn eines südfranzösischen Schankwirtes, im Januar 1814 überraschend die Seiten gewechselt, um seinen Thron zu retten. Nachdem seine mittelmäßigen Truppen am 2. Mai 1815 bei Tolentino den Österreichern unterlegen waren und ihm die Mehrheit seiner Soldaten nun offen von der Fahne ging, floh Murat mit einem Schiff nach Toulon. Seine wiederholten Angebote, wieder ein Kommando in der kaiserlichen Kavallerie zu übernehmen, ließ Napoleon jedoch unbeantwortet. So verbrachte Murat die Wochen bis zur zweiten Abdankung des Kaisers untätig in Lyon und kehrte nach Italien zurück, wo er schließlich im Oktober 1815 als Freischärler vor einem österreichischen Erschießungskommando endete.[30]

Abenteurer und Aufsteiger wie Napoleon oder Murat waren nun Figuren der Vergangenheit, notorische Störenfriede in einer Welt, die sich nach Ruhe und Ordnung sehnte. Hinter den traditionellen realpolitischen Erwägungen der in Wien versammelten Potentaten tauchte nun als völlig neuer Gedanke die Idee Europas als einer höheren Einheit auf. So sprach etwa

Zar Alexander I. in seiner Adresse an seine Truppen von „der Menschheit und den Rechten Europas", die sie nun erneut mit ihren Waffen verteidigen müssten, und auch sein Standesgenosse, König Friedrich Wilhelm III. von Preußen, sah jetzt Europa als Ganzes vom Korsen bedroht.[31] Erstmals wurde damit der Kontinent, der bis dahin nur die Bühne dynastischer Rivalitäten und nicht mehr als ein geografischer Begriff gewesen war, zur maßgeblichen Bezugsgröße politischen Handelns erhoben. Die Idee, dass der europäische Friede nunmehr durch eine neue und innige Einvernehmlichkeit der europäischen Souveräne gefestigt werden müsse, manifestierte sich schließlich im Herbst 1815 in den Artikeln der „Heiligen Allianz". Für „Übermenschen" wie Napoleon war hier kein Platz mehr.

Die Bestrebungen vor allem des Zaren, aus dem alten Konzert rivalisierender Mächte eine Familie der Fürsten zu machen, hatten jedoch nicht verhindern können, dass sich während des Winters die Fronten in Wien zwischen Russland und Österreich bis hin zu offenen Kriegsdrohungen und geheimen Allianzen verhärtet hatten. Doch nach der Landung des Korsen in Südfrankreich war der Zwist sofort begraben worden und die Siegermächte von 1814 hatten sich erneut auf eine einheitliche Strategie geeinigt. Napoleon dürfe keine Zeit gelassen werden, Frankreichs immer noch gewaltige Ressourcen vollständig zu mobilisieren. Schon am 13. März 1815 hatten die verbündeten Monarchen Napoleon zum Gesetzlosen erklärt, und zwei Wochen später erneuerten Österreich, Russland, Großbritannien und Preußen den Vertrag von Chaumont aus dem Vorjahr. Darin verpflichteten sich die vier Mächte noch einmal, keine separaten Verhandlungen mit dem Korsen zu führen und jeweils 150 000 Mann für einen neuen Feldzug zu mobilisieren. Zu einem vereinbarten Zeitpunkt sollten diese Heere gleichzeitig, aber an verschieden Punkten, die französischen Grenzen überschreiten und konzentrisch auf Paris marschieren.

Mehrere Schreiben, die Napoleon an den russischen Zaren sowie an seinen Schwiegervater, den österreichischen Kaiser, geschickt hatte, blieben ohne Antwort. Die Kuriere wurden nicht einmal über die Grenze gelassen. Selbst eine Kopie des geheimen antirussischen Bündnisses, das Österreich, Großbritannien und Frankreich erst im Januar gegen Russlands Ambitionen auf ganz Polen geschlossen hatten, vermochte Alexander I. nicht umzustimmen. In der ersten Aprilwoche schwand für Napoleon die letzte Hoffnung, einen Krieg noch vermeiden zu können. Keiner seiner Minister glaubte angesichts der gemeinsamen Front der Gegner noch an einen Erfolg des restituierten Kaisertums.[32]

Spätestens im Sommer drohte Frankreich eine neuerliche Invasion von mehr als 800 000 Mann, denen der Kaiser vorerst kaum mehr als 100 000 Soldaten entgegenstellen konnte. Ein Dekret vom 9. April rief daher alle noch geduldet oder unerlaubt von der Armee abwesenden Soldaten, dies war immerhin mehr als die Hälfte, zu den Fahnen zurück. Zur Überraschung von Kriegsminister Louis-Nicolas Davout folgten dem Aufruf trotz seiner Schockwirkung im Lande bis zum 10. Juni mehr als 80 000 Soldaten.[33] Als Freiwillige ließen sich jedoch nur 15 000 Mann mobilisieren. Drastischere Maßnahmen waren nötig. Noch einmal wurde der Geist von 1792 beschworen, Lazare Carnot, der Vater der *Levée en masse* zum Innenminister ernannt. In weiteren Dekreten befahl Napoleon die Aufstellung von 326 Bataillonen der mobilen Nationalgarde. Tatsächlich hatten sich bis zum 15. Juni von den aufgerufenen 230 000 Dienstpflichtigen immerhin 150 000 in den Depots eingefunden. Wer kam, tat es so gut wie freiwillig, und so fand der Diensteifer der Gardisten auch die Anerkennung mancher Generale. Die zehn Bataillone der Nationalgarde aus Nancy seien ausgezeichnet, schrieb General Maurice Gérard, der Befehlshaber des IV. Armeekorps, am 10. Juni an General Dominique Vandamme. In höchstens drei Wochen gebe es keinen Unterschied mehr zwischen ihnen und den Regulären.[34] Aus den noch dienstfähigen 25 000 Veteranen, die trotz ihres Alters von mehr als 40 Jahren dem kaiserlichen Aufruf vom 18. Mai gefolgt waren, bildete das Kriegsministerium insgesamt 56 Infanteriebataillone und 25 Batterien zur Verteidigung der Festungen und anderer wichtiger Geländepunkte. Dazu kamen vielfach noch die örtlichen Nationalgarden, wie etwa die 18 000 freiwilligen Arbeiter aus dem Pariser Faubourg, aus denen 24 Scharfschützenbataillone zur grenznahen Verteidigung gebildet wurden. Andere Städte, wie etwa Lyon, folgten dem ermutigenden Beispiel. Aus dem Departement Aisne meldeten sich 18 000

Mann aller Kategorien und der Präfekt schrieb an Kriegsminister Davout, dass er nicht zögern werde, so viele Soldaten zu stellen, wie es Waffen gebe. Landesweit bezifferte sich die Stärke der Reservearmee schließlich auf 196 000 Mann.

Napoleons Behauptung in seinen Memoiren, er habe somit zum 1. Juni 559 000 Mann unter Waffen gehabt, stimmt allerdings nur bedingt. Tatsächlich bewaffnen konnte er vorerst nur wenig mehr als die 217 000 Soldaten seiner Feldarmee. Zwar waren die Bataillone, die unter Ludwig XVIII. aktiven Dienst geleistet hatte, ausreichend ausgerüstet. Doch für die Neuaufstellung gab es kaum 200 000 Musketen in den Depots, die zu einem Drittel auch noch reparaturbedürftig waren. Es fehlten Schuhe, Uniformen, Pferde und Munition für die Artillerie, deren Bedarf auf immerhin 600 000 Ladungen geschätzt wurde.[35]

Gestützt auf 50 Mio. Franc, die der bourbonische Finanzminister, Baron Joseph Dominique Louis, zu Börsenspekulationen zur Seite geschafft hatte und die nach seiner Flucht in der Staatskasse gefunden worden waren, erweckte Napoleon die französische Kriegswirtschaft wieder zum Leben. Allein für die Ausrüstung der 150 000 mobilen Nationalgardisten veranschlagte das Kriegsministerium Kosten von 24 Mio. Franc. Zwar kamen Steuererhöhungen mit Rücksicht auf die öffentliche Stimmung nicht infrage, doch schließlich stimmte der Kaiser der Idee einer Zwangsanleihe zu, für deren Sicherheit mit den staatlichen Wäldern garantiert wurde. Jeder Franzose wurde verpflichtet, einen Anteil zu zeichnen, der sich nach seinem Grundbesitz und seinem Steueraufkommen bemaß. Das verschaffte der Staatskasse noch einmal 150 Mio. Franc.[36] Im Mai arbeitete bereits ein Großteil der Wirtschaft des Landes für die Armee, allein das Hauptarsenal von Vincennes (bei Paris) produzierte innerhalb nur zweier Monate zwölf Mio. Musketenpatronen. Monatlich verließen jetzt 20 000 Musketen die staatlichen Manufakturen und private Unternehmen setzten ebenso viele ausgeschossene Exemplare wieder instand. Im Ausland beschaffte Gewehre gelangten auf abenteuerlichen Wegen ins Land. Einzig der Bestand der Feld- und Festungsartillerie war mit fast 14 000 Geschützen zufriedenstellend. Neu eingerichtete Pariser Werkstätten produzierten jetzt täglich 1250 Uniformen, während Zehntausende von Arbeitern die heruntergekommenen Grenzbefestigungen ausbesserten. Der Bestand an Pferden für die Kavallerie, die Artillerie und den Tross erhöhte sich durch ein Bündel von Maßnahmen, wozu auch die Einziehung der Gendarmeriepferde gegen eine Entschädigung zählte, auf gut 40 000 Tiere.

Bereits am 26. März hatte Napoleon die Neuordnung der Armee in acht Armeekorps befohlen. Anfangs nur mit zwei Bataillonen je Regiment versehen, waren es tatsächlich kaum mehr als Beobachtungskorps, die sich entlang der Grenze von Lille bis zu den Alpen und den Pyrenäen verteilten. Ende Mai, nachdem die Auffüllung der Regimenter mit den Rückkehrern, den Freiwilligen und Teilen der mobilen Nationalgarde abgeschlossen war, bildete der Kaiser aus dem I., II., III., IV. und dem VI. Armeekorps sowie der Garde mit insgesamt 124 000 Mann die *Armée du Nord*, aus dem V. Armeekorps des Generals Jean Rapp bei Strassburg die Rheinarmee. Mit 23 000 Mann war es numerisch etwa so stark wie das Korps des Marschalls Louis Suchet, das, um Lyon gruppiert, die Übergänge über die Alpen decken sollte. Der Sohn eines Lyonäser Seidenfabrikanten galt als einer der brillantesten Truppenführer des Kaiserreiches. Es wären für ihn wohl durchaus wirkungsvollere Positionen in Betracht gekommen, hätte der Marschall nach der Flucht des Königs nicht ganze zwei Tage gezögert, die Festung Strassburg an die Bonapartisten übergeben. Zu Suchets Unterstützung waren noch zwei kleinere Korps (Var und Jura) von zusammen 20 000 Mann gebildet worden. Die Deckung der Pyrenäen übernahm das in zwei Gruppen aufgeteilte VIII. Korps. Zusammen mit der Westarmee von General Lamarque absorbierten diese Formationen mehr als ein Drittel des gesamten Feldheeres. Von diesen insgesamt 85 000 Soldaten stammte allerdings bereits ein Drittel der Mannschaften aus der mobilen Nationalgarde. Während diese Kräfte sich zunächst defensiv verhalten sollten, war Napoleon entschlossen, mit seiner Hauptarmee die Entscheidung in Belgien zu suchen.

Selbst heute noch erscheint sein Entschluss zur Offensive, der schließlich die Hälfte seiner Soldaten das Leben kosten sollte, als konsequent und folgerichtig. Die Option des Abwartens, um den Gegner kommen zu lassen, hätte nur zu einer Wiederholung des Feldzuges von 1814 geführt, zu politischen Intrigen und neuerlichem Verrat. Allein der Angriff und rasche Siege boten dem Kaiser die Chance auf ein politisches Überleben. Napoleon handelte also keineswegs wie ein Spieler. Viele Fakten sprachen für ihn. Belgien hatte zuvor zwei Jahrzehnte lang zu Frankreich gehört. Vor allem in den frankophonen Gebieten haderte seine Bevölkerung mit den Beschlüssen des Wiener Kongresses. Man wollte nicht Teil der Niederlande sein, und Napoleon durfte daher auf seinem Weg nach Brüssel mit erheblichen Sympathien rechnen. Zwar standen die beiden feindlichen Armeen in Belgien unter dem Befehl von Wellington und Blücher, die zusammengenommen beinahe die doppelte Übermacht gegen den Korsen in die Waagschale werfen konnten. Doch die zwei nach Napoleon renommiertesten Feldherren ihrer Epoche verfügten inzwischen nicht mehr über ihre hervorragenden Armeen aus dem Vorjahr. Beide Aufgebote waren in ihrer Zusammensetzung sehr heterogen und ihre Soldaten besaßen im Gegensatz zu ihren französischen Gegnern nur zum Teil Kampferfahrung. Von den 15 000 britischen Fußsoldaten hatte die Hälfte sogar noch nie auf einen Feind geschossen.[37] Viele niederländische Soldaten wiederum waren vor weniger als einem Jahr noch unter den kaiserlichen Adlern marschiert.

Gelang es Napoleon tatsächlich, seine beiden Gegner zu spalten und anschließend einzeln zu schlagen, so wäre es ein Paukenschlag, dessen politische Folgen die militärischen noch weit überboten hätten. Für Napoleon hätte es die Stabilisierung seiner Herrschaft bedeutet, für die Alliierten dagegen eine ernste Koalitionskrise. Zudem hätte er Zeit gefunden, durch härtere Rekrutierungsmaßnahmen seine militärische Machtbasis zu erweitern und zu festigen. Noch vor dem 15. Juni hatten sich in den Depots bereits 50 000 Konskribierte des Jahrganges 1815 eingefunden. Auch die personellen Ressourcen besonders der westlichen Departements waren noch längst nicht ausgeschöpft. Es schien also keineswegs ausgeschlossen, bis zum Herbst eine Armee von 800 000 Mann aufzustellen und auszurüsten. Nur in Belgien gab es eine militärische Chance, und Napoleon griff nach ihr mit aller Konsequenz.

4. Die Soldaten, ihre Bewaffnung, Organisation und Taktik

Die Infanterie muss notfalls auf dem Platz sterben, den sie besetzt hält

In der Endphase der Schlacht von Waterloo, als am späten Nachmittag General Antoine Drouots Geschütze aus kürzester Distanz das Zentrum der britisch-niederländisch-deutschen Armee zerschmetterten, ersuchte Generalmajor Colin Halkett den Herzog von Wellington um die Erlaubnis, seine Brigade, die bereits zwei Drittel ihrer Männer durch das unausgesetzte französische Artilleriefeuer verloren hatte, wenigstens für kurze Zeit abzulösen. Der Herzog lehnte jedoch ab und begründete dies mit folgenden Worten: „Er und ich und jeder Engländer auf dem Feld muss notfalls auf dem Platz sterben, den wir jetzt besetzt halten.“[38]

Beide Offiziere wussten, dass nur die Infanterie in der Lage war, mit ihrer physischen Präsenz Gelände zu behaupten oder einzunehmen. In den Armeen des Ancien Régime (1648–1815) war sie daher die bei Weitem wichtigste und numerisch stärkste Truppengattung. Sie trug die Hauptlast des Kampfes, zog die Masse des gegnerischen Feuers auf sich und war dazu bestimmt, durch ihren massierten Einbruch in die Stellung des Feindes die Entscheidung zu erzwingen.

In fast allen Heeren Europas kämpfte die Infanterie damals mit Steinschlossmusketen, die gewöhnlich einen glatten Lauf aufwiesen und damit den Geschossen nur geringe Führung geben konnten. In ihrer Größe und in ihrem Gewicht unterschieden sich diese Waffen je nach Armee zwar geringfügig voneinander, im Prinzip aber beruhten sie auf demselben technischen Stand. Alle Musketen mussten in einer komplexen Abfolge von gut zwei Dutzend Handgriffen von vorne geladen werden, was unter dem Stress eines Gefechtes nur mit viel Geschick und Routine gelang.

Zunächst nahm der Soldat dabei die Waffe in Vorhalt, holte mit der freien Hand eine Patrone aus der Tasche und biss die aus Wachspapier bestehende Hülle am Kopfende auf, um daraus zunächst eine geringe Menge Pulver auf die Pfanne zu schütten. Nachdem der Schütze die Zündladung mit dem Batteriedeckel verschlossen hatte, stellte er die Waffe mit ihrem Kolben auf den Boden und schüttete den Rest des Pulvers von oben in den Lauf. Mit zweimaligem Stoßen des Ladestocks wurde das Pulver festgestopft. Anschließend führte der Soldat die ebenfalls in der Patrone enthaltene etwa 30 Gramm schwere Bleikugel zusammen mit dem Wachspapier hinterher und stopfte beides gleichfalls fest, wodurch das etwas unterkalibrige Projektil in der Geschosskammer fixiert war.

Bei einem erfahrenen Soldaten nahm der gesamte Ladevorgang, je nach dem Spiel zwischen Kugel und Rohrdurchmesser, zwischen 20 Sekunden und einer halben Minute in Anspruch. Die kritische Frist, während der die Schützen wehrlos waren, erhöhte sich noch, wenn nach längerem Gefecht Pulverrückstände schließlich starke Verkrustungen im Lauf verursacht hatten. Geladen wurde die Muskete im Stehen und gewöhnlich in offener Stellung im feindlichen Feuer. Allenfalls die einzeln kämpfenden *Tiralleurs* der Franzosen oder die Leichten Schützen der Briten konnten Bäume und Geländeerhebungen als Deckung nehmen.

Möglichkeiten und Grenzen der Steinschlossmuskete

Die französische Infanterie kämpfte im Feldzug von 1815 hauptsächlich mit der Muskete 1777, die noch während der Monarchie eingeführt worden war und 1801 nur leichte Verbesserungen erfahren hatte. Sie wog 4,6 Kilogramm und hatte ohne Bajonett eine Länge von 1,53 Meter. Der Durchmesser des Laufes war mit 1,77 cm etwas geringer als bei der britischen *Long Land Muskete,* der sogenannten *Brown Bess,* die mit ihrem Kaliber von 1,93 cm schon seit fast einem Jahrhundert nahezu unverändert im Einsatz war. Die britischen Kugeln wogen mit 32 Gramm deutlich mehr als die französischen Geschosse, die nur ein Gewicht von 21 Gramm aufwiesen.[39]

Preußen verfügte seit der Reformzeit über das verbesserte M1809. Die Waffe wurde auch als Neupreußisches Gewehr bezeichnet und verkürzte dank ihres konisch geformten Zündkanals den Ladevorgang um immerhin einen ganzen Schritt. So schüttete der Schütze jetzt das gesamte Pulver seiner Patrone direkt in den Lauf und presste es durch das Nachstoßen mit dem Ladestock gleich von innen in den Zündkanal. Ein gesondertes Auffüllen der Pfanne entfiel somit und die Feuergeschwindigkeit erhöhte sich unter günstigen Bedingungen auf bis zu fünf Schuss je Minute.

Allerdings mussten die meisten preußischen Regimenter in den Feldzügen von 1813/14 und auch noch in den Schlachten von Ligny, Waterloo und Wawre mit Beutewaffen, die auf sämtlichen Schlachtfeldern aufgelesen und instand gesetzt worden waren, in den Kampf ziehen. Die preußischen Produktionskapazitäten erlaubten es längst nicht, das M1809 an alle Truppenteile der Armee auszuliefern. Viele Landwehrregimenter kämpften 1815 sogar mit der britischen *Brown Bess*, die seit 1812 in hoher Stückzahl nach Preußen gelangt war.[40]

Allein in den Jahren 1809/10 produzierte die in Birmingham konzentrierte englische Waffenindustrie fast eine halbe Mio. Exemplare dieses Gewehrs, die größtenteils an die antifranzösischen Koalitionäre auf den Kontinent gingen.[41]

Die Infanteristen führten gewöhnlich etwa 50 bis 60 Patronen mit sich, was für jeden eine zusätzliche Last von bis zu zwei Kilogramm bedeutete. Die wirksame Reichweite ihrer Musketen ging kaum über 100 Meter hinaus. Mit einer Geschwindigkeit von etwa 320 Metern pro Sekunde aus der Waffe geschleudert, verursachte die Kugel, sofern sie ihr Ziel traf, grässliche Verwundungen. Aufgrund ihrer Größe zerstörte sie dabei erhebliche Gewebeteile oder Knochen und blieb meist im Körper stecken. Ein Soldat musste allerdings schon ausgesprochenes Pech haben, wenn er noch auf eine Distanz von 150 Meter getroffen wurde. Jenseits dieser Marke, so ein zeitgenössischer Offizier, hätte man genauso gut auf den Mond zielen können.

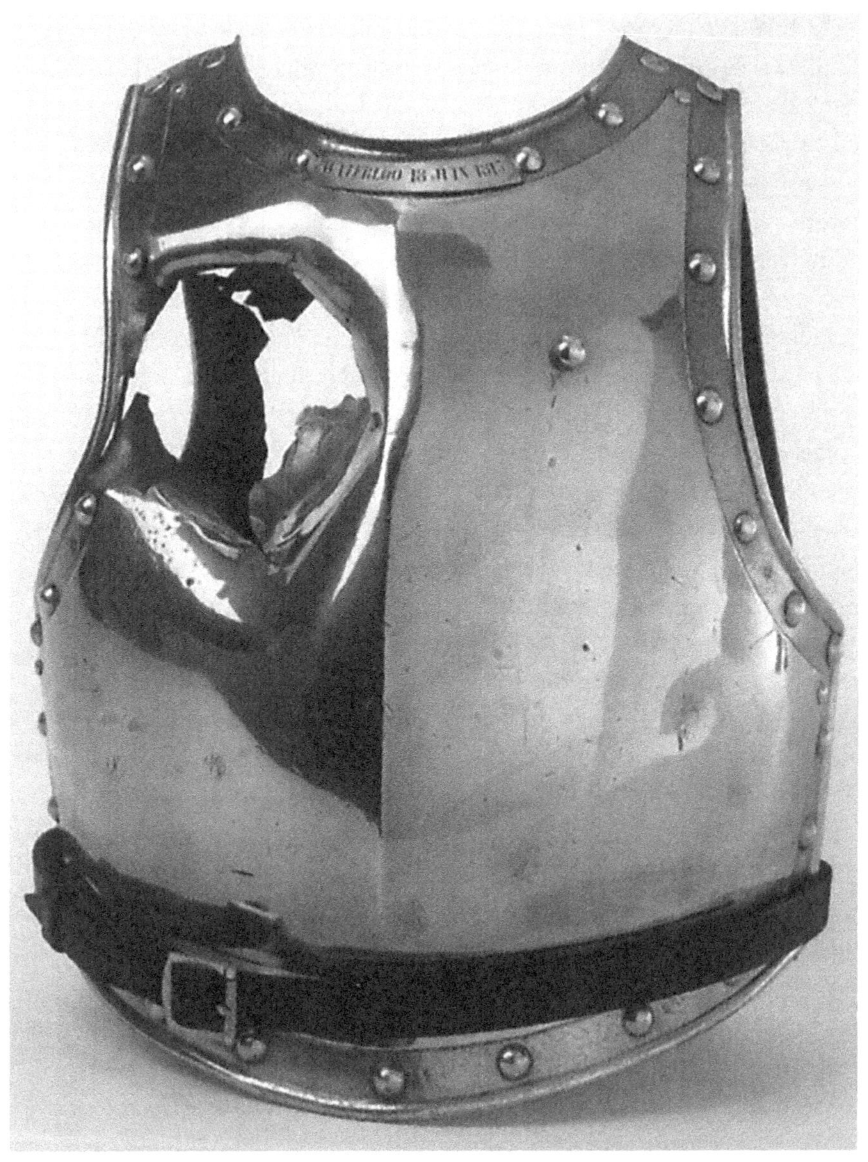

Kürass aus der Schlacht von Waterloo mit deutlicher Zerstörungsspur. Er gehörte François Antoine Fouveau vom 2. Karabinierie-Regiment.

Schussversuche in Preußen hatten 1810 ergeben, dass eine 90 Meter breite und 1,80 Meter hohe Scheibe – dies entsprach etwa der Zielfläche einer gegnerischen Angriffskolonne – auf 70 Meter Distanz von 60 Prozent der Projektile getroffen wurde, bei Verdoppelung der Entfernung sank die Quote auf nur noch 40 Prozent, während auf 210 Meter nur jeder fünfte Schuss im Ziel lag.[42]

Die bescheidene ballistische Wirkung der Muskete wurde noch von zahllosen anderen Faktoren wie etwa der Witterung oder der mangelnden Erfahrung des Schützen weiter eingegrenzt. Der Feuerstein versagte im Mittel nach 25 bis 30 Schuss und musste dann ausgetauscht werden. Auch unter günstigen Bedingungen waren noch bis zu einem Fünftel aller abgefeuerten Schüsse Versager. Zudem war es auf Dauer ein Kraftakt, die fünf Kilogramm schwere Waffe nach jedem Ladevorgang wieder vollkommen neu auf ein Ziel anzurichten. Viele Kommandeure schworen daher auf das etwa 40 cm lange Bajonett, mit dem die Musketen seit dem Spanischen Erbfolgekrieg ausgestattet waren. Die drei- oder vierkantige Klinge war durch einen kurzen Seitenarm mit der sogenannten Dille verbunden, die ihrerseits über die Rohrmündung geschoben wurde. Das Bajonett galt immer noch als die weitaus zuverlässigere Waffe. Im richtigen Moment angesetzt, schlug ein entschlossen vorgetragener Angriff mit dem Seitengewehr die Verteidiger gewöhnlich in Flucht, noch ehe es zum Nahkampf kam.[43]

Das Bataillon als taktische Grundeinheit

In sämtlichen Armeen des Ancien Régime war die zentrale Formation der Infanterie das Bataillon. Gewöhnlich setzte es sich aus fünf Linienkompanien zu etwa 90 bis 100 Mann sowie einer leichten Kompanie zusammensetzt. In der Annäherung an den Feind bildeten sie gewöhnlich eine Divisionskolonne (*Colonne de bataillons par division*) mit einer doppelten Front von zwei Kompanien zu je 30–35 Mann, insgesamt neun Glieder tief. Ihnen voraus attackierten üblicherweise in aufgelockerter Formation die Schützen der leichten Kompanie, die bei den Franzosen *Tiralleurs* genannt wurden. Auch die britische Armee hatte in den Kriegen gegen die nordamerikanischen Indianer und später gegen die aufständischen Kolonisten den Wert einer leichten Infanterie erkannt und mit speziellen Schützenverbänden experimentiert. Bei Waterloo bestand bereits das gesamte 95. Regiment aus den sogenannten *Light Bobs*, die sämtlich mit der *Baker Rifle* bewaffnet waren, einem Gewehr, das wegen der in seinen Lauf gefrästen Züge und Felder genauer und weiter schoss als die *Brown Bess* der Linieninfanterie, dafür aber aufwendiger zu laden war.[44]

Zur Abwehr von Kavallerie formierten sich die Kompanien eines Bataillons zu Karrees, eine rechteckige Igelposition von etwa 25 Meter Seitenlänge, wobei eine doppelgliedrige Front von Bajonetten für jeden Reiter ein kaum zu überwindendes Hindernis darstellte.

In der französischen und preußischen Armee bildeten drei Bataillone je ein Regiment zu etwa 2000 Mann, das von einem Oberst oder *Colonel* geführt wurde. Zwei bis vier Regimenter ergaben wiederum eine Brigade. Da auf britischer Seite je Regiment meist nur ein Bataillon aufgestellt war, verfügten Wellingtons Brigaden bei Waterloo tatsächlich nur über vier Bataillone, zusammen gerade einmal 2500 Mann. An der Spitze einer Brigade stand ein Generalmajor oder ein Oberst, wie im Falle der Hannoverschen Landwehrbrigaden.

Im Vergleich zu den britischen oder französischen Brigaden zählte eine preußische Brigade drei Regimenter zu je drei Bataillonen. Jedes dritte Regiment einer Brigade setzte sich ausschließlich aus Landwehrsoldaten zusammen, die nur über eine geringe militärische Ausbildung verfügten. Mit ihren insgesamt 7000 Infanteristen übertraf die preußische Brigade während des Feldzugs von 1815 sogar die Stärke der französischen Division, die im Mittel lediglich 4000 – 5000 Mann aufwies.

Noch geprägt vom offensiven Elan der Revolutionszeit bevorzugten Napoleons Armee wie auch ihre preußischen Nachahmer auf taktischer Ebene den Angriff und strebten stets die rasche Schlachtentscheidung an. Bewegung ging vor Feuerkraft.[45]

Die britische Infanterie hatte im Spanischen Krieg gute Erfahrungen mit der taktischen Defensive gemacht. Wellingtons Rotröcke waren seither für ihre eiserne Feuerdisziplin berühmt, die den angreifenden Gegner oft erst auf eine Distanz von nur 40 Metern bekämpften. Es erforderte äußerste Nervenstärke und viel Erfahrung, um einen mit gefälltem Bajonett vordringenden Angreifer auf diese Entfernung herankommen zu lassen. Allerdings hatten die Briten auch kaum eine andere Wahl, denn ihre *Brown Bess* schoss wegen des größeren Spiels zwischen Kugel und Lauf ungenauer, war dafür aber schneller zu laden, sodass ihre Schützen bis zu drei Schüsse pro Minute abfeuern konnten.[46] Die Standardaufstellung der Briten war die Bataillonsschützenlinie zu zwei Gliedern, was eine Front von 150 Metern mit etwa 250 bis 300 Mann ergab. Da die vorderste Linie abkniete, konnten beiden Glieder gleichzeitig schießen und auf kürzeste Distanz eine Salve von mehr als 500 Schuss an den Feind bringen. Die angreifende Kolonne wies dagegen nur ein Drittel dieser Feuerkraft auf. Obwohl die meisten französischen Kommandeure die britische Defensivtaktik genau kannten und die eigene Infanterie in Spanien regelmäßig den Kürzeren gegen Wellingtons *Redcoats* gezogen hatte, fanden sie auch bei Quatre Bras und Waterloo kein Mittel gegen die tödliche Feuerüberlegenheit ihrer englischen Gegner.

Kampf der verbundenen Waffen – Infanterie und Kavallerie

In allen Schlachten des Ancien Régime war die Infanterie auf ein enges Zusammenwirken mit der eigenen Kavallerie angewiesen. Napoleon setzte dabei auf ein Kräfteverhältnis von vier zu eins. Auf je 30 000 Infanteristen sollten 7600 Reiter verschiedener Gattungen kommen.[47] Hauptsächlich unterschied man zwischen der schweren und der leichten Reitertruppe. Zu Letzteren zählten die Husaren und Ulanen, die auch zu Aufklärungszwecken und Störaktionen im feindlichen Hinterland eingesetzt wurden. Die reguläre Schlachtenkavallerie bestand dagegen aus Kürassieren, Dragonern und Jägern zu Pferde. Sie unterstützten die Infanterie in sämtlichen Gefechtsarten, schützten deren Flanken beim Angriff und zwangen den Gegner, seine breite Schützenlinie aufzugeben und in Karrees Zuflucht zu nehmen. Diese Rundumverteidigung war die infanteristische Grundformation zur Abwehr von Kavallerie. Gelang der Infanterie tatsächlich ein Durchbruch, drang die schwere Kavallerie durch die Lücke in die Tiefe vor und rollte den Rest des Gegners von der Flanke oder von hinten auf. Bewaffnet waren die schweren Reiter mit Säbel, Degen, Pistole oder Karabiner, einer verkürzten Muskete. Die Ulanen, eine ursprünglich polnische Kavalleriegattung, kämpften mit einer bis zu 3,20 Meter langen Lanze und waren selbst für die schwere Kavallerie ein gefährlicher Gegner.

Trat die Kavallerie überraschend in Erscheinung, wie die Brigaden Ponsonby und Somerset am frühen Nachmittag bei Waterloo, und ließ der französischen Infanterie keine Zeit mehr, sich noch zu sicheren Karrees zu formieren, konnte sie ein ganzes Bataillon in weniger als einer Minute zerschlagen. Gelang es der Infanterie jedoch, ihre Aufstellung im Viereck einzunehmen, waren die Reiter zur Wirkungslosigkeit verurteilt. Ein vollständiges Bataillonskarree bildete nach allen Seiten eine solide Abwehrfront, in die der Kavallerie nur in wenigen Ausnahmefällen ein Einbruch gelang.[48]

Kämpfte die Kavallerie gegen einen gleichartigen Gegner, wirkte der Zusammenprall ihrer Formationen zwar sehr eindrucksvoll, blieb jedoch meist ohne große Wirkung. Die Einheiten öffneten gewöhnlich im letzten Moment ihre Reihen und ließen ihre Gegner passieren, wonach sie sich auf der anderen Seite wieder neu ordneten. Man sah dabei nur wenige Reiter vom Pferd stürzen, wie Augenzeugen bei Waterloo bestätigten.[49] Als ebenso wenig effektiv erwies sich der gegenseitige Beschuss mit Karabinern oder Pistolen auf kurze Distanz. Er habe keinen einzigen Mann fallen sehen, erklärte der Hauptmann der berittenen Artillerie, Cavalié Mercer, der am 17. Juni 1815 nördlich von Genappe in ein Gefecht zwischen berittenen Plänklern geraten war. „Die Angelegenheit wirkte reichlich lächerlich und obwohl einem die Kugeln über den Kopf flogen, war es wohl nicht mehr als ein Scheingefecht."[50]

Die Kavallerie aller drei Armeen war in Brigaden oder Divisionen zusammengefasst, die aus drei Regimentern zu je drei Eskadronen bestanden. Letztere umfassten etwa 120 Mann, sodass jede Brigade oder Division bei voller Sollstärke auf rund 1000 Reiter kam.

Die Artillerie als einzige Fernwaffe

Die Artillerie bildete eine der wichtigsten Stützen der französischen Armee. Auf 1000 Mann Infanterie kamen im Mittel vier Geschütze.[51] Napoleon selbst hatte seine Laufbahn als Artillerieoffizier begonnen und verstand wie kein zweiter Heerführer seiner Zeit, das volle zerstörerische Potenzial seiner Geschütze im engen Zusammenwirken mit der Infanterie zu entfalten. Der Korse profitierte hierbei immer noch von den Verbesserungen, die General Jean Baptiste Gribeauval in den 1760er-Jahren an den Artillerielafetten und in der Herstellungstechnik der Geschütze eingeführt hatte. Die Läufe wurden jetzt aus einem Stück gebohrt, was präzisere Resultate ergab als das bisherige Gussverfahren. Bei gleicher Feuerleistung waren die Geschütze seither erheblich leichter und damit auch beweglicher.[52]

In allen Armeen existierten drei Varianten von Geschützen. Die leichteren Vierpfünder wogen nur 300 Kilogramm und kamen meist bei der reitenden Artillerie zum Einsatz, um damit Breschen in die Karrees der Infanterie zu schießen. Das Standardgeschütz war jedoch der Achtpfünder mit einer Geschützlänge von rund zwei Metern. Noch einmal 30 cm länger war das Rohr der Zwölfpfünder, die Napoleon insbesondere seiner Garde zugeteilt hatte und die eine effektive Reichweite von bis zu 1800 Metern aufwiesen. Sämtliche Geschütze verschossen Vollkugeln mit einem Gewicht zwischen zwei und sechs Kilogramm, die auf große Entfernungen mehrere Gegner auf einmal ausschalten konnten. Auf trockenem Untergrund vervielfachte der sogenannte Ricocheteffekt noch ihre zerstörerische Kraft, da die Kugeln vom Boden abprallten und in niedriger Höhe weitergeschleudert wurden.

Jede Batterie verfügte außer ihren sechs Langrohrgeschützen noch über zwei Mörser, deren stark gewölbte Flugbahn das Überschießen der eigenen Infanterie erlaubte. Ihre Geschosse waren mit einem primitiven Zünder und einer Sprengladung versehen und dienten vor allem zur Inbrandsetzung von Gebäuden, in denen sich die gegnerische Infanterie zur Verteidigung eingerichtet hatte.

Die britische Artillerie verwendete in den Napoleonischen Kriegen bereits ein besonderes Sprenggeschoss, das der Leutnant Henry Shrapnel in den 1780er-Jahren entwickelt hatte. Eine mit bis zu 65 kleinen Metallkugeln gefüllte Granate konnte mittels einer Lunte genau über dem Ziel zur Explosion gebracht werden, was ihre zerstörerische Wirkung beträchtlich erhöhte. Im Gegensatz zur konventionellen Kanisterladung war dieses Projektil auch auf weite Entfernung als Streugeschoss einsetzbar. Seine Wirkung stand und fiel jedoch mit der richtigen Luntenlänge und der davon abhängigen Explosionshöhe.[53]

Zur Bedienung eines Geschützes waren insgesamt 15 Artilleristen erforderlich, die in den großen Schlachten Schwerstarbeit leisteten. Nach jedem Schuss musste das Geschütz wieder in seine Ausgangsstellung zurückgewuchtet und neu gerichtet werden. Das Rohr wurde zunächst nass ausgewischt, damit die neue Ladung nicht durch noch glimmende Pulverreste vorzeitig gezündet wurde. Maximal zwei Schuss konnten unter diesen Umständen in der Minute abgegeben werden. Bei einer Grundausstattung von rund 180 Ladungen pro Geschütz ließ sich theoretisch eine Kanonade von 90 Minuten aufrechterhalten. Auf französischer Seite wurde dieser Wert bei Waterloo auch tatsächlich erreicht, auf der Gegenseite lag er jedoch mit ca. 130 Schuss deutlich niedriger, da Wellington seiner Artillerie strikt verboten hatte, Munition für die Bekämpfung der feindlichen Artillerie zu verschwenden.[54] Gerade diese Einschränkung erlaubte es jedoch Napoleons Kanonieren bei Waterloo nach der Einnahme von La Haye Sainte bis auf 300 Meter, was die äußerste wirksame Reichweite der Musketen war, an den Feind heranzugehen und Wellingtons Bataillone im Zentrum seiner Stellung ungestört zusammenzuschießen.

Das Armeekorps als selbstständige Operationseinheit

Es war die wohl bedeutendste militärische Innovation des Korsen, die drei wichtigsten Waffengattungen seiner Armee in besonderen Korps zusammenzufassen und sie hierdurch zu befähigen, auch unabhängig von der Hauptarmee das Gefecht der verbundenen Waffen zu führen. Ein Korps von 25 000 bis 30 000 Mann könne ruhig sich selbst überlassen werden, schrieb Napoleon an seinen Stiefsohn, Eugène de Beauharnais. Unter sachkundiger Führung sei es in der Lage, jederzeit eine Schlacht anzunehmen oder zu verweigern.[55] So gelang es bei Auerstedt Marschall Davout am 14. Oktober 1806, mit seinem Korps allein die doppelt so starke preußische Hauptarmee nicht nur zu stoppen, sondern sogar zum Rückzug zu zwingen. Derweil konnte Napoleon bei Jena in aller Ruhe nacheinander die preußischen Generale Hohenlohe und Rüchel schlagen.

Armeekorps aus drei bis vier Divisionen blieben zumindest für die Dauer eines Feldzuges bestehen, besaßen einen eigenen Führungsstab und marschierten gewöhnlich auf besonderen Marschstraßen, sodass, wie in den Feldzügen von 1805 und 1806, die gesamte französische Armee parallel vorrücken konnte.

Napoleons Gegner übernahmen im Laufe der Koalitionskriege das französische Vorbild und hatten ihre Armeen spätestens seit 1813 gleichfalls in Armeekorps gegliedert. Auch Wellington hatte seine Armee 1815 in zwei Armeekorps und ein Reservekorps gegliedert, doch eine taktische Selbstständigkeit besaßen weder Generalleutnant Rowland Hill, der das II. Korps befehligte, noch der junge Prinz Wilhelm von Oranien. Es waren politisch-dynastische Erwägungen, die den Herzog bewogen hatten, den niederländischen Thronfolger formal mit der Führung des I. Armeekorps zu betrauen, das sich aus je zwei britischen und niederländischen Divisionen zusammensetzte. Während des Feldzugs und vor allem in den Schlachten von Quatre Bras und Waterloo spielten seine Korps als selbstständig agierende Truppenkörper keine Rolle. Wellington griff sogar dort, wo er sich gerade aufhielt, wiederholt bis in die Brigadeebene hinunter persönlich ein. Berühmt ist sein Kommando beim letzten Angriff der kaiserlichen Garde am Abend von Waterloo: „Jetzt Maitland, jetzt ist Ihre Zeit!"[56] Allenfalls die Reservekavallerie unter Lord Uxbrigde erfreute sich wenigstens auf dem Rückzug von Quatre Bras nach Mont St. Jean am 17. Juni einer gewissen Selbstständigkeit. Die Preußen wiederum praktizierten das Korpssystem noch ausgeprägter als der Korse selbst. So kämpften am 18. Juni 1815 die Generale Thielmann, Zieten und Bülow an drei verschiedenen Brennpunkten, die beiden Erstgenannten sogar ganz auf sich allein gestellt.

Durchhaltevermögen und Motivation

Während des fünftägigen Feldzugs in Belgien leisteten die Soldaten aller drei beteiligten Armeen Außergewöhnliches. Sie ertrugen endlose Märsche, wie etwa die Angehörigen des 3. Bataillons der britischen Garde zu Fuß, die am 16. Juni in 15 Stunden über 50 Kilometer von Enghien nach Quatre Bras zurücklegten.[57] Sie quälten sich durch strömenden Regen und über verschlammte Straßen, litten wie Blüchers Preußen Hunger und oft auch Durst und hielten zu einem erstaunlich hohen Anteil auch noch dem mörderischen Feuer des Gegners stand. Die Beweggründe für ihr Durchhalten sind vielfältig. Prekäre Lebensverhältnisse, Entbehrungen und häufig ein früher Tod waren für Angehörige vormoderner Gesellschaften auch in Friedenszeiten die bittere Realität, zumal wenn sie wie die meisten gewöhnlichen Soldaten aus den Unterschichten der Gesellschaften kamen. Gewalttätigkeit war keine Grenzerfahrung, sondern ein prägendes Element auch im zivilen Leben. Vor allem im England der frühen Industrialisierung waren lokale Unruhen und Zerstörungsaktionen an der Tagesordnung. Faustkämpfe und andere brutale Wettbewerbe erfreuten sich selbst in höheren gesellschaftlichen Kreisen großer Beliebtheit, zumal wenn sie sich mit der britischen Wettsucht verknüpfen ließen.[58]

Der Dienst in der Armee bot vielen Randexistenzen die Aussicht auf Sold, Prämien, Beförderungen und nicht zuletzt auch auf Beute. Die Franzosen plünderten Deutschland aus, die Briten taten es ihnen in Spanien gleich. Als Wellington nach dem Rückzug von Burgos im Herbst 1812 versuchte, das exzessive Plündern seiner Soldaten durch einen Armeebefehl einzudämmen, erntete er damit breites Unverständnis. So beklagte sich etwa der Schütze John Mills vom 95. Leichten Regiment in einem Brief an seine Mutter in England, welche Ermutigung ein Mann denn jetzt noch haben könnte, seine Pflicht zu tun.[59] Voraussetzung zum Beutemachen war jedoch der Erfolg auf dem Gefechtsfeld. Deshalb kämpften selbst unter Todesgefahr die Soldaten aller Armeen mit erstaunlicher Verbissenheit um den Sieg. Kameradschaftliche oder landsmannschaftliche Bindungen ließen viele Soldaten auch in den übelsten Situationen ausharren.

Politische Motive wie etwa das Bedürfnis nach Revanche dürften am ehesten noch auf preußischer Seite eine Rolle gespielt haben, besonders nach der verlorenen Schlacht von Ligny. Die Franzosen wiederum berauschten sich, vielleicht auf diesem letzten Feldzug noch mehr als in früheren Jahren, am Ruhm des Kaisers und seinem Nimbus der Unbesiegbarkeit. Ihr euphorisches und bei jedem Anlass wiederholtes *Vive l'Empereur* schien wie eine Droge gewirkt zu haben.

Mit eher traditionellen Methoden der Motivation agierten dagegen die Briten. Die Ausgabe von Gin vor Beginn der Kampfhandlungen ist vor Waterloo mehrfach bezeugt. Als einzige von allen Armeen wandte die britische noch im Jahre 1815 die Prügelstrafe selbst für geringfügige Vergehen an. Regelmäßig tauchte in Briefen oder sonstigen Äußerungen britischer Soldaten auch das Motiv der Verachtung gegenüber den Verbündeten auf. Der Artilleriehauptmann Mercier mokierte sich etwa über die Braunschweiger, die auf dem Rückzug von Quatre Bras schon auf das geringste Anzeichen von Kavallerie sich zur Seite schlugen und sogar ihre Waffen fortwarfen.[60] Es verbot sich auch von selbst, dem angeblich schlechten Beispiel der Holländer zu folgen, die keinem französischen Angriff standzuhalten schienen. Auch unter den britischen Regimentern gab es starke landsmannschaftliche Konkurrenz, die bisweilen auch bizarre Formen annehmen konnte. Ein Soldat aus Wales, der die Tortur von 300 Schlägen auf seinen Rücken ohne einen Schmerzenslaut ertragen hatte, erbot sich, auch noch die Strafe für seinen deutlich weniger gefassten Kameraden zu übernehmen, um zu verhindern, dass dieser vor dem angetretenen Bataillon auf Walisisch klagte.[61]

„In dieser Zeit war die Regimentsführung wegen unserer Ausrüstung besonders penibel und bei einem Appell stellte sich heraus, dass mir ebenso wie einem anderen Soldaten ein Hemd fehlte. Keiner von uns konnte dem Unteroffizier eine befriedigende Erklärung für diesen Verlust geben, der nun keinen Augenblick zögerte, dem Kompaniechef darüber Meldung zu machen. Einige dieser Unteroffiziere zählten zu den widerlichsten Schurken überhaupt. Von ihren Vorgesetzten waren sie dazu angehalten, jede nur erdenkliche Information zu liefern und sogar den bedeutungslosesten Kleinkram zu melden, der sich in- oder außerhalb des Quartiers zugetragen hatte, und hofften dabei durch die Häufung und das Ausschmücken ihrer Berichte beim Leser Beachtung und schließlich Beförderung zu erlangen. Aber um fortzufahren: Der zuständige Offizier befahl, uns beide ohne weitere Umstände in Arrest zu nehmen. Am nächsten Morgen erschien der Regimentsadjutant und teilte uns mit, dass ein Gerichtsverfahren gegen uns stattfinden würde. Tatsächlich wurden wir um 10 Uhr vor ein Tribunal von Offizieren gebracht, noch einmal befragt und schließlich für schuldig befunden.

Gegen unser Urteil war nichts mehr zu machen. Noch am selben Nachmittag um 4 Uhr wurden wir beide aus dem Arrestraum geholt. Draußen war das Regiment bereits zur Bestrafung angetreten. Es hatte dazu ein Karree gebildet und in seiner Mitte war der Auspeitschungspfahl in all seiner Bedrohlichkeit aufgebaut. Auf mich machte er den fürchterlichsten Eindruck. Der Bataillonsadjutant hatte begonnen, das Urteil zu verlesen, der zweite Soldat war bereits mit entblößtem Rücken festgebunden worden. Ich empfand meine Lage jedoch kaum angenehmer als die meines Kameraden, der unter den schrecklichen Schlägen bald zu schreien angefangen hatte. Er erhielt das übliche Quantum von 300 Streichen. Dann befahl der kommandierende Offizier dem Trommler, ihn loszubinden, und ich war an der Reihe. Als er mir den Rücken entblößte und mich festband, versuchte ich, meinen wenigen Mut zu sammeln und harrte zitternd dem mir zugedachten Schicksal. Schon hatte der Trommler mit dem Folterinstrument seine Position wieder eingenommen und der kommandierende Offizier hatte bereits das Kommando „Eins" gegeben, als plötzlich ein Kommando des 88. Regiments im Karree erschien. Der Regimentskommandeur gab den Befehl, die Bestrafung zu unterbrechen, und ließ das Kommando seinen Gefangenen, es war ein Deserteur aus unserem Regiment, in die Mitte führen. Er war zwei oder drei Tage vor meiner Verurteilung geflohen und der kommandierende Offiziere befragte ihn nun, wo er gewesen und weshalb er geflohen sei. Er antwortete dem Oberst sehr zögerlich und hielt zugleich noch ein Bündel in seiner Hand. Während dieser Befragung war ich angebunden geblieben und hatte mit der baldigen Fortsetzung meiner Bestrafung gerechnet. Nun aber forderte der Oberst den Deserteur auf, sein Bündel zu öffnen, worin sich ein Paar Stiefel und ein Hemd befanden. Die Stiefel waren mit dem Namen eines Unteroffiziers gekennzeichnet und wurden sofort ihrem Besitzer übergeben. Dann aber kam der Oberst zum Exekutionsoffizier und befahl, mich loszubinden, während er das verlorene Hemd zeigte, für dessen Verlust ich eine so ungerechte Strafe erleiden sollte. Ich hatte es mit meinem vollen Namen gekennzeichnet."

Aus dem Bericht des walisischen Schützen Thomas Jeremiah, in: Clover,
Waterloo Archive, Bd. IV, S. 177f.

5. Drei Wege nach Waterloo.
Die Feldherren Napoleon, Blücher und Wellington im Zeitalter der Revolutionskriege

Wohl zehn Bittbriefe hatte Gebhard Leberecht Blücher, der einst aus Zorn über eine entgangene Beförderung um seinen Abschied ersucht hatte, an König Friedrich II. von Preußen geschrieben. Der gebürtige Rostocker, Sohn eines Infanteriehauptmanns in Kurhessischen Diensten, wollte wieder in die Armee des großen *Roi Connetable* aufgenommen werden. Es war vergeblich. Der alternde König hielt eisern an seinem Diktum fest, mit dem er 1772 dem Entlassungsgesuch des renitenten Husarenrittmeisters stattgegeben hatte: Blücher solle sich zum Teufel scheren. Erst der Tod des unnachsichtigen Potsdamer Autokraten im August 1786 ebnete dem mittlerweile 45-jährigen Gutshofbesitzer den Weg zurück unter die preußischen Fahnen. Mit Schreiben vom 23. März 1787 erteilte Friedrich Wilhelm II., der ungeliebte Neffe und Nachfolger des Siegers von Roßbach und Leuthen, Blücher die Erlaubnis, im Dienstgrad eines Majors in sein altes Regiment, zu den Totenkopfhusaren, zurückzukehren.[62]

Beinahe zur selben Zeit, da der schon in die Jahre gekommene Husarenoffizier seine zweite Karriere antrat, hatte auch ein junger irischer Protestant namens Arthur Wesley nach einigen beruflichen Anläufen sich zuletzt für die militärische Laufbahn entschieden. Eine Familientradition, die diesen Schritt nahegelegt hätte, gab es nicht. Der spätere Herzog von Wellington war der drittälteste Sohn des 1. Earls of Mornington, eines angesehenen Professors für Musik am Trinity College in Dublin, der aber in späteren Jahren Probleme hatte, sein standesgemäßes Leben fortzusetzen. Damals stand die etwa 50 000 Mann starke britische Armee keinesfalls im besten Ruf, und ihre Niederlage im amerikanischen Krieg hatte daran kaum etwas geändert. Nach dem nüchternen Urteil des Generalleutnants Sir Henry Bunburry war ihre Disziplin nachlässig und die Obristen führten ihre Regimenter nach eigenen Regeln, wenn man überhaupt von Regeln sprechen wollte. Einheitliche Vorstellungen über Drill und Manöver existierten ebenso wenig wie ein Berufsethos aufseiten der Offiziere.[63]

In diese wenig geachtete Welt trat der junge Wesley zwei Monate vor seinem 18. Geburtstag ein. Seine Ernennung zum Fähnrich im 73. Hochlandregiment war auf den 7. März 1787 datiert. Die Käuflichkeit von Offizierspatenten war eines der Krebsübel der Armee. Es gab dafür nur niedrige Hürden. So musste ein Hauptmann wenigstens zwei Jahre gedient haben, ein Major immerhin sechs Jahre.[64] Leistung spielte kaum eine Rolle und militärisches Können sollte nach Möglichkeit in der Kriegspraxis erworben werden. So gelangte der junge Wesley mit geliehenem Geld schon nach neun Monaten in den Besitz eines Leutnantspatents und konnte als *Aide de Champs* des neuen britischen Statthalters in Dublin, Lord Buckingham, auf seine Heimatinsel zurückkehren.

Im selben Jahr nahm der gleichaltrige Unterleutnant der Artillerie und Absolvent der Pariser *École militaire*, Napoleon Bonaparte, einen fast zweijährigen Urlaub in Anspruch, um auf Korsika die verfahrenen Angelegenheiten seiner Familie zu regeln und sich sowie seinen Brüdern einträgliche Positionen in der politischen Hierarchie der Insel zu verschaffen. Erst nach dem Sturz der französischen Monarchie im August 1792 und dem Scheitern aller korsischen Ambitionen besann sich der junge Offizier wieder auf seine militärische Laufbahn im Mutterland. Im Juli 1793 traf er völlig mittellos mit seinem Familienclan in Toulon ein. Zwar profitierte der Korse wie viele seiner Kameraden von dem wachsenden Offiziersnotstand in der Terrorrepublik, doch zu seinem großen Verdruss wurde Bonaparte, der sich damals noch Buonaparte nannte, der Italien-Armee in Nizza zugeteilt, die entgegen ihrer programmatischen Bezeichnung vor allem gegen die Feinde der Revolution in Lyon, Marseille und Toulon kämpfen sollte. Napoleons Wunsch, zu den in Belgien und am Rhein kämpfenden Armeen versetzt zu werden, lehnte der Konvent in Paris entschieden ab.

Auf dem pfälzischen Kriegsschauplatz war der spätere „Marschall Vorwärts" inzwischen zum Kommandeur eines Husarenregiments aufgestiegen, das im Verlauf der Kämpfe durch drei Infanteriebataillone sowie

Arthur Wellesley, 1. Duke of Wellington auf einem Gemälde von George Dawe.

einige Artillerie verstärkt wurde. Blücher erwies sich hierbei als draufgängerischer Troupier mit einem untrüglichen Blick für taktisch günstige
Momente, hinter dessen rauem Ton sich eine ausgeprägte Fürsorglichkeit
für seine Leute verbarg. Der Oberst, der nie eine Offiziersschule besucht
hatte, forderte viel und schonte sich dabei selbst keinen Augenblick. Doch
seine spektakulären Aktionen zwischen Dürkheim und Neustadt konnten
den Rückzug der Armee des Fürsten Hohenlohe-Ingelfingen im Oktober
1794 über den Rhein ebenso wenig verhindern wie schließlich Preußens
Ausscheiden aus dem Krieg im Jahr darauf. Immerhin hatte der König
den 52-jährigen Haudegen noch während des Feldzugs zum Generalmajor befördert. Blücher empfand dies als angemessene Honorierung seiner
Verdienste: Er habe zwar keine großen Taten vollbracht, aber in seinem
Verantwortungsbereich nichts unversucht gelassen.[65]

Die deprimierende Erfahrung des Rückzugs musste auch Arthur Wesley
machen, nachdem er im Juni 1794 als Major zu dem kleinen Expeditionskorps des Herzogs von York in Flandern gestoßen war. Sein erstes Gefecht
erlebte der 25-jährige Bataillonskommandeur im September 1794 nahe
der Festung Breda, wo er mit seinem 33. Regiment, das aber wie in der
britischen Armee üblich, nur aus einem einzigen Bataillon bestand, den
Rückzug der Armee deckte. Wesley, dem wie den meisten seiner Standesgenossen eine formale militärische Ausbildung fehlte, schien seine Aufgabe
durchaus mit Geschick bewältigt zu haben, denn der Herzog von York ließ
ihm wenige Tage später seinen Dank für die Aktion übermitteln. Gleichwohl endete der gesamte Feldzug in einem Desaster. Wie die Preußen
waren auch die Briten den gewaltigen Menschenmassen der französischen
Republik auf Dauer nicht gewachsen. Noch bis zum Januar konnte sich
die Armee am Waal halten, ständig bedrängt von den Franzosen, die entgegen den militärischen Gepflogenheiten des Ancien Régime und zum
großen Verdruss der Briten keine Winterquartiere bezogen hatten. Im
Frühjahr 1795 gelangte das britische Expeditionskorps in einem beklagenswerten Zustand nach Bremen. 6000 Mann waren auf dem Rückzug
erfroren. Die Reste der Armee wurden im März nach England eingeschifft.

Gebhard Leberecht von Blücher, Fürst von Wahlstatt.

Wesley resümierte später über diesen ersten Feldzug gegen das revolutionäre Frankreich: Niemand wusste wirklich, wie eine Armee geführt werden musste. Für sich persönlich zog er immerhin eine freundlichere Bilanz: Der Grund, weshalb er in seinen Aktionen mehr Erfolg hatte, lag darin, dass er stets vor Ort war. „Ich sah alles und veranlasste alles selbst."[65]

In Südfrankreich hatte sich der Hauptmann Bonaparte derweil, mehr aus Opportunismus als aus echter Überzeugung, der Sache der Jakobiner verschrieben und war im Herbst 1793 zum artilleristischen Führer der Konventsarmee vor Toulon ernannt worden. Deren Bewohner waren aus berechtigter Angst vor der Rache der Jakobiner zu dem Beschluss gelangt, die britisch-spanische Flotte in ihren Hafen zu lassen. Dank der Schiffsbesatzungen konnte die Verteidigung der Stadt entscheidend verstärkt werden. Die Konventsarmee schien zunächst hilflos. Doch die Idee, die Geschütze auf den beiden die Hafeneinfahrt flankierenden Halbinseln zu postieren, versprach Abhilfe. Sie ging zwar nicht auf Bonaparte zurück, doch der Korse war der Einzige, der sie wirklich umzusetzen verstand. Sein Erfolg zwang die Flotte des Gegners, den Hafen wieder zu räumen. Toulon war Napoleons erste Schlacht und auch die einzige, in der er jemals eine ernsthafte Verwundung erlitt. Der heftige Stich mit einer Pike in seinen linken Unterschenkel bei der Erstürmung des Forts Mulgrave hätte beinahe eine Amputation zur Folge gehabt. Doch der Korse hatte Glück, ein zweiter Arzt riet von der Operation ab, und der befürchtete Wundbrand blieb aus.[67] Auch wenn der mittlerweile 25-jährige Major die brutalen Methoden der Pariser Kommissare in der eroberten Stadt nicht billigte, so kann man ihn kaum von einer Mitschuld an den nun folgenden Gräueltaten eines Paul Barras oder eines Joseph Fouché an den unglücklichen Einwohnern von Toulon freisprechen.[67]

Die Nachricht, dass Preußen am 5. April 1795 in Basel einen Frieden mit der französischen Republik geschlossen hatte, erreichte Blücher in der Nähe des beschaulichen Münster, wo er mit seinem Regiment nach dem schrecklichen Winter Quartier bezogen hatte. Zum preußischen Militärgouverneur in Westfalen ernannt und zum Generalleutnant befördert, teilte der mittlerweile mit einer deutlich jüngeren Frau wiederverheiratete

Husarenoffizier keineswegs die im kunstsinnigen Berlin vorherrschende
Auffassung, man könne sich einfach aus der Geschichte davonstehlen. Ein
neuer Waffengang Preußens mit dem immer stärker werdenden Frankreich
erschien ihm nur als eine Frage der Zeit. Darin stimmte Blücher vor allem
mit Friedrich Karl von und zum Stein überein, seinem neuen Gesin-
nungsgenossen und Freund, der damals die preußische Zivilverwaltung
in Westfalen leitete.

Während der junge Bonaparte in Paris den erneuten Regimewechsel
unbeschadet überstanden hatte und im Auftrag der neuen Machthaber
am 5. Oktober 1795 einen Aufstand der Royalisten in Paris allein mit der
Artillerie niederschlagen konnte, kehrte Arthur Wesley Europa und seinen
Kriegsschauplätzen für beinahe ein Jahrzehnt den Rücken. Nach sieben-
monatiger Seereise traf der inzwischen zum Oberst beförderte Offizier
mit seinem 33. Regiment im Februar 1796 im bengalischen Kalkutta ein,
bald gefolgt von seinem älteren Bruder Richard, der als Generalgouver-
neur der Ostindischen Kompanie für die kommenden Jahre der oberste
politische Repräsentant des Vereinigten Königreichs auf dem indischen
Subkontinent sein sollte. Wesley hatte die lange Zeit der Überfahrt zu
einem ausführlichen Studium der Kriegsgeschichte sowie geografischer
und ethnologischer Literatur über Indien genutzt.[69] Diese akribische Art,
sich auf seine militärischen Aufgaben auch theoretisch vorzubereiten, verband ihn mit seinem späteren korsischen Antipoden, der auf allen seinen
Feldzügen stets eine ganze Bibliothek mit sich führte.[70]

Nur zwei Monate nach Wesleys Ankunft in Kalkutta hatte der 26-jäh-
rige General Bonaparte, inzwischen mit der älteren Josephine Beauharnais
verheiratet, das Kommando über die heruntergekommene Italienarmee
übernommen und mit ihr im Laufe nur eines Jahres eine Reihe unerwarte-
ter und spektakulärer Siege über Österreicher und Piemontesen erfochten.
Vor allem sein wohlinszenierter Sturm über die Adda-Brücke bei Lodi
begründete seinen militärischen Ruhm in Frankreich und dann auch in
ganz Europa. Da das Direktorium um Paul Barras mit dem erfolgreichen
General in Paris wenig anzufangen wusste, akzeptierte das fünfköpfige
Gremium im Frühjahr 1798 bereitwillig den ehrgeizigen Plan des Korsen,

auf den Spuren von Alexander und Cäsar das angeblich märchenhaft reiche
Ägypten zu erobern und damit Englands Verbindungen nach Indien zu
bedrohen. Die Expedition erwies sich jedoch nach der Vernichtung der
französischen Flotte bei Abukir am 1. August 1798 als der erste große
Fehlschlag Bonapartes, schadete aber kaum seinem blendenden Ruf in
Frankreich, das der geschickte Propagandist regelmäßig mit übertriebenen
Erfolgsmeldungen versorgte. Unter dem Vorwand, das Vaterland sei in
Gefahr – tatsächlich hatte es einige Niederlagen gegen Österreicher und
Russen gegeben –, kehrte der Korse im Oktober 1799 heimlich nach
Frankreich zurück, wo bereits eifrig Pläne zum Sturz des korrupten Di-
rektoriums geschmiedet wurden. Als am 9. November 1799 der Umsturz
wirklich inszeniert wurde, zählte Bonaparte zu den Schlüsselfiguren. Kaum
hatte das Rumpfparlament die neue Konsulatsverfassung gebilligt, tausch-
te der General seine beiden Mitverschwörer gegen willigere Vertreter aus
und erklärte sich zum 1. Konsul der Republik. Damit war der 30-Jährige
nur sechs Jahre nach seiner Flucht aus Korsika zum Alleinherrscher Frankreichs aufgestiegen.

Derweil verlief Arthur Wesleys Karriere in Indien weitaus weniger spektakulär. Obwohl er fast neun Jahre in dem für Europäer wenig zuträglichen
Land verbrachte und mit seinem Regiment an mehreren erfolgreichen
Feldzügen teilnahm, darunter auch an der Erstürmung von Seringapatam,
der Hauptstadt von Tipu Sultan, des „Tigers von Mysore", am 4. Mai
1799, verließ er den Subkontinent im März 1805 nur im Range eines Generalmajors. Im Verhältnis zu der imposanten Erweiterung der britischen
Herrschaft in Indien in genau diesen wenigen Jahren war Wesleys einzige
Beförderung eine wahrhaft bescheidene Honorierung. Immerhin hatten
es ihm die großzügig gewährten Geldprämien der Ostindienkompanie
erlaubt, seine Schulden zu begleichen, die er für den Kauf seiner bisherigen
Dienstränge aufgenommen hatte. Allein für seine Teilnahme am Sturm auf
Seringapatam waren ihm 4000 Pfund zugewiesen worden. Wesley selbst
betrachtete seine Zeit in Indien nüchtern als wichtige militärische Lehr-
jahre, in der er sein Verständnis für Geländevorteile, Truppenbewegungen
und Logistik schulen konnte. Später einmal gefragt, welchen von all seinen

Siegen er für den bedeutendsten halte, nannte Wesley die Schlacht von Assaye, in der er 1803 mit nur 7000 Mann die mehrfach überlegenen Truppen der Maratha-Konföderation bezwungen hatte.[70]

Als der nunmehr 36-jährige Generalmajor im September 1805 wieder in England eintraf, hatte sich Europa völlig verändert. Das nachrevolutionäre Frankreich war endgültig zur beherrschenden Macht des Kontinents aufgestiegen und sein neuer Kaiser, Napoleon Bonaparte, hatte das Land einem rigiden Modernisierungsprozess unterworfen. Schon als 1. Konsul hatte er die Revolution liquidiert, die Staatsfinanzen geordnet, sämtliche Wahlen abgeschafft und die Zahl der Pariser Zeitungen von ehedem 73 auf neun reduziert. Zur neuen Diktatur des Korsen gehörte auch ein immer perfekteres Polizei- und Spitzelsystem, das die Handschrift des zuständigen Ministers Joseph Fouché trug, eines entlaufenen Mönchs.[72]

Auf seinem westfälischen Außenposten in Münster musste Generalleutnant Blücher untätig den kometenhaften Aufstieg des Korsen mitverfolgen. Auch das gute Verhältnis, dass er zu den örtlichen Honoratioren entwickelte hatte, konnte seine Verbitterung kaum mindern. Die Friedensroutine in seiner Position als oberster Militärbefehlshaber in Preußens weit vorgeschobenen Westprovinzen behagte dem inzwischen 63-jährigen Generalleutnant nicht sonderlich, und seine alten Laster, die Trunk- und Spielsucht, machten ihm wie in seinen jungen Jahren erneut zu schaffen. Mehr noch aber belastete Blücher seine Isolation von den Entscheidungen in Berlin, wo der neue Monarch Friedrich Wilhelm III., ein entschlussschwacher Pedant, und sein Außenminister Heinrich Graf von Haugwitz unbeirrt von Napoleons ständigen Provokationen eine Politik strikter Neutralität verfolgten. So kam im Sommer 1805 die dritte Koalition gegen Napoleon ohne Preußen zustande. Österreich und Russland mobilisierten ihre Armeen, Großbritannien zahlte Subsidien und plante sogar eine Landungsexpedition in Norddeutschland, für deren Kommando sich Wesley intensiv bewarb. Doch das Unternehmen musste abgeblasen werden, nachdem Preußen weiterhin neutral blieb. Blücher tobte und drohte mit seinem Abschied. „Das Landleben habe für ihn inzwischen mehr Reize als der militärische Dienst.“[73] Gleichwohl kehrte er nicht „an den Pflug“

zurück. Berlin hatte sich plötzlich zu einem energischen Kurs entschlossen. Graf Haugwitz reiste im November mit einem Ultimatum nach Mähren, doch einmal mehr war Napoleon schneller. Nachdem er die Masse der Österreicher schon in Ulm ausgeschaltet hatte, zerschmetterte er am 2. Dezember 1805, genau ein Jahr nach seiner Kaiserkrönung, bei Austerlitz auch die mit Habsburg verbündete russische Armee. Ein einziger Tag beendete den Krieg. Der Mythos der *Grande Armée* war geboren und dem düpierten preußischen Außenminister blieb nichts anderes übrig, als dem siegreichen Korsen die Glückwünsche seines Monarchen zu übermitteln.

Preußen stand plötzlich allein und musste für sein ängstliches Zögern im folgenden Jahr einen hohen Preis bezahlen. Nunmehr völlig der Willkür Napoleons ausgeliefert, ließ sich Friedrich Wilhelm III. im September 1806 zu einem lächerlichen Ultimatum und einer verfrühten Mobilisierung verleiten. Ohne konkreten Operationsplan und ohne Absprache mit Russland stolperte Preußen in den Krieg gegen das größte militärische Genie seiner Zeit. Die in drei Gruppen geteilte preußische Armee wurde am 14. Oktober 1806 nacheinander von den Franzosen bei Jena und Auerstedt unweit der Saale geschlagen. Ein Teil kapitulierte zwei Wochen später unter General Hohenlohe-Ingelfingen bei Prenzlau, während Blücher mit etwa 20 000 Mann, aber wenig Munition, dicht gefolgt von den Franzosen unter Marschall Jean Baptiste Bernadotte, zunächst nach Mecklenburg entkommen konnte. Auf seinem langen Rückzug, der schließlich am 7. November bei Radkau nahe Lübeck mit der Kapitulation endete, konnte der unbeugsame General jedoch schon vielversprechende Offiziere wie Gerhard von Scharnhorst oder Hans David von York um sich sammeln, die im preußischen Revival von 1813 noch eine bedeutende Rolle spielen sollten. Während der Krieg in Ostpreußen mit russischer Unterstützung noch bis zum folgenden Sommer fortgesetzt werden konnte, musste Blücher in Hamburg, von den Franzosen respektvoll behandelt, monatelang auf seinen Austausch warten. Kurz vor Ende seiner Gefangenschaft im April 1807 kam es im ostpreußischen Schloss Finckenstein sogar noch zu einem Treffen mit Napoleon, der den mittlerweile höchst populären Husarengeneral selbst kennenlernen wollte. Es sollte die einzige persönliche Begegnung der beiden Heerführer bleiben, hier der Kaiser auf dem unbestrittenen Höhepunkt seiner Macht, dort der immer noch von den Strapazen des Rückzugs gezeichnete General, der dem berüchtigten Charme seines Gegners aber standzuhalten wusste und sich nicht dazu einspannen ließ, seinen Monarchen zu einem sofortigen Separatfrieden zu überreden. Der dann doch im Juni 1807 nach der verlorenen Schlacht von Friedland zustande gekommene Friede von Tilsit versetzte Blücher und alle preußischen Patrioten in tiefe Resignation. Der Staat Friedrichs II. war zu einem Klientelkönigtum degradiert und der General, der mittlerweile im 65. Lebensjahr stand, befand, dass jeder Mann von Ehre die in der Schlacht Gefallenen beneiden müsse.[74] Napoleon schien unbesiegbar, doch nur ein Jahr später zeichnete sich am anderen Ende Europas eine Wende ab.

Drei Jahre der militärischen Stagnation hatte Arthur Wesley, der sich nunmehr nach einer älteren Schreibweise seines Namens Wellesley nannte, in der Zwischenzeit erleben müssen. Doch im Juni 1808 erfüllten sich endlich seine so oft enttäuschten Hoffnungen auf ein neues Kommando. Zum Generalleutnant befördert, verließ Wellesley das irische Cork mit einer kleinen britischen Armee von 10 000 Mann in Richtung Portugal, dessen südlichen Teil mit der Hauptstadt Lissabon französische Truppen wenige Monate zuvor besetzt hatten. Inzwischen war es Napoleon durch eine unwürdige Intrige gelungen, seinen älteren Bruder Joseph auf den spanischen Thron zu bringen und das immerhin bis dahin mit Frankreich verbündete Land in seine gegen Großbritannien gerichtete Kontinentalsperre einzubeziehen. Gegen die Absetzung des alten Königs und seines Sohnes regte sich sofort starker Widerstand im ganzen Land. Genau drei Monate nach dem spektakulären Madrider Maiaufstand landete Wellesley am 1. August 1808 in der Nähe der Mündung des Mondego, etwa 100 Kilometer nördlich von Lissabon. Noch im selben Monat schlug er die Franzosen unter General Jean Andoche Junot in zwei Schlachten bei Rolica und Vimiero, ließ sich dann jedoch – unter dem Einfluss seiner Vorgesetzten – auf die höchst umstrittene Konvention von Cintra ein, die dem Gegner freien Abzug unter voller Bewaffnung gewährte. Eine

Untersuchungskommission in England sprach Wellesley jedoch von allen
Vorwürfen frei und gab ihm im folgenden April sogar das Oberkommando
auf der Iberischen Halbinsel, nachdem General Sir John Moore wenige
Wochen zuvor auf dem Rückzug nach La Coruña in Nordspanien gefallen
war.[75] Sein erster Sieg bei Talavera am 28. Juli 1809 über Marschall Jean
Baptiste Jourdan, der als Stabschef von König Joseph fungierte, enthielt
bereits die taktischen Elemente, die alle Schlachten Wellesleys später prä-
gen sollten: verdeckte Aufstellung seiner Truppen, disziplinierte feuernde
Schützenlinien und sofortige Gegenstöße. Wellesley nannte Talavera die
härteste Schlacht, die er jemals geschlagen hatte, ein Viertel seiner Soldaten war am Ende tot oder verwundet. Doch es war ein vergeblicher Sieg.
Von einer weiteren französischen Armee unter Marschall Nicolas Soult in
ihrer nördlichen Flanke bedroht, mussten sich die Briten nach Portugal
zurückziehen. Gleichwohl erhielt Wellesley für seinen Sieg die Peerwürde
und durfte sich nunmehr *Viscount of Wellington* nennen.

Der unerwartet heftige Widerstand in Spanien hatte in Österreich
und Preußen neue Hoffnungen auf ein Ende der französischen Tyran-
nei geweckt. Er sei gesünder als jemals zuvor, schrieb Blücher im April
1809 an einen früheren Untergebenen, und leide jetzt sogar unter einem
übermäßigen Appetit. Obwohl bisher die Reform der preußischen Armee
über Ansätze nicht hinausgekommen war, drängten der rüstige General
und andere Offiziere den König, sich den Österreichern anzuschließen,
die offen zum Krieg gegen Frankreich rüsteten. Doch Friedrich Wilhelm
wollte einen derartigen Schritt ohne die Hilfe des Zaren nicht wagen.
Napoleons Anfangserfolge gegen die Armee Erzherzog Karls schienen ihm
Recht zu geben. Am 13. Mai 1809 besetzte Napoleon zum zweiten Mal
Wien, scheiterte jedoch vier Wochen später, als er Anfang Juni die Donau
wenige Kilometer südlich der Kaiserstadt überschreiten wollte. Aspern war
die erste ernsthafte Schlappe in der bislang makellosen militärischen Bilanz
des Kaisers. In seinem Treptower Quartier schwankte Blücher derweil zwischen dem Wunsch, wegen der preußischen Neutralität seinen Abschied
zu nehmen, und dem waghalsigen Plan, an der Spitze eines isolierten
Korps die Elbe in Richtung Süden zu überschreiten. Napoleons Sieg bei

Wagram über Erzherzog Karl am 6. Juli 1809 beendete jedoch abrupt alle Pläne zur Befreiung Preußens und Europas. Wieder versank Blücher in tiefe Depressionen und drohte sogar den Verstand zu verlieren. Seine Bediensteten schockierte er wiederholt mit Wahnvorstellungen, kämpfte in seinem Haus gegen imaginäre Feinde oder schrie einen Diener an, er solle ihm mit einem Hammer auf den Kopf schlagen, da er ein Stein geworden sei.[76]

Anders als Blücher schien sich Europa in sein neues Schicksal zu fügen. Am 1. April 1810 heiratete Napoleon die 18-jährige Erzherzogin Marie-Louise, die Tochter Franz' I. von Österreich, was seinem Kaisertum die noch fehlende Legitimität verleihen sollte. Die kontinentale Herrschaft des Korsen war nur noch mit dem Imperium Karls des Großen vergleichbar. Doch die glänzende Fassade täuschte, nur die rücksichtslose Auspressung der abhängigen Königreiche wie Holland, Bayern, Württemberg oder Westfalen sicherten den Fortbestand der französischen Suprematie. Es war ein Schlag ins Gesicht Napoleons, als sein jüngerer Bruder Louis, den der Kaiser selbst auf den niederländischen Thron gesetzt hatte, in der Nacht zum 2. Juli 1810 inkognito nach Böhmen floh, wo er sich mit der Erlaubnis des Wiener Hofes in Teplitz niederließ.[77] Die Feldzüge gegen Preußen und Österreich waren Beutekriege gewesen, die gewaltige Summen in die Staatskasse gespült hatten. Doch der Krieg in Spanien war anders. Er kostete immer mehr Geld und Soldaten und schadete, je länger die Guerilla ihn am Leben hielt, Napoleons Nimbus der Unbesiegbarkeit. Russland war ein weiterer Unsicherheitsfaktor. Seit Tilsit und Erfurt hatten sich die Beziehungen zu Zar Alexander kontinuierlich verschlechtert. 1811 begannen in Europa Kriegsgerüchte zu kursieren, und Napoleon selbst drohte im August 1811 dem russischen Botschafter in Paris, er werde nicht einen Meter des Herzogtums Warschau preisgeben, selbst wenn die Armee des Zaren auf dem Montmartre lagern würde.

Der Druck des Korsen richtet sich nun auch auf Preußen, den möglichen Alliierten des Zaren. Über die Protagonisten eines antifranzösischen Kurses in Berlin war Napoleon genau informiert. Wer führe eigentlich Preußen, hatte der Kaiser zwei Jahre zuvor den preußischen Botschafter in Paris angeschrien. Ist es Schill, Götzen oder gar „Bluquaire"? Doch noch leistete der derart Verdächtigte an der Pommerischen Küste seinen Beitrag zur französischen Kontinentalsperre und ließ sogar auf britische Schiffe schießen, wenn sie dem Strand zu nahe kamen.[78] Heimlich jedoch versuchten Blücher wie auch Stein, Scharnhorst, Gneisenau und andere Patrioten die russische Karte zu spielen und den Widerstand zu organisieren. Gegen Preußen, Russland und Österreich zusammen könne selbst Napoleon nicht bestehen, zumal der spanische Krieg immer noch 270 000 seiner Soldaten band. Doch Berlin reagierte nicht. Er sei es müde, ständig Briefe an den König zu schreiben, bemerkte Blücher im Sommer 1811 zu Oberst August Neidhardt von Gneisenau, den Verteidiger von Kolberg im Winter 1806/07, der seinerseits darauf hoffte, in Schlesien nach spanischem Vorbild einen Guerillakrieg entfachen zu können. Preußens erpresstes Bündnis mit Napoleon vom 24. Februar 1812 machte alle Pläne der Patrioten zunichte. „Alles sei verloren und jetzt auch noch die Ehre", klagte Blücher gegenüber Gneisenau, und Friedrich Wilhelm III. hielt es für geboten, seinen widerspenstigen Heerführer nunmehr rasch aus der französischen Schusslinie zu bringen. Auf seinem Weg nach Schlesien passierte der 70-Jährige bereits die endlosen Militärkolonnen der Franzosen und ihrer Verbündeten. Wenige Wochen später, am 24. Juni 1812, überschritt Napoleon den Njemen, während Blücher in seinem Exil auf Schloss Schneiting bei Breslau über Karten und Plänen brütete und auf seine Stunde hoffte.[79]

Für Wellington war sie bereits gekommen. Im Frühjahr 1812 hatte seine Armee die beiden Grenzfestungen Ciudad Rodrigo und Badajoz im Sturm genommen, zwei teuer erkaufte Erfolge, die auch durch die Plünderungen und Gräueltaten britischer Truppen überschattet waren. Es war dieser empörende Anblick seiner marodierenden Soldaten, die Wellington zu der unwilligen Bemerkung veranlasste, sie seien der „Abschaum der Erde". Doch mit genau diesen Leuten gelang es ihm auch, Marschall Marmont am 22. Juli 1812 in der Schlacht von Salamanca nordwestlich von Madrid schwer zu schlagen. Die Franzosen verloren 14 000 Mann und 20 Geschütze. Nunmehr zum Lord erhoben, marschierte Wellington genau drei Wochen später mit seiner 60 000 Mann starken Armee in die spanische Hauptstadt ein. Ein Vorstoß auf die nordspanische Festung Burgos im Herbst scheiterte jedoch. Mit einem Verlust von 2000 Mann musste er am 21. Oktober, hart verfolgt von den Franzosen, den Rückmarsch nach Portugal antreten. Nur die Nachrichten von Napoleons beinahe gleichzeitigem Rückzug von Moskau verhinderten, dass die britische Öffentlichkeit Wellingtons erstem Fehlschlag größere Aufmerksamkeit widmete.

Doch die Truppe ließ sich nichts vormachen. Wenn jemals ein Mann sich selbst ruiniert habe, so wohl der Marquis, schrieb Fähnrich John Mills vom 95. Regiment. „In den letzten beiden Monaten habe er wie ein Verrückter agiert. So ist hier die Meinung."[80] Immerhin nahm Wellington die Schuld für das Scheitern ganz auf sich. Er habe die Stärke der Festung und die Entschlossenheit ihrer Verteidiger unterschätzt.[81]

Doch während für Wellington der Rückzug von Burgos nur ein vorübergehender Rückschlag war, bedeutete die Aufgabe von Moskau für Napoleon bereits den endgültigen Umschwung in seiner kometenhaften Laufbahn. In Spanien wie auch in Russland war der Korse mit neuen Formen der Kriegführung konfrontiert worden, für die er kein Gegenmittel wusste. Im Halbinselkrieg behauptete sich die Guerilla mit ihrer Strategie des schnellen Zuschlagens an schwachen Punkten, in Russland wiederum war es die für Napoleon irritierende Weigerung des Zaren, nach dem Fall von Moskau in Friedensverhandlungen einzutreten. Das scheinbar unfehlbare Rezept, die Armee des Gegners zu zerschlagen und anschließend seine Hauptstadt zu besetzen, hatte in Russland nicht funktioniert. Als Napoleon nach sechswöchigem Rückzug und der glücklichen Überwindung der Beresina am 5. Dezember 1812 die Reste seiner Armee in Richtung Paris verließ, war das bis dahin größte Debakel der Kriegsgeschichte perfekt. Fast eine halbe Mio. Mann seiner *Grande Armée* waren verhungert, erfroren oder massakriert. Der Winter habe seine Armee zerstört, verbreitete der Kaiser später und schuf damit eine hartnäckige Legende. Eine eigene Schuld sah er nicht. Während Napoleon zusammen mit Außenminister Graf Armand de Caulaincourt über Warschau nach Schlesien reiste, wo man auf preußischem Boden vorsichtshalber inkognito blieb, sammelten sich bereits in Breslau, von der Polizei observiert,

die Patrioten: Scharnhorst, Gneisenau, der Berliner Polizeipräsident Justus
Grüner, der Franzosenhasser Ernst Moritz Arndt und in ihrer Mitte der
unverwüstliche Generalleutnant Blücher. Die Lage in Preußen entwickelte
sich dramatisch, initiiert von General Yorks eigenmächtigem Waffenstillstand mit den Russen, aber dann auch durch den raschen Verfall der
französischen Kriegsmacht östlich der Oder. Ende Februar 1813 streiften
die Kosaken bereits auf dem Kreuzberg und seit dem 17. März befand
sich Preußen an der Seite Russlands im Krieg gegen Frankreich. Mit aller-
höchster Kabinettsordre hatte der König Blücher bereits am 28. Februar
zum Oberbefehlshaber aller preußischen Truppen in Schlesien ernannt:
„Die bedeutende Aufgabe, die Ihnen hiermit übertragen wird, zeigt Ihnen,
welches Vertrauen ich in Ihr kriegerisches Können und Ihren Patriotis-
mus setze und ich bin zutiefst davon überzeugt, dass Sie es vollkommen
rechtfertigen werden." Von Anfang an gab es Kritik an dieser Entscheidung, auch wenn gleichzeitig der besonnene Scharnhorst zum Stabschef
ernannt worden war. Blüchers Energie sei zwar beispiellos, befand der
russisch-französische General Louis Alexendre Langeron, sein Auge für das
Gelände hervorragend und sein ungeheurer Mut inspiriere jeden seiner
Soldaten, aber er könne keinen militärischen Plan entwerfen und verstün-
de überhaupt nichts von der Disposition der Truppen.[82] Tatsächlich aber
war Blücher trotz seines demonstrativen Ungestüms ein durchaus zeitge-
mäßer Truppenführer, der die Details der Operationsplanung Offizieren
überließ, denen er wie Scharnhorst oder später Gneisenau völlig vertraute.
Bei den neuen Volksarmeen, deren Stärken deutlich über 100 000 Mann
hinausgingen, blieb ihm auch keine andere Wahl. Er selbst beschränkte
sich auf das, was er fraglos am besten konnte: Seine Truppen durch ker-
nige Worte zu motivieren und in kritischen Situationen persönlich nach
vorne zu reißen.

Preußen und Russen hatten jedoch ihre Kräfte erheblich überschätzt.
Ende April 1813 überquerte Napoleon mit mehr als 220 000 Mann und
457 Geschützen die Saale. Blücher und Scharnhorst mussten vorerst ihre
Hoffnung begraben, über die Elbe zum Rhein vorrücken zu können, um
eine allgemeine Erhebung in Deutschland auszulösen. Stattdessen drängte

der Korse die Verbündeten nach zwei entscheidungslosen Schlachten bei Lützen und Bautzen nach Schlesien zurück. Nur mit Mühe konnten die Russen davon abgehalten werden, ihren Rückzug bis hinter die Weichsel fortzusetzen. Obwohl Napoleon somit die erste Runde für sich verbuchen konnte, stimmte er Anfang Juni einem von Österreichs Kanzler Fürst Clemens von Metternich vermittelten Waffenstillstand zu. Die beiden Schlachten und der Vormarsch zur Oder hatte seine noch ungefestigte Armee ebenfalls herbe Verluste gekostet und die Kavallerie musste dringend verstärkt werden. Vor allem aber empfahl es sich nicht, mit 150 000 Österreichern in der böhmischen Flanke die Oder zu überqueren. Friedensverhandlungen in Prag scheiterten jedoch bald. Napoleon war nicht bereit, auf Metternichs ausgesprochen moderate Forderungen einzugehen, die Frankreichs Vorherrschaft in Norddeutschland und Italien sogar noch einmal bestätigt hätten. Seinen Realismus hatte der Kaiser längst verloren. Immer noch glaubte er, ganz Polen beanspruchen zu können und Preußen unter seiner Fuchtel zu halten.

Noch ehe Österreich am 10. August 1813 Frankreich den Krieg erklärte, war aus Spanien die Nachricht eingetroffen, dass Wellington die Franzosen beim baskischen Vitoria am 21. Juni geschlagen hatte. Nur einen Monat zuvor war er mit einer gemischten Streitmacht von 80 000 Briten, Portugiesen und Spaniern sowie 100 Geschützen von Ciudad Rodrigo aufgebrochen und über Salamanca nach Nordspanien gezogen, um den Franzosen den Weg über die Pyrenäen abzuschneiden. Mit rund 66 000 Mann hatte sich Marschall Jourdan hinter der Zadorra, einem Nebenfluss des Ebro, verschanzt. Ein Angriff von General Thomas Pictons 3. Division über eine ungesicherte Brücke in die Flanke der Franzosen war gegen 15 Uhr mit der Einnahme der Ortschaft Arinez abgeschlossen worden. Der Gegner zog sich daraufhin bei einem Verlust von etwa 8000 Toten und Verwundeten durch Vitoria nach Osten zurück.[83]

Spektakulär war Wellingtons Sieg, der das Ende der französischen Herrschaft auf der Halbinsel bedeutete, vor allem wegen der gewaltigen Beute, einer zu großen Versuchung für seine Truppen, wie sich rasch zeigte. Wieder einmal war die Disziplin in seiner Armee völlig zusammengebrochen, wie ihr Kommandeur in einem Brief an Kriegsminister Bathurst eine Woche nach der Schlacht klagte: Nach einer Nacht hemmungslosen Plünderns waren die Soldaten am nächsten Morgen außerstande, die Verfolgung des Gegners aufzunehmen.[84] Unter der außergewöhnlichen Beute befand sich auch der Marschallstab Jourdans, den Wellington nach England sandte, woraufhin ihm der Prinzregent und spätere König George IV. antwortete: Sie schickten mir den Stab eines Marschalls von Frankreich, und ich überreiche Ihnen dafür den eines Marschalls von England.

Mit dieser in der britischen Armee seltenen Beförderung hatte Wellington mit John Churchill, dem 1. Herzog von Marlbourough, gleichgezogen. Am 2. November 1813 überschritten seine Truppen die französische Grenze südlich von Bayonne, fast zwei Monate bevor die verbündeten Preußen, Österreicher und Russen den Rhein überquerten. In Leipzig war Napoleons Militärmacht zum zweiten Mal innerhalb eines Jahres zusammengebrochen. Nur knapp war er der Einschließung entkommen. Kaum ein Viertel seiner Armee erreichte den rettenden Strom. Wieder einmal erwies sich Blücher als der große Antreiber, dem die Verfolgung nicht schnell genug gehen konnte. Oft bezog er abends ein Quartier, das der Korse erst am Morgen verlassen hatte. „Marschall Vorwärts" nannten ihn jetzt seine Soldaten, nachdem der König den greisen Heerführer wenige Tage nach der Schlacht zum Feldmarschall ernannt hatte. Nur der Einmarsch in Paris fehlte ihm noch als Krönung seiner Laufbahn. Sechs quälende Wochen musste er warten, ehe der Entschluss zur Invasion Frankreichs gefallen war.

In der Neujahrsnacht ging er nördlich von Bingen bei Kaub über den Rhein und passierte an Kreuznach vorbei die alten Kampfstätten des 1. Koalitionskrieges. In vier Monaten könne alles vorbei sein, schrieb er seiner Frau eine Woche später. Seine Vitalität erschien den Soldaten wie ein Wunder. Ein Stabsoffizier konstatierte, dass der Feldmarschall bei allerbester Gesundheit sei, obwohl er sich keine Sekunde schone und alle Strapazen des Wetters auf sich nehme.[85] Ende Januar stand Blücher mit seiner 75 000 Mann starken Armee bereits in der Champagne, bei Brienne und plötzlich war er dem Korsen näher, als er gedacht hatte.

Am 25. Januar 1814 war Napoleon bei seiner Armee in Chalons eingetroffen, die eher ein letztes Aufgebot des zerfallenden Kaiserreiches darstellte. Nach mehr als zwei Dekaden Krieg und nunmehr auf sich allein
gestellt hatte die Mehrheit der Franzosen den Krieg satt. Die Gesetzge-
bende Versammlung hatte sich bereits offen gegen den Kaiser gestellt und
neue Zwangsgesetze rundweg abgelehnt. Allenfalls noch bei seinen Soldaten konnte Napoleon vorerst auf volle Unterstützung rechnen. Einmal
mehr setzte er darauf, die Alliierten politisch zu spalten und militärisch
einzeln zu schlagen. Seinen ersten Schlag führte er am 29. Januar gegen
Blüchers isolierte Armee bei Brienne. Seine 40 000 Mann, meist noch
Rekruten, waren aber zu schwach, um eine Entscheidung zu erzwingen.
Zwei Tage später hatte Blücher genügend Truppen zusammen, um bei
La Rothière zum Gegenangriff überzugehen. Auch diese Schlacht endete
ohne Entscheidung, aber beide Seiten verloren fast 6000 Soldaten. Auf
dem Rückzug nach Troyes drohte Napoleons Armee auseinander zu fallen.
Desertionen nahmen rapide zu. Nur die Uneineinigkeit der Alliierten ret-
tete ihn über den folgenden Monat. Vor allem die Österreicher zögerten
noch aus Mangel an politischen Alternativen, den Korsen vom Thron
zu stoßen. Die isolierte Preußisch-Russische Armee bezahlte Metternichs
Unschlüssigkeit mit einer Kette von ernsten Niederlagen. Erst als Napoleon sein Spiel überreizte, gelangten die Verbündeten im März 1814 zum
Schulterschluss von Chaumont, der die völlige Niederlage Napoleons zum
Ziel hatte. Ende März standen die verbündeten Österreicher, Preußen
und Russen mit 110 000 Mann vor Paris. Der Versuch des Korsen, ihre
rückwärtigen Verbindungen zu unterbrechen, blieb ohne Wirkung, da die
Hauptstadt sich nur einen Tag gegen die Belagerer halten konnte. Am 30.
März standen die Preußen auf dem Montmatre, und einen Tag später zogen
Zar Alexander I. und König Friedrich Wilhelm III. an der Spitze ihrer
Truppen in Paris ein, von den Hauptstädtern mit freundlicher Neugier
begrüßt. Der geschlagene Kaiser zog sich nach Fontainebleau zurück, wo
er in dem einige Dutzend Kilometer südöstlich der Hauptstadt gelegenen
Schloss die ersten Apriltage zwischen Hoffen und Depression verbrachte.
Der Abfall des Korps Marmont, seiner letzten Streitmacht, beendete je-

doch das Spiel endgültig. Am 6. April 1814 unterzeichnete Napoleon seine erste Abdankung. Ein gescheiterter Suizidversuch verzögerte die Abreise nach Elba, das ihm Zar Alexander überlassen hatte, um einige Tage. Am 28. April schiffte sich Napoleon mit einem kleinen Anhang im Hafen von Fréjus ein, wo er 15 Jahre zuvor aus Ägypten eingetroffen war, um seinen beispiellosen Siegeszug durch Frankreich und Europa anzutreten. [86]

Seinem großen Gegenspieler Blücher war es in diesen dramatischen Wochen, die scheinbar das politische Ende Napoleons besiegelt hatten, kaum besser ergangen. Dem Einzug seiner siegreichen Armee in Paris hatte der Marschall fernbleiben müssen. Seit der Schlacht von Laon hatte der bis dahin so rüstige Greis gesundheitlich rapide abgebaut, war von Augenschmerzen und Fieberanfällen gequält worden und hatte nur noch einmal vor Paris mit äußerster Anstrengung sein Pferd besteigen können. Die ersten Apriltage musste Blücher in einem abgedunkelten Zimmer mit Augenbinde verbringen und glaubte sogar zu erblinden. Als es ihm Mitte April wieder besser ging, drängte er auf seinen Abschied. Doch aus der erhofften raschen Rückkehr nach Berlin wurde nichts. Der wieder genesene Marschall, nunmehr eine internationale Berühmtheit, sollte seinen Monarchen nach England begleiten. Wochen der Vorbereitung vergingen, und so kam es am 4. Mai zu einer ersten Begegnung mit Wellington, der erst am selben Tag aus Südfrankreich in Paris eingetroffen war. Trotz der Sprachbarrieren schienen sich die beiden nunmehr populärsten Feldherren ihrer Zeit von Anfang an gut zu verstehen. Noch ehe die hohe Reisegesell-schaft schließlich nach England aufbrach, war der Marschall zum Fürsten von Wahlstatt erhoben worden, was aber Blücher nicht befriedigte und auf sein Drängen änderte der König den Titel schließlich in Fürst Blücher von Wahlstatt, der auch für alle seine Nachfahren gelten sollte. Während Wellington zu einer diplomatischen Mission nach Spanien aufbrach, um einen drohenden Bürgerkrieg abzuwenden, schiffte sich Blücher in Bolougne nach England ein, genau dort wo Napoleon neun Jahre zuvor seine Armee zu einem Angriff auf das Inselreich versammelt hatte. Die sechswöchige Reise entwickelte sich zu einem Triumphzug von Windsor bis Oxford, wo ihm sogar, wie zuvor schon in Cambridge, ein Doktorgrad verliehen wurde. Blücher, der regelmäßig seiner Frau schrieb, bemerkte zu ihr in seiner gewohnt ironischen Art, dass es dem Regenten und den Engländern wohl gelingen werde, ihn umzubringen, was die Franzosen nie geschafft hätten.[87]

Am 7. August 1814 traf er schließlich in Berlin ein, wo sich all die öffentlichen Honneurs noch einmal wiederholten, ehe er sich auf sein schlesisches Gut Krieblowitz zurückziehen konnte. Ein ruhiger, der Landwirtschaft gewidmeter Lebensabend schien auf den 72-Jährigen zu warten.

DIE SCHLACHT

6. Der Feldzug von 1815 und seine ersten Schlachten – Quatre Bras und Ligny

Rüstungen

Napoleons *Armée du Nord* war bei Weitem nicht die größte Streitmacht, die der Korse jemals ins Feld geführt hatte. Reichte sie doch mit ihren 124 000 Mann und insgesamt 344 Geschützen[1] kaum an die Stärke der alten *Grande Armée* des triumphalen Jahres 1805 heran. Schon gar nicht war sie mit dem gewaltigen Aufgebot zu vergleichen, das der Kaiser sieben Jahre später gegen Russland versammelt hatte.

Immerhin bestanden seine Regimenter nun wieder mehrheitlich aus kriegsgewohnten Soldaten, aus Franzosen, welche die Erinnerung an die alten Siege und die Hoffnung auf neue Triumphe unter die kaiserlichen Adler geführt hatten. Gekommen waren die Veteranen der legendären Feldzüge gegen Österreich, Russland und Preußen, darunter viele ehemalige Kriegsgefangene, die erst nach dem Pariser Frieden von 1814 nach Frankreich hatten zurückkehren können.[2] Es waren Berufsmilitärs, die seit Napoleons erster Abdankung mit ihrem halben Sold hatten auskommen müssen, oder Soldaten, die aus der Bourbonenarmee desertiert, nach dem Dekret vom 10. April 1815 aber wieder zu den Fahnen zurückgekehrt waren.

Mehr als ein Drittel seines Feldheeres von rund 220 000 Mann hatte der Kaiser zum Schutz von Frankreichs Grenzen am Oberrhein, in den Alpen und in den Pyrenäen eingesetzt. Weitere 10 000 Soldaten waren als Sicherungskräfte in der royalistisch gesinnten Vendée verblieben. In der Hauptstadt wiederum hatte Napoleon, trotz der Einwände seines Kriegsministers Davout, eine Reserve von 20 000 Soldaten zurückgelassen. Sie würden ihm, so der Held von Auerstedt und „Prinz von Eckmühl",[3] gegen Wellington und Blücher gewiss fehlen, im Falle einer Niederlage in Belgien aber wohl kaum mehr nutzen.

Die Armeen im Vergleich

Gegliedert in sechs Armeekorps zu je etwa 20 000 Mann mit knapp 40 Geschützen war die *Armée du Nord* trotz der drängenden Kürze der Vorbereitungszeit eine erheblich schlagkräftigere Streitmacht als jenes bescheidene Aufgebot aus jungen Rekruten, mit dem Napoleon im Frühjahr 1814 seinen ebenso brillanten wie verzweifelten Abwehrkampf gegen die Übermacht der europäischen Großmächte geführt hatte. Besonders die französische Kavallerie war inzwischen mit 22 000 Kürassieren, Husaren, Lanzenreitern (Ulanen) und *Chasseurs à Cheval* (berittenen Jägern) beinahe wieder auf ihre frühere Stärke gebracht. Außer einer Kavalleriedivision zu 1500 Mann in jedem seiner Armeekorps verfügte Napoleon im bevorstehenden Feldzug wieder über eine bedeutende Kavalleriereserve von vier selbstständigen Kavalleriekorps unter bewährten Kommandeuren wie den Generalen Kellermann, Exelmans, Milhaud und Pajol mit insgesamt 13 000 Reitern sämtlicher Kavalleriegattungen.

Auch mit seinen beiden Gegnern brauchte Napoleons Aufgebot keinen Vergleich zu scheuen. Die britisch-deutsch-niederländische Armee unter dem Herzog von Wellington war hinsichtlich Ausbildungsstand, Bewaffnung und Homogenität der *Armée du Nord* ebenso unterlegen wie die preußische Streitmacht unter dem Feldherrengespann Blücher und Gneisenau. Stammten deren Mannschaften doch zur Hälfte entweder aus englischen Milizen oder im Falle Preußens größtenteils aus Gebieten, die wie die Rheinlande bis 1814 noch zu Frankreich gehört hatten. So misstraute etwa der preußische General Carl Friedrich von Müffling den Bewohnern der neuen preußischen Provinzen im Westen, die gemäß seiner Beobachtung nach 20-jähriger Franzosenzeit der deutschen Sprache und Kultur beinahe schon entfremdet gewesen seien.[4] Die Desertionsrate besonders unter rheinischen Soldaten war hoch. So trafen etwa von 450 Rekruten aus Kleve, die für das 24. Regiment bestimmt waren, Anfang Juni 1815 nicht mehr als 330 Mann bei der Armee ein.[5]

Für erhebliche Unruhe unter Blüchers Kommando hatte Anfang Mai auch die Meuterei von vier sächsischen Bataillonen in Lüttich gesorgt, die gemäß den Wiener Teilungsbeschlüssen für das Königreich in die preußische Armee eingegliedert werden sollten. Die Lage war eskaliert, als der Oberbefehlshaber selbst von den Aufrührern in seinem Quartier belagert wurde und durch den Hinterausgang die Flucht ergreifen musste. Erst jetzt entschloss sich die Armeeführung zu energischen Maßnahmen, isolierte die betroffenen Bataillone und ließ sich unter Androhung der Dezimierung die Rädelsführer ausliefern, um sie sofort vor ein Peleton zu stellen. Die Bataillonsfahnen wurden vor der Front verbrannt. Da Blücher aber dem Frieden nicht trauen wollte, gelangte man im Oberkommando zu dem Entschluss, gleich sämtliche sächsische Regimenter, immerhin fast 15 000 Mann, vorsichtshalber nach Deutschland zurückzuschicken.[6]

Wellington wiederum machte sich vor allem über die Zuverlässigkeit des rund 30 000 Mann starken Niederländischen Korps Gedanken, dessen Offizieren, soweit sie aus Belgien stammten, starke Sympathien für Frankreich und den Kaiser nachgesagt wurden.[7] Viele Soldaten trugen noch die alten Uniformen und sogar ihre französischen Orden.[8] Lediglich ein Drittel seiner Armee, die bis Mitte Juni auf immerhin 106 000 Mann angewachsen war, bestand aus Briten, wobei die meisten seiner alten und erprobten Divisionen aus dem Halbinselkrieg sich noch auf dem Rücktransport aus Amerika befanden. Den größten Teil seiner Streitmacht stellten aber mit fast 40 000 Mann Deutsche aus Hannover, Braunschweig und Nassau,[9] darunter auch die bewährte King's German Legion mit je zwei Infanterie- und Kavalleriebrigaden, zusammen rund 6000 Mann. Zwar hatte Wellington seine drei Armeekorps gemischt, sodass unerfahrene Truppen wie etwa die hannoverischen Landwehrbrigaden mit erprobten britischen Verbänden zusammengefasst waren. Doch diese sorgsam eingezogenen Korsettstangen konnten kaum den Eindruck einer zusammengewürfelten Streitmacht verwischen. Einer ernsthaften Belastung schien sie kaum standhalten zu können.

Napoleon jedenfalls schätzte Wellingtons Armee im Vergleich zu den Preußen als eher schwach ein und den Herzog selbst nannte er unter Anspielung auf dessen Zeit in Indien abschätzig einen „Sepoy-General".[10] Noch am Vormittag des 18. Juni, als vor der Schlacht von Waterloo zur Debatte stand, den mit der Verfolgung der Preußen beauftragten Marschall Grouchy mit seinen 30 000 Mann sofort zurück zur Hauptarmee zu beordern, wischte der Korse die Bedenken seiner Befehlshaber mit der vollmundigen Bemerkung vom Tisch, die Engländer seien schlechte Soldaten und sie zu besiegen werde nicht mehr Mühe kosten als die Einnahme eines Frühstücks.[11] Für Blücher dagegen hatte Napoleon während seines Exils auf Elba gegenüber dem britischen Kommissar, Sir Neil Campbell, äußerst anerkennende Worte gefunden. Dieser alte Teufel habe ihn immer wieder mit dem gleichen Elan angefallen. Selbst schwer geschlagen sei er 1814 schon Stunden später wieder zum Kampf bereit gewesen.[12] Dass der mittlerweile 73-jährige Haudegen noch einmal Blut geleckt hatte, als er in Berlin die Nachricht von Napoleons Rückkehr erhielt, dürfte den Korsen kaum gewundert haben.[13]

Aufklärung und Gerüchte

Die Konzentration aller französischen Korps in der Umgebung des grenznahen Beaumonts hatte die Armee in der zweiten Juniwoche planmäßig abgeschlossen. Trotz der vom Kaiser akribisch befohlenen Vorsichtsmaßnahmen blieben die Bewegungen seiner Truppen auf alliierter Seite keineswegs unbemerkt. So meldete etwa am 12. Juni 1815 der Chef des Stabes im III. Preußischen Armeekorps im Ardennenstädtchen Ciney, Oberst Carl von Clausewitz, den Abmarsch zweier ursprünglich im Raum Metz stehender Divisionen des Generals Gérard nach Philippeville. Mit einer deutlicheren Warnung vor einer unmittelbar bevorstehenden Aktion der Franzosen sei wohl kaum noch zu rechnen, hatte der später weltberühmte Kriegstheoretiker ahnungsvoll hinzugefügt. König Friedrich Wilhelm III. hatte dem 35-jährigen Offizier erst am 31. März 1815 wieder ein Patent für die preußische Armee erteilt. Zu stark wirkte noch die Enttäuschung des Monarchen, dass Clausewitz wie viele andere Offiziere im Frühjahr 1812 Preußens erpresstes Bündnis mit Frankreich abgelehnt hatte und in russische Dienste getreten war. Mit einer allerhöchsten Kabinettsordre hatte der König auch verfügt, dass die knapp 6000 Mann zählende deutsch-russische Legion, der Clausewitz bisher als Stabschef gedient hatte, nunmehr geschlossen in die Preußische Armee übertreten konnte.[14]

Kopf und Lenker der preußischen Armee war wie schon in den Feldzügen von 1813/14 Generalleutnant August Graf Neidhardt von Gneisenau, der legendäre Verteidiger des pommerischen Kolbergs im Katastrophenjahr 1807. Anders als sein Gegenpart auf französischer Seite, Marschall Nicolas Soult, der auf die Rolle eines besseren Sekretärs seines Kaisers beschränkt blieb, setzte der im Jahre 1760 geborene Gneisenau als Chef des Stabes in Blüchers Armee selbst die wichtigsten Impulse für die Operationsführung. Gewöhnlich entwickelte er zwei Entscheidungsoptionen, von denen er genau wusste, dass sein Oberbefehlshaber stets die riskantere Alternative wählen werde.[15] Wie Blücher war Gneisenau von einem unbändigen Vorwärtsdrang erfüllt, zuweilen zeigte sich auch eine nur mühsam beherrschte Impulsivität. Wohl am heftigsten war dieser Wesenszug in seiner Erfurter Studentenzeit zutage getreten, als der 18-jährige Kandidat der Philosophie nach einer Schlägerei mit Todesfolge sich überstürzt von einem österreichischen Husarenregiment anwerben ließ. Zwei Jahre später musste Gneisenau auch hier das Weite suchen. Wegen einer Frau war er mit seinem Eskadronschef aneinandergeraten und hatte sogar seinen Degen gezogen. In der kleinen Ansbacher Armee fand er auf Vermittlung eines Onkels eine neue Anstellung. Dort aber musste der mittlerweile zum Leutnant beförderte Gneisenau erleben, wie er 1781 mit seiner Kompanie als Söldner in britischen Diensten in den Amerikanischen Unabhängigkeitskrieg geschickt wurde. Wie viele andere Soldaten und Beamte fühlte sich Gneisenau nach seiner Rückkehr von Preußen, dem damals modernsten deutschen Staat, angezogen und erhielt im Februar 1786 noch von Friedrich II. ein preußisches Offizierspatent.

Abgesehen von seiner Teilnahme am polnischen Krieg 1794/94 verlief die militärische Karriere des Wahlpreußen in den folgenden beiden Dekaden jedoch geradezu beschaulich.

Erst nach der preußischen Niederlage von 1806/07 änderte sich alles. Gneisenau war bei Jena dem Stab des Generals Ernst von Rüchel zugeteilt gewesen und hatte sich in dem allgemeinen Durcheinander nach Ostpreußen durchschlagen können, wo ihn Friedrich Wilhelm III. im April 1807 zum Major beförderte und mit der Verteidigung von Kolberg beauftragte. Es war einer der wenigen Lichtblicke in einem mehr als unglücklichen Krieg, dass er die kleine Festung bis zum Waffenstillstand halten konnte. Ausgezeichnet mit dem Orden *Pour le Merit* und zum Oberstleutnant befördert erhielt Gneisenau nun sogar die Berufung in die Militär-Reorganisationskommission, die unter Leitung von Generalmajor Gerhard von Scharnhorst den Neuaufbau der Armee vorbereiten sollte. Energisch trat er darin für die Abschaffung der entwürdigenden Prügelstrafe ein, sprach sich für die Öffnung des Offizierskorps auch für Bürgerliche aus und forderte später sogar nach spanischem Vorbild die allgemeine Volksbewaffnung. Auch wenn ihn wegen dieser radikalen Ansichten viele anfeindeten und ihn sogar als „Jakobiner" verdächtigten, genoss Gneisenau weiterhin das Vertrauen des Königs. Nach diplomatischen Missionen in Wien, Stockholm und London erhielt Gneisenau, mittlerweile im Range eines Generalmajors, im Frühjahr 1813 die Ernennung zum Quartiermeister-General in der Armee Blüchers. Nach Scharnhorsts Verwundung in der Schlacht von Lützen rückte er in die Position des Generalstabschefs auf, die er bis zum Einmarsch in Paris in meist gänzlicher Übereinstimmung mit Blücher beibehielt. Beide trieb ihr gemeinsamer Hass auf Frankreich und Napoleon voran und beide stimmten vollkommen darin überein, dass der alte Rivale jenseits des Rheins dauerhaft geschwächt werden müsse.

Gneisenaus Verhältnis zum „Marschall Vorwärts" war jedoch in diesen Wochen keineswegs ungetrübt. Er habe nicht mehr das „gleiche Herz für seinen Heerführer", hatte er sich noch Ende März 1815 gegenüber einem Vertrauten beklagt.[16] Blüchers Gesellschaft und dessen Reden in der jüngsten Zeit seien ihm inzwischen gleich zuwider, schrieb der General, sichtlich gekränkt, dass Blücher nunmehr den ganzen Ruhm des Frühjahrsfeldzugs für sich beanspruchte und es vor allem seiner Entschlusskraft anrechnete, dass die Armee Ende März auf Paris vorgerückt sei. Diese Undankbarkeit erfülle ihn mit Bitternis, bekannte er gegenüber Hardenberg.[17] Vor allem aber hatte es ihn enttäuscht, dass der König ihn nicht selbst mit dem Oberkommando über die Armee betrauen mochte.

Jetzt aber musste sich das keineswegs so ungleiche Dioskurenpaar noch einmal zusammenraufen. Im preußischen Hauptquartier in Namur herrschte bereits seit Tagen Alarmstimmung, nachdem dort immer mehr Meldungen von einer unmittelbar bevorstehenden Aktion der Franzosen gegen Charleroi eingegangen waren. Das meiste davon stammte allerdings von Überläufern, die Gneisenau zunächst als die üblichen Tatarenmeldungen oder sogar als bewusste Irreführungen französischer Agenten abgetan hatte. Doch als in der Nacht zum 14. Juni die preußischen Vorposten entlang der Grenze die deutlich vermehrte Zahl der feindlichen Lagerfeuer bemerkten, die trotz aller Tarnvorkehrungen ein seltsam flackerndes Licht am bewölkten Himmel erzeugten, versetzte der Befehlshaber des grenznah stehenden I. Preußischen Armeekorps, Generalleutnant Hans Ernst von Zieten, seine Truppen in erhöhte Alarmbereitschaft.[18] Der 45-jährige Zieten war wie sein älterer Namensvetter Hans Joachim von Zieten, der legendäre Reitergeneral Friedrichs II., ein befähigter Husarenoffizier. Eine Verwandtschaft zwischen beiden Offizieren bestand allerdings nicht. Bereits in den Feldzügen von 1813 und 1814 hatte Zieten mit beträchtlichem Erfolg unter Blücher gedient. Bei Haynau war es ihm im Mai 1813 gelungen, ein französisches Detachement unter General Maison zu zerschlagen, bei Laon umging er am 9. März 1814 bei Nacht mit seiner Kavalleriebrigade das Korps des Marschalls Auguste Marmont und erbeutete über 40 Geschütze. Während des Feldzugs von 1815 sollte sein Armeekorps die Speerspitze der preußischen Armee bilden und dabei fast die Hälfte seiner Soldaten verlieren.

Wie die übrigen Korps der Armee besaß Zietens Verband vier Infanteriebrigaden zu durchschnittlich 7000 Mann, die wiederum in drei Regimenter zu je drei Bataillonen unterteilt waren. Damit waren die preußischen Armeekorps den französischen numerisch um die Hälfte überlegen und wiesen sogar die doppelte Zahl an Geschützen auf. Weniger deutlich war die Überlegenheit der preußische Kavallerie, deren 12 000 Reiter sich ungleichmäßig auf die einzelnen Armeekorps aufteilten. So verfügte etwa Zietens Korps über 36 Eskadronen zu je 125 Reitern, das schwächere III. Korps dagegen nur über 24 Eskadronen, von denen wiederum ein Drittel den einzelnen Brigaden direkt unterstellt war. Der Rest war unter einem Korpskavallerieführer zu einer Division oder Brigade zusammengefasst.

Im bevorstehenden Feldzug sollte es sich jedoch als nachteilig für die Preußen erweisen, dass sie darauf verzichtet hatten, wie Wellington und Napoleon eine allgemeine Kavalleriereserve zu bilden.[19]

Zwei von Zietens Brigaden, die erste unter Generalmajor Carl von Steinmetz sowie die zweite unter Generalmajor Otto von Pirch, hielten bisher die wichtigen Sambreübergänge zwischen Thuin und Charleroi besetzt. Ihr Auftrag lautete, im Falle eines französischen Angriffs den Vormarsch des Gegners so lange wie möglich zu verlangsamen, bis die preußische Hauptarmee an günstiger Stelle konzentriert sein würde. Den Vorbefehl dazu hatte Gneisenau noch in derselben Nacht an die übrigen Korps ausgegeben.

Napoleon ergreift die Initiative

Einmal mehr hatten die Alliierten die Schnelligkeit des Korsen unterschätzt. Begeistert von seinen Truppen empfangen, war der Kaiser, von Paris kommend, am 14. Juni in Beaumont eingetroffen. Keiner seiner Soldaten dürfte vergessen haben, dass es der Jahrestag der Schlachten von Marengo und Friedland war. Napoleons Operationsplan war ebenso einfach wie bestechend. Die Armeen Blüchers und Wellingtons, die zusammen fast 220 000 Mann zählten und damit annähernd doppelt so stark wie das französische Aufgebot waren, mussten durch einen raschen Vorstoß auf Charleroi und Gosselies genau an ihrer Nahtstelle voneinander getrennt und einzeln geschlagen werden. Dazu hatte der Korse seine Armee in zwei Flügel zu jeweils zwei Armeekorps geteilt, die er bei Bedarf mit einer Reserve aus dem schwächeren Korps des Generals Georges Mouton, Graf von Lobau, und den drei Divisionen seiner Garde verstärken konnte. Je nach Gelegenheit konnte dabei auch einer der Flügel zugunsten des anderen geschwächt werden. Schon zu Beginn seines ersten und legendären Feldzugs in Italien hatte der damals 27-jährige Korse seine verbündeten

Gegner, Piemontesen und Österreicher, nach derselben Strategie gespalten und nacheinander geschlagen.[20] Dagegen hatte jedoch der Verlauf der Schlacht von Leipzig im Oktober 1813 gezeigt, dass eine zentrale Position auch leicht zur Falle werden konnte, wenn es den Gegnern gelang, ihre Bewegungen aufeinander abzustimmen.

Napoleons Konzept zweier Heeressäulen, die bei ungeklärter Feindlage bis zu einem Tagesmarsch von etwa 25 Kilometern voneinander getrennt operierten und sich somit noch gegenseitig unterstützen konnten, erschien auf den ersten Blick brillant. Es bedeutete aber auch eine extreme Herausforderung für ein Befehls- und Kontrollwesen, das noch ohne jede moderne Technik auskommen musste. So waren Meldungen oder Entschlüsse stets schon mehrere Stunden alt und oft sogar überholt, wenn sie an ihrem Bestimmungsort ankamen, was zudem auch nicht immer gelang. Ein Meldereiter oder *Aide de Champs* mit einem guten Pferd benötigte für 30 Kilometer etwa drei Stunden, bei Nacht verlängerte sich die Frist natürlich erheblich. Nur mit einer perfekten Organisation, die grundsätzlich Doppelkuriere einsetzte, und einer konsequenten Buchführung über ein- und ausgehende Meldungen konnten es Befehlshaber wie Napoleon, Wellington oder Gneisenau überhaupt wagen, vor Beginn des Zeitalters der elektronischen Kommunikation über ihren begrenzten Blick vom klassischen Feldherrnhügel hinaus zu disponieren. Der fünftägige Feldzug von 1815 zeigte jedoch, dass von den drei wichtigsten militärischen Parametern Feuerkraft, Beweglichkeit und Kommunikation gerade der letztgenannte Faktor die größte Schwachstelle der Kriegführung im Zeitalter Napoleons war.

Fraglos war es ein Nachteil, dass dem Kaiser während seines letzten Feldzugs nicht mehr sein bewährter Stabschef früherer Jahre, Louis Alexandre Berthier, zur Seite stand. Doch der Marschall, der auf allen Feldzügen Napoleons hastig ausgestoßene Diktate in so klare Befehle umzusetzen verstand, hatte Frankreich im Gefolge Ludwigs XVIII. verlassen, war dann jedoch nach Deutschland gereist und am 1. Juni 1815 unter ungeklärten Umständen im fränkischen Bamberg bei einem Sturz aus dem Fenster ums Leben gekommen.[21] Als Ersatz akzeptierte Napoleon den Marschall Nicolas Jean de Dieu Soult, der kurz zuvor noch unter den Bourbonen

Kriegsminister gewesen war und sich nachdrücklich um die vakante Position beworben hatte. Soult war im selben Jahr wie Napoleon, Wellington und Ney geboren worden und hatte, wie viele Marschälle Napoleons, seine militärische Laufbahn als Unteroffizier begonnen. Nach der Schlacht von Fleurus im Juni 1794 war er zum Brigadekommandeur befördert worden, hatte als Marschall in den beiden Feldzügen von 1805 und 1806 das IV. Armeekorps befehligt und war seit 1808 fast durchgängig auf dem spanischen Kriegsschauplatz eingesetzt gewesen. Dort erwies er sich als äußerst eigensinniger Kommandeur, der sich vorwerfen lassen musste, mehrfach gute Gelegenheiten, die Briten und Portugiesen zu besiegen, nicht genutzt zu haben. Seine letzte Schlacht gegen Wellington schlug er am 10. April 1814 bei Toulouse, vier Tage nach der Abdankung Napoleons.

Schon die Eröffnung des Feldzugs von 1815 zeigte, dass Soult das ihm ungewohnte Geschäft keineswegs auf Anhieb beherrschte. So erhielt etwa General Vandammes III. Armeekorps am 15. Juni seine Marschbefehle mit mehrstündiger Verspätung, weil der beauftragte Kurier mit seinem Pferd gestürzt war und Soult es versäumt hatte, wie unter Berthier üblich, mindestens einen zweiten Melder einzusetzen.[22]

Bis heute ist auch umstritten, weshalb Napoleon die Führung seines linken Flügels, die ein so außerordentliches Maß an Selbstständigkeit und Entschlusskraft erforderte, ausgerechnet dem als Haudegen geltenden Michael Ney anvertraute. Über den „Tapfersten der Tapferen" und „Fürst von der Moskwa" hatte Napoleon sogar selbst einmal gespottet, dass jeder Tambourjunge mehr strategische Einsicht besäße.[23] Sein Verdikt war allerdings eine bösartige Übertreibung, denn immerhin gehörte Ney zu den Förderern des bekannten Schweizer Militärtheoretikers Antoine-Henri Jomini und hatte die Herausgabe von dessen „Abhandlung über die großen militärischen Operationen" sogar finanziell unterstützt, was ein gewisses Verständnis der Materie voraussetzte.[24] Der 1769 im damals französischen Saarlouis geborene Ney war zwei Jahre vor Ausbruch der Revolution im Alter von 19 Jahren einem französischen Husarenregiment in Metz beigetreten und rasch zum Regiments-Hauptfeldwebel aufgestiegen. In General Jean Baptiste Jourdans *L'Armée de Sambre et Meuse* bewährte er sich 1794 bei der Eroberung der österreichischen Niederlande und wurde zwei Jahre später, nachdem er sich von einer vor der Festung Maastricht erlittenen Verwundung erholt hatte, zum Brigadegeneral ernannt. An der Spitze einer Division kämpfte er am 3. Dezember 1800 unter General Jean Victor Moreau in der Schlacht bei Hohenlinden in Bayern, in der die Franzosen die Oberhand über die Österreicher behielten. Mit dem gleichaltrigen Napoleon hatte Ney erst vier Jahre später erstmals zu tun, als der inzwischen verheiratete Offizier im Alter von nur 35 Jahren mit 18 anderen Befehlshabern zum *Maréchal de France* befördert wurde. An der Spitze eines Armeekorps nahm er an den Feldzügen von 1805 und 1806/07 teil, wobei er jedoch mit einer unzeitigen Attacke bei Jena den Kaiser verärgerte.[25] Nach der siegreichen Schlacht von Friedland jedoch nannte ihn Napoleon bewundernd einen „Löwen", erhob ihn zum Herzog von Elchingen und sandte ihn im August 1808 nach Spanien. Auf sich allein gestellt stieß Ney dort, wie viele andere Marschälle Napoleons, rasch an seine Grenzen. Schlimmer noch aber waren sein Eigensinn und sein Unwille zur Kooperation, der ihm Marschall Soults unversöhnlichen Hass eintrug und schließlich sogar seine Ablösung. Ney hatte klare Befehle Marschall Massenas nicht befolgt. Diesem Tiefpunkt seiner Karriere folgte 1812 in Russland ein bemerkenswertes Comeback, das Ney schon beinahe zur Legende werden ließ. Von Napoleon in Moskau mit der Führung der Nachhut beauftragt, schlug er sich mit anfangs 6000 Mann seines III. Armeekorps mehrmals vom Feind eingeschlossen bis nach Ostpreußen durch. Mit kaum 100 Überlebenden überraschte er am 15. Dezember 1812 den in Gumbinnen residierenden Generalintendanten der Armee, den Grafen Mathieu Dumas. „Erkennen Sie mich nicht?", fragte er den entsetzten Beamten. „Ich bin der Marschall Ney, die Nachhut der Grande Armée, auf der Brücke von Kowno habe ich meinen letzten Schuss abgefeuert und alle unsere Gewehre liegen auf dem Grund des Njemen." Napoleon, der gute Nachrichten in diesen trüben Tagen durchaus zu schätzen wusste, ernannte den scheinbar unverwüstlichen Marschall am 25. März 1813 zum „Fürst von der Moskwa". Es lag eine gewisse Realitätsverweigerung in diesem bombastischen Titel, hielten sich doch die französischen Truppen zu dieser Zeit nur mit Mühe an der Elbe. Kaum ein Jahr später räumten sie auch den Montmartre, und der „Fürst von der Moskwa" stellte sich an die Spitze einer Marschallsverschwörung, die den Korsen zur Abdankung zwang.

Das Verhältnis zwischen Kaiser und Marschall war seither getrübt, auch wenn Napoleon Ney nicht wie Marmont oder McDonald zu den Hauptverrätern rechnete, die er ausdrücklich von seiner Amnestie ausgeschlossen hatte. Ney hatte es gleichwohl vorgezogen, sich nach Napoleons Rückkehr vorerst auf sein Gut in der Normandie zurückzuziehen. Dem Angebot des Kaisers, wieder ein Kommando in der Armee zu übernehmen, folgte er sofort und musste bei seiner Ankunft in Avesnes am 13. Juni erstaunt feststellen, dass er sogar zur Führung des gesamten linken Flügels der Armee vorgesehen war. Wesentliche Details des Feldzugsplans verschwieg ihm Napoleon vorläufig noch.[26] Neys Verhalten im Vorjahr mag bei der Geheimniskrämerei eine Rolle gespielt haben. Auf den unbedingten Einsatzwillen des von der Truppe seit dem Rückzug von Moskau in der ganzen Armee verehrten „Rotschopfes" mochte Napoleon jedenfalls jetzt nicht verzichten.

Die Preußen sind das erste Ziel

Der erste Schlag seiner *Armée du Nord* sollte mit ihrem rechten Flügel Blüchers Preußen treffen, die nach den Erfahrungen der zurückliegenden Feldzüge einer Konfrontation am wenigsten ausweichen würden. Immer noch sympathisierten viele Belgier mit dem Kaiserreich und lieferten den Franzosen wertvolle Nachrichten. So war Napoleon recht genau darüber orientiert, dass sich die drei preußischen Armeekorps der Armee vom Niederrhein nördlich der Sambre im Raum von Charleroi, Namur und Ciney einquartiert hatten. Ein viertes Armeekorps unter dem Befehl des Generals der Infanterie Friedrich Wilhelm Graf von Bülow, des Siegers von Dennewitz im Herbstfeldzug des Jahres 1813, stand zwar weiter entfernt zwischen Lüttich und Maastricht, konnte aber Blücher noch zur

Verfügung stehen, wenn es im Verlauf des 16. Juni tatsächlich zu einer Schlacht kam.

Der als eher vorsichtig eingeschätzte Wellington würde dagegen seine Nachschubverbindungen zu den Kanalhäfen kaum aufgeben und daher den angegriffenen Preußen entweder zu spät oder allenfalls mit einem Teil seiner Armee zu Hilfe eilen. Je weiter also die kaiserliche Armee nach Norden vorrückte, umso größer waren die Chancen, die Preußen nachhaltig auszuschalten, um dann den Rücken gegen Wellingtons Armee freizuhaben. Ein derartig rascher und vollkommener französischer Doppelsieg in Belgien konnte nicht ohne Eindruck auf Russen und Österreicher bleiben, würde aber in jedem Fall die innenpolitische Position des Kaisers entschieden gestärkt haben.

Der Kampf um die Sambreübergänge

Noch in der Dunkelheit überschritten am 15. Juni die Spitzen seiner Armee in drei Kolonnen die Grenze und bildeten im Verlauf des Vormittags zwischen Thuin und Chatelet mehrere Brückenköpfe über die Sambre. Der etwa 20 bis 25 Meter breite Fluss verlief hinter der Grenze in einem weiten Bogen, sodass Napoleons rechter Flügel mit dem IV. Armeekorps des Generals Maurice Gérard den weitesten Anmarschweg hatte. Obwohl Zieten seinen Vorposten rechtzeitig den Befehl zum Rückzug erteilt hatte, gerieten einige preußische Einheiten, darunter sogar ein ganzes Bataillon, nach kurzem und heftigem Kampf in französische Gefangenschaft.[27] Als Nachteil für die Verteidiger erwies sich nun auch, dass eine rechtzeitige Sprengung der Brücken unterblieben war.

Die Preußen hatten angenommen, sie noch für zukünftige Operationen zu benötigen. Blücher wie auch Wellington waren nach einer anfänglichen Alarmierungsphase im April inzwischen davon überzeugt, dass sie Ende Juni, wenn auch die Österreicher und Russen am Rhein bereitstanden, selbst in die Offensive gehen könnten. Dies galt besonders für den in Brüssel residierenden Herzog. Noch am selben Vormittag, wenige Stunden bevor ihn die ersten Nachrichten über Napoleons Offensive bei Charleroi erreichten, hatte Wellington dem russischen Zaren Alexander I. erneut in einem Brief seine Absicht bekräftigt, in zwei bis drei Wochen gemäß den Beschlüssen der Koalition vom 25. März mit der Invasion Frankreichs zu beginnen.[28]

Doch sämtliche alliierten Absprachen wurden jetzt ebenso zu Makulatur wie die Bemühungen des Herzogs, für die bevorstehende Offensive noch eine Umbenennung seiner Divisionen vorzunehmen.

Auf der Gegenseite überschattete ein Zwischenfall Napoleons gelungenen Eröffnungscoup. Kaum hatte die Spitze von Gérards IV. Armeekorps sich den feindlichen Stellungen genähert, ging General Louis de Bourmont mit seinem ganzen Stab zu den Preußen über und übergab dem Gegner sämtliche ihm zugänglichen Teile von Napoleons Angriffsbefehl. Der Divisionskommandeur war zwar allgemein als Royalist bekannt, der erst dank einer Amnestie im Jahre 1807 nach Frankreich hatte zurückkehren können, aber General Gérard hatte sich trotz der starken Bedenken von Kriegsminister Davout für Bourmonts Wiederverwendung eingesetzt. Nun bemühte er sich, da die schockierende Nachricht in Windeseile in seinem ganzen Korps die Runde machte, die sofort zu einem Sonderappell versammelte Division wieder zu beruhigen. Mehr als eine Stunde beschworen er und der neue Divisionskommandeur, General Étienne Hulot, vor den wütenden Soldaten auf und ab reitend, ihre absolute Loyalität zum Kaiser.[29]

Abgesehen von dem erneut entfachten Misstrauen der einfachen Soldaten gegenüber ihren Generalen trug dieser Vorfall auch unmittelbar dazu bei, dass Napoleons rechter Flügel sein Tagesziel Sombreffe deutlich verfehlte. Zwar fiel der wichtige Straßenknotenpunkt Charleroi schließlich um 11 Uhr in die Hände der Franzosen, nachdem die von Napoleon selbst herangeführte Junge Garde die verbarrikadierte Sambrebrücke genommen hatte. Doch konnte die dort eingesetzte 2. Preußische Brigade des Generals Otto von Pirch mit ihren drei Regimentern noch geordnet aus der Stadt entkommen und weiter nördlich mit einer hinhaltenden Verteidigung den Vormarsch der Franzosen erheblich verlangsamen. Eben jetzt fehlte Gérards Infanterie, die nach den Turbulenzen um Bourmonts Flucht erst um 15 Uhr zu der von den Preußen inzwischen geräumten Brücke bei Chatelet gelangt war. Der schmale Übergang erwies sich jedoch für seine 16 000 Soldaten als Flaschenhals, sodass vor Einbruch der Dunkelheit tatsächlich nur eine von Gérards drei Infanteriedivisionen das nördliche Sambreufer erreicht hatte. Der Rest seines Armeekorps musste noch südlich des Flusses biwakieren.

Wellington verschenkt einen ganzen Tag

Trotz einiger Pannen, Verzögerungen und verpasster Chancen stimmte die Bilanz des ersten Angriffstages den Kaiser zuversichtlich. Stand er doch in einem starken Keil bei Gosselies und Fleurus zwischen den beiden alliierten Armeen und hatte Wellington einen ganzen Tagesmarsch abgenommen. Am nächsten Morgen konnte er die isolierten Preußen, wenn sich Blücher und Gneisenau darauf einließen, zur Schlacht stellen, während Wellingtons Armee sich immer noch nicht zu rühren schien.

Tatsächlich hatte der Herzog die erste sichere Meldung von der französischen Offensive nicht vor 15 Uhr erhalten.[30] Sie kam direkt aus Charleroi von General von Zieten und wurde zunächst dem preußischen Verbindungsoffizier in Brüssel, Generalmajor von Müffling, ausgehändigt, der sich damit sofort in Wellingtons Quartier in der Rue Royal begab.[31]

Der erst 40-jährige Offizier neigte gelegentlich zur Selbstüberschätzung und behauptete später sogar, als Generalquartiermeister Gneisenau ebenso in dessen Entscheidungen beeinflusst zu haben wie dieser selbst seinen Oberbefehlshaber Blücher. Gneisenau wiederum schätzte den ehrgeizigen Offizier nicht besonders. In einem späteren Brief an Clausewitz nannte er ihn „übermütig im Glück, verzagt im Unglück; wenn es gut ging, wollte er alles an sich reißen, wenn es schlecht ging, wurde er so hinfällig, dass er keine Arbeit mehr verrichten konnte“.[32] Offenbar beruhte diese Abneigung auf Gegenseitigkeit, denn Müffling hatte den König für den bevorstehenden Feldzug um ein Truppenkommando gebeten, war dann jedoch als

Verbindungsoffizier zu Wellington nach Brüssel geschickt worden, wo sein Vorgänger überhaupt nicht mit den Briten klargekommen war.[33]

In kurzer Zeit war es Müffling offenbar gelungen, das Verhältnis rasch wieder zu verbessern und sogar eine kaum verhohlene Wertschätzung für den Herzog zu entwickeln. Doch an diesem Nachmittag hielt sich Wellington auch gegenüber dem neuen Verbindungsoffizier bedeckt. Auf Müfflings Frage, wie er auf die Entwicklungen bei Charleroi reagieren werde, antwortete er nur ausweichend. Er müsse auch die Lage bei Mons im Auge behalten, ehe er Blücher Unterstützung zusagen könne. Seine in den folgenden Stunden ausgehenden Befehle wiesen die verstreuten Verbände seiner Armee dann auch nur an, sich zunächst an den Divisionssammelpunkten zusammenzuziehen und dort marschbereit zu halten.

Auch als Müffling vier Stunden später erneut bei Wellington erschien, um ihm nun den definitiven Entschluss Blüchers zu übermitteln, in Übereinstimmung mit der Absprache von Tirlemont sofort alle Armeekorps im Raum Ligny-Sombreffe zu massieren, vermied der Brite jede konkrete Hilfszusage. Daran änderte auch Müfflings beinahe verzweifelter Appell nichts, dass die Preußen im umgekehrten Falle keinen Augenblick zögern würden, den Briten mit allen verfügbaren Kräften zu Hilfe zu eilen. Doch Wellington betrachtete den Angriff der Franzosen bei Charleroi nach wie vor als eine Finte und rechnete weiterhin mit einem zweiten Stoß Napoleons weiter westlich auf Tournai oder Mons, wodurch seine Verbindung zu den Kanalhäfen bedroht worden wäre.

Als er sah, dass vorerst nichts den Briten umstimmen konnte, kehrte Müffling gegen 22 Uhr in sein Quartier zurück und begann seine Meldung an das preußische Hauptquartier abzufassen, wobei er aber die Richtung der Konzentration von Wellingtons Armee noch offenließ. Seine Ahnung, die Meldung nicht sofort abgehen zu lassen, erwies sich dann auch als richtig. Tatsächlich erschien der Herzog noch vor Mitternacht in seinem Quartier und teilte Müffling mit, dass er sich aufgrund neuer Erkenntnisse nunmehr der preußischen Auffassung angeschlossen habe. Seine im Raum von Mons aufklärende Kavallerie habe dort bisher keine Anhaltspunkte für einen feindlichen Angriff gefunden. Darum betrachte er jetzt auch Charleroi als den tatsächlichen Schwerpunkt des französischen Vormarschs. Müffling könne nunmehr Blücher mitteilen, dass Wellington die Befehle zur Konzentration seines linken Flügels bei Nivelles und Quatre Bras soeben herausgegeben habe.[34] Der Preuße war zunächst beruhigt. Gerade der letztgenannte Ort, eine von wenigen Gehöften gesäumte Straßenkreuzung, wo sich die Straße von Nivelles nach Namur mit der Brüsseler Chaussee schnitt, durfte auf keinen Fall in die Hände der Franzosen fallen. Ohne den Besitz von Quatre Bras war die erhoffte englische Unterstützung für die Preußen kaum noch möglich. Offen blieb jedoch, welche Truppen Wellington für die Kreuzung bestimmt hatte. Während die 2. Niederländische Division um Nivelles Stellung beziehen sollte, das etwa zehn Kilometer westlich von Quatre Bras lag, hielt der Herzog seine gesamte Reserve, darunter die bewährte 5. britische Division unter General Sir Thomas Picton und das Korps des Herzogs von Braunschweig noch in Brüssel zurück. Kurz darauf begab er sich demonstrativ mit seinem Stab zum Ball der Herzogin von Richmond. Den Brüsselern, die seit dem Mittag von dem Kanonendonner bei Charleroi verunsichert waren, durfte keinesfalls der Eindruck von Unruhe oder gar Panik vermittelt werden.

Erster Kampf um Quatre Bras

Hätten alle seine Kommandeure tatsächlich widerspruchslos die Befehle des Herzogs befolgt, wäre Quatre Bras wohl am nächsten Tag ohne nennenswerten Widerstand in die Hände des linken französischen Flügels gefallen. Bereits gegen 18 Uhr hatte Napoleons Gardekavallerie unter General Charles Levebvre-Desnouettes die Ortschaft Frasnes, etwa drei Kilometer südlich der Straßenkreuzung, erreicht, war dort aber auf ein Bataillon der Nassauischen Brigade gestoßen, die ihrerseits der 2. Niederländischen Division unterstand. Unterstützt von einer Batterie berittener Artillerie wehrten die Nassauer die französischen Lanzenreiter vorerst ab. Als der Brigadekommandeur, Oberst Prinz Bernhard von Sachsen-Weimar, in Quatre Bras den Gefechtslärm aus Richtung Frasnes hörte, befahl er dem Rest seiner Brigade, der sich noch in Genappe aufhielt, sofort zur Straßenkreuzung vorzurücken und sich dort mit seinen Voraustruppen zu vereinigen. Kaum in Quatre Bras eingetroffen, ließ er die fünf Bataillone zur Gefechtsordnung entfalten und versuchte, durch ein heftiges Feuer den nachdrängenden Franzosen einen stärkeren Feind vorzutäuschen. Der Gegner werde zweifellos bei Tagesanbruch die Straßenkreuzung mit aller Macht angreifen, meldete er gegen 21 Uhr seinem Divisionskommandeur, General Hendrik de Perponches, in Nivelles. Zwar seien seine Truppen von bestem Geist erfüllt, besäßen aber kaum mehr als zehn Patronen pro Gewehr und auch die acht Geschütze seiner Brigade seien inzwischen ohne Kartätschenmunition.[35]

Nach sofortiger Rücksprache mit dem Chef des Stabes des I. Niederländischen Korps, General Jean Victor de Constant Rebècque, einem ehemaligen Offizier der Schweizer Garde König Ludwigs XVI., befahl Perponcher seiner zweiten Brigade, noch in der Nacht nach Quatre Bras zu marschieren. Damit missachteten sie klar Wellingtons Order. Doch auch diese mutige Entscheidung der beiden holländischen Offiziere wäre ohne den erhofften Effekt geblieben, hätte Ney bei nun einbrechender Dunkelheit einen energischeren Angriff auf Quatre Bras nicht auf den nächsten Morgen vertagt. Entgegen der Darstellung in seinen Memoiren, in denen Napoleon sich später über Neys angebliche Untätigkeit beklagte, hatte auch er den Marschall an diesem Abend nicht zu einem Angriff gedrängt. Wohl kaum hätte der Kaiser sonst mit Ney noch bis 2 Uhr morgens in Charleroi getagt. Beide wussten auch, dass ihre Truppen nach einem Marsch von beinahe 18 Stunden in dieser Nacht kaum noch zu größeren Angriffsaktionen in der Lage sein würden. Zudem kannte der Marschall als ehemaliger Befehlshaber in Spanien Wellingtons taktische Tricks nur zu gut. Er musste damit rechnen, dass sich hinter dem Bois de Bossu, einem lang gestreckten Waldgelände, das den Weg zur Kreuzung links flankierte, mehr Gegner versteckt halten könnten als nur die tatsächlich vorhandenen knapp 4000 Mann der Nassauischen Brigade. Nichts aber fürchteten Napoleons Generale mehr als eine „spanische Schlacht", vor allem bei Dunkelheit. Die Finte des Prinzen von Sachsen-Weimar hatte

somit Früchte getragen, und nun schien auch der Herzog den Ernst der
Lage nicht mehr ignorieren zu können. Als Wellington weit nach Mitter-
nacht in Brüssel, wo er sich immer noch auf dem Ball der Herzogin von
Richmond aufhielt, die Nachricht erreichte, dass die Franzosen bereits vor
Quatre Bras stehen, muss ihm auf einen Schlag das volle Ausmaß seiner
Versäumnisse bewusst geworden sein. Napoleon habe ihn reingelegt, soll
er ausgerufen haben, und sei ihm nun volle 24 Stunden voraus.[36]

Doch selbst jetzt vermochte Wellington es nicht, sich zu einer sofortigen Massierung seiner Truppen auf dem linken Flügel zu entschließen,
zu der er sich immerhin gegenüber Blücher verpflichtet hatte.[37] Seiner 5.
Division und dem Braunschweigschen Korps erteilte er zwar den Befehl,
bei Tagesanbruch von Brüssel nach Mont St. Jean zu marschieren, ließ aber
weiterhin offen, ob sie von dort weiter nach Nivelles oder nach Quatre
Bras vorrücken sollten. Auch als er am nächsten Morgen, dem 16. Juni,
von Brüssel kommend zu den beiden Verbänden stieß, erging lediglich
der Befehl an General Picton, weiter auf Genappe vorzurücken. Gegen
10 Uhr traf Wellington schließlich in Quatre Bras ein, wo die Franzosen zwar schon vereinzelt mit schwächeren Aufklärungskräften gegen die
beiden dort auf eigenen Entschluss kämpfenden Brigaden der Division
Perponcher vorgefühlt hatten. Doch dramatisch war das alles noch nicht.
Der Herzog nahm sich daher die Zeit, ausführlich die Stellungen von
Perponchers Truppen zu begutachten, die in einer Linie südlich der Straßenkreuzung von der Spitze des Bois du Bossu über die Farmhäuser Gemioncourt und Piraumont bis zur Straße nach Namur verliefen. Offenbar
billigte er die eigenmächtig getroffenen Anordnungen und entschloss sich
jetzt auch endlich, Picton und das Braunschweigsche Korps, zusammen
etwa 13 500 Mann, von Genappe nach Quatre Bras zu dirigieren.[38]

Eine halbe Stunde später schrieb der Herzog an Blücher, dass vom
Feind noch keine bedeutenden Kräfte aufgetreten seien und er daher abwarten wolle. Während dieser Teil seiner Nachricht noch den Tatsachen
entsprach, waren Wellingtons Angaben über seine verfügbaren Truppen
schlicht falsch. Aufgrund seiner Behauptung, dass die gesamte Reserve
seiner Armee bereits gegen Mittag in Quatre Bras versammelt sein werde,

Lord Uxbrigdes Reservekavallerie zur selben Zeit schon bei Nivelles stehe, mussten Gneisenau und Blücher zwangsläufig falsche Schlüsse ziehen.[39] Tatsächlich traf die Spitze von Pictons Division erst um 15 Uhr in Quatre Bras ein, die folgenden Verbände nicht vor dem späten Nachmittag und Lord Uxbrigdes Reservekavallerie sogar erst bei Einbruch der Nacht.[40]

Gegen 13 Uhr machte sich Wellington selbst auf den Weg zu den Preußen, um mit Blücher und Gneisenau an der Windmühle von Bussy die Lage zu besprechen. Von dort hatte die Gruppe einen hervorragenden Ausblick über die preußischen Stellungen, deren rechter Flügel entlang des Ligny-Baches und der Ränder des gleichnamigen Ortes beinahe nach Osten ausgerichtet war, um dann auf Höhe der Ortschaft St. Amand im rechten Winkel nach Norden abzuknicken. Dagegen befand sich der linke preußische Flügel mit dem III. Armeekorps des Generals Johann Adolf von Thielmann, einem gebürtigen Sachsen mit langen Erfahrungen in der russischen Armee, in einer deutlich zurückversetzten Stellung zwischen Mont Potriaux und Tongrinne. Die nach Südwesten um Ligny und die beiden St. Amands – St. Amand la Haye und St. Amand - exponierte Position der Preußen erklärte sich dadurch, dass Blücher und Gneisenau seit dem Eintreffen von Wellingtons Meldung mit dessen direkter Unterstützung rechneten. In welcher Form dies geschehen sollte, blieb allerdings auch nach der etwa einstündigen Unterredung der verbündeten Befehlshaber unklar. Während Gneisenau auf eine Verlängerung der preußischen Front nach Westen drängte, versprach Wellington lediglich für den Fall Hilfe, dass er selbst nicht bei Quatre Bras oder Nivelles angegriffen werde. Es war eine sehr dehnbare Zusicherung. Beim Herzog dürfte das Treffen eine gewisse Ernüchterung verursacht haben.[41] Konnte er doch jetzt beim Anblick der langen französischen Kolonnen beiderseits der Straße von Fleurus nach Sombreffe unmöglich noch Zweifel hegen, dass Napoleons Hauptschlag tatsächlich auf die Preußen zielte. Er vermied es jedoch, seine fehlerhafte Meldung vom Vormittag zu korrigieren, und auch General von Müffling, der den Herzog zu dem Treffen begleitet hatte, kam es, obwohl er die Fakten genau kannte, nicht in den Sinn seine preußischen Landsleute unter vier Augen über die tatsächliche Lage bei Quatre Bras aufzuklären.[42]

Ein klarer Fall für das Kriegsgericht. Doch auch bei einer größeren Wahrheitsliebe des Herzogs hätten Blücher und Gneisenau einer Schlacht gegen Napoleon jetzt kaum noch ausweichen können. Vermutlich aber wären viele ihrer Entscheidungen in den nächsten Stunden anders ausgefallen und damit der Schaden für die preußische Armee wohl begrenzt worden.

Schlacht von Ligny – Die Preußen warten vergeblich auf Wellington

Gleichwohl war ihre Aufgabe in der jetzt unmittelbar bevorstehenden Schlacht nicht unlösbar, auch wenn Bülows 32 000 Mann starkes Armeekorps nicht mehr rechtzeitig eintreffen konnte. Gneisenaus Befehl an den dienstälteren General war in einem eher höflichen Ton gehalten und ohne die Dringlichkeit, die der Lage angemessen gewesen wäre. So war Bülow am Morgen noch gänzlich ohne Eile von seinem Konzentrierungspunkt um Hannut aufgebrochen. Erst weitere Meldungen, die ihm das Ausmaß der Gefahr verdeutlichten, veranlassten ihn, seinen Marsch zu beschleunigen.[43]

Trotz dieser kommunikativen Panne verfügten die Preußen bei Ligny über 84 000 Mann unterstützt von immerhin 224 Geschützen und sie befanden sich in gut ausgebauten Stellungen. Dagegen standen zunächst nur 58 000 Franzosen, die aber der Kaiser persönlich befehligte.[44] Inzwischen hatten auch die Divisionen des Gérardschen Korps von der Sambre her aufgeschlossen, welche bald die Hauptlast des Angriffs tragen sollten. Jedoch hing das VI. Armeekorps des Grafen von Lobau mit seinen 10 000 Soldaten immer noch ohne Befehle bei Charleroi zurück.

Kaum hatte Wellington mit seinem Stab den Rückweg nach Quatre Bras angetreten, als zwei Korps der französischen Reservekavallerie unter den Generalen Claude Pajol und Rémy Exelmans gegen 14.30 Uhr die Schlacht eröffneten, indem sie gegen das knapp vorwärts der Straße nach Namur positionierte Armeekorps Thielmanns einige Scheinattacken führten. Damit sollte vor allem der französische Hauptangriff gegen Ligny gedeckt werden, zu dem sich die drei Divisionen von Gérards IV. Armeekorps inzwischen an der Straße von Fleurus formiert hatten. Unterstützung leistete das III. Armeekorps des General Dominique Vandamme, der im August 1813 bei Kulm mit der Hälfte seines Korps in preußische Gefangenschaft geraten und erst nach dem Friedensschluss von 1814 nach Frankreich zurückgekehrt war. Verstärkt durch eine Division des Reilleschen Korps sollte sein Korps gleichzeitig von Süden her gegen die Linie St. Amand la Haye und St. Amand vorgehen.

Auf preußischer Seite standen erneut die vier Brigaden von General von Zietens I. Korps im Brennpunkt des Geschehens. Mit zwei seiner Brigaden hatte er nach Süden die Linie zwischen den beiden St. Amands besetzt und sämtliche Ortsränder verbarrikadiert, während seine 3. Brigade in Ligny verschanzt war. Als Korpsreserve diente General Otto von Pirchs 2. Brigade, die noch am Vortag die Hauptlast des Kampfes getragen hatte. In einigem Abstand dahinter befanden sich die vier Brigaden des II. Preußischen Armeekorps (Generalmajor Georg Ludwig von Pirch) als Armeereserve auf einer Linie knapp vorwärts der Straße von Quatre Bras nach Sombreffe. Dort konnte sie auch den eventuell nötigen Rückzug der Zietenschen Brigaden decken.

Es war bereits viel wertvolle Zeit verstrichen, als der Kaiser gegen 15 Uhr mit der gesamten Macht seiner Artillerie den Hauptangriff einleitete. Nach Überschreiten des Ligny-Bachs, der bei einer Breite von durchschnittlich vier Metern und einer Tiefe von etwa einem Meter für die Franzosen kein unüberwindliches Hindernis darstellte, entwickelte sich ein verlustreicher Abnutzungskampf. Angriff und Gegenangriff folgten auf dem rechten Flügel in kurzen Abständen. Preußen wie Franzosen fochten voller Erbitterung um jedes einzelne Haus oder Gehöft. Den französischen Regimentern voraus kämpften die Tirailleure, die in losen Schwärmen unter Ausnutzung jeder Deckung die gegnerischen Linien auf kurze Distanz dezimieren sollten, ehe die Hauptkräfte den Einbruch erzwangen. Dabei setzten die Franzosen ganz auf die Wirkung des Bajonetts und die Erschütterung des Gegners, die der Anblick einer heranmarschierenden Bataillonskolonne (*Colonne de bataillons par division*) von insgesamt 70

Mann Breite auslösen musste. Doch die Preußen hielten stand und warfen die Franzosen mehrere Male aus der Ortschaft zurück. Ohne eine Änderung ihrer Taktik in Betracht zu ziehen, erneuerten die Reste der Angreifer unter lauten „Vive l'Empereur"-Rufen noch mehrmals ihre Attacken. Ihr blindwütiges Anstürmen hatte jedoch weniger mit Mut oder Entschlossenheit zu tun, sondern eher mit einer taktischen Hilflosigkeit, die aufseiten der Franzosen beinahe prägend für den gesamten Feldzug sein sollte. Nach etwa einer Stunde hatten sich beide Parteien festgebissen, und insbesondere Ligny verwandelte sich rasch in ein von Leichen und Verwundeten übersätes Trümmerfeld. Die Preußen klammerten sich verbissen an den westlichen Teil der von dem gleichnamigen Bach durchtrennten Ortschaft mit ihrem ummauerten Kirchhof und den Ruinen eines Schlosses, das bald in Brand geschossen war.

KAMPF UM LIGNY. ERINNERUNGEN DES HAUPTMANNS CHARLES FRANÇOIS VOM 96. LINIENREGIMENT DER 12. DIVISION

„Als wir uns auf 200 Meter der Hecke genähert hatten, hinter der sich Tausende von preußischen Scharfschützen verbargen, nahm unser Regiment aus dem Marsch seine Gefechtsordnung ein. Es wurde zum Angriff geschlagen und die Soldaten durchstießen die Hecken. Das linke Halbbataillon der 1. Brigade, der ich angehörte, drang durch einen Hohlweg vor, der durch gefällte Bäume, Fahrzeuge, Eggen und Pflüge blockiert war. Nur unter beträchtlichen Schwierigkeiten und unter dem ständigen dichten Feuer der in den Hecken versteckten Preußen gelang es uns, die Sperren zu überwinden und schließlich in Ligny einzudringen. Als wir jedoch die Kirche erreichten, wurde unser Vordringen durch einen Geschosshagel gestoppt. Der Feind hatte sich in Häusern, auf Dächern sowie hinter Gartenmauern verschanzt und fügte uns mit seinem Gewehr- und Geschützfeuer aus Rücken und Flanken erhebliche Verluste zu. In kurzer Zeit fielen Major Hervieux, der Regimentskommandeur sowie zwei Bataillonsführer, außerdem fünf Hauptleute, zwei Adjutanten und neun Leutnante.

Ein anderer Bataillonsführer namens Blain erhielt zwar nur eine leichte Verwundung, doch sein Pferd wurde unter ihm getötet. Außerdem wurden fast 700 Schützen getötet oder verwundet. Unser Regiment, das aus drei Bataillonen bestand, verlor zwei Drittel seiner Männer und ohne Verstärkung waren wir gezwungen, uns überstürzt wieder aus dem Dorf zurückzuziehen, wobei wir unsere Verwundeten zurücklassen mussten. Wir sammelten uns hinter unseren Batterien, die noch wie wild auf die gegnerischen Geschütze feuerten. Als wir uns endlich wieder geordnet hatten, erschien General Rome und befahl uns, sofort wieder das Dorf anzugreifen. Von ihrem Fehlschlag und dem Verlust beinahe zwei Drittels ihrer Kameraden keineswegs entmutigt, riefen die Männer „Es lebe der Kaiser" und griffen erneut an. Hauptmann Christophe ließ zum Angriff schlagen und unser Bataillon drang erneut in Ligny ein, doch konnten wir uns dort nicht lange halten. Noch drei Mal griff unser Bataillon an und wurde jedes Mal in gleicher Weise zurückgeschlagen."

Aus: Charles Groleau (Hrsg.), Journal de Captain François, Bd. 2, Paris 1904, S. 879f.

Dagegen vermochten sie ihre exponierten Stellungen in St. Amand la Haye und St. Amand nicht lange zu halten. Immer noch in Erwartung englischer Hilfe glaubte Gneisenau jedoch, die gefährdeten Ortschaften nicht aufgeben zu dürfen, und setzte einen stetig größer werdenden Teil seiner Reserven zu aufreibenden Gegenangriffen an. Noch mehrere Male wechselten so die beiden St. Amands ihre Besitzer und trotz des Verlustes eines Drittels seiner Brigade konnte von Steinmetz nicht verhindern, dass Vandammes Kolonnen schließlich hier die Oberhand behielten. Doch über die Ortsränder selbst gelangten die Franzosen nicht hinaus, da die preußische Artillerie auf den Höhen von Brye und Bussy das Gelände wirkungsvoll beherrschte.

Unterdessen war etwa zehn Kilometer weiter westlich auch der Kampf um Quatre Bras voll entbrannt. Ney war der erste Befehl des Kaisers, der ihm auferlegte, sich nach der raschen Inbesitznahme von Quatre Bras für einen Vorstoß auf Brüssel bereitzuhalten, schon gegen 9 Uhr zugegangen. Zu diesem Zeitpunkt hatte Napoleon offenbar noch nicht mit einer größeren Schlacht gegen die Preußen gerechnet und Ney schien es daher auch nicht zu stören, dass die beiden vordersten Divisionen des Reilleschen Korps keine besondere Eile an den Tag legten. Erst gegen Mittag schlossen sie, von Gosselies kommend, zu Neys Kavallerie bei Frasnes auf.[45] Es war eine mehr als dürftige Marschleistung für einen Vormittag, die sich allein daraus erklärt, dass die Divisionen Foy und Bachelu erst nach der üblichen Zubereitung ihrer Verpflegung gegen 10 Uhr aufgebrochen waren.

Eine nachdrückliche Aktion der Franzosen gegen die Kreuzung schien somit kaum vor 14 Uhr möglich.[46] Vorläufig hatte Ney es dort nur mit den rund 7500 Soldaten der Division Perponcher zu tun, die eine Front von zwei Kilometern hielten, eine lösbare Aufgabe für Neys doppelt so starke Streitmacht. Kurz nachdem der französische Angriff am frühen Nachmittag endlich begonnen hatte, erhielt der Marschall eine weitere Orientierung aus der Feder von Napoleons Stabschef Soult. Aus der um 14 Uhr von Fleurus abgegangen Meldung ging hervor, dass die Preußen sich nunmehr mit einem „Korps von Truppen" zwischen Sombreffe und Brye zum Kampf gestellt hatten. Sollte Ney mit dem Gegner vor ihm schon früher fertig geworden sein, hatte er unter Besetzung von Quatre Bras mit der Masse seiner Kräfte nach rechts gegen den Feind bei Sombreffe zu schwenken. Umgekehrt, so Soult, würde der Kaiser dasselbe tun, falls die Preußen zuerst geschlagen waren. Auch diese neue Direktive beunruhigte Ney nicht weiter, da die Niederländer erwartungsgemäß vor den beiden angreifenden französischen Divisionen langsam zurückwichen. Das hoch stehende Getreide begünstigte allerdings die Verteidiger ebenso wie der Bois de Bossu in ihrer rechten Flanke. Ein rascher Durchbruch war nicht zu erreichen. Mit nur 16 Geschützen aufseiten der Niederländer gegenüber 60 französischen war der Ausgang des Kampfes allerdings absehbar. Gegen 15 Uhr drohte Perpochers Front endgültig durchbrochen zu werden, nachdem Ney nunmehr auch Reilles dritte Division zur Verfügung stand. Die von dem jüngsten Bruder des Kaisers und vormaligen König von Westfalen, Jérôme Bonaparte, geführte Division war bereits in den südlichen Teil des Bois de Bossu eingedrungen. Zur selben Zeit hatten die beiden anderen Divisionen die Gehöfte Gemioncourt und Piraumont im Vorfeld der Kreuzung in ihren Besitz gebracht.

Dann aber wendete sich die Lage. Ab 15 Uhr erhielten die erschöpften und dezimierten Verteidiger sukzessive Verstärkungen. Zunächst erschien die niederländische Kavalleriebrigade des Generals van Merlen an der umkämpften Kreuzung, nach einem Gewaltritt von fast 40 Kilometern stürzte sie sich sofort ins Gefecht, verlor aber rasch über 300 Pferde und war damit vorerst kampfunfähig.[47] Zusammen mit van Merlens Kavallerie war auch die Avantgarde von General Pictons 5. Division endlich bei Quatre Bras eingetroffen. Erst jetzt von seinem Treffen mit Blücher zurückgekehrt setzte Wellington sofort Pictons vorderstes Bataillon zur Wiedereinnahme von Piraumont an. Der Gegenangriff schlug jedoch zunächst fehl. Verständigungsprobleme mit den zur Unterstützung dieses Gegenangriffs abgestellten niederländischen Kompanien des 27. Jägerregiments verhinderten den erhofften Erfolg. Die Franzosen scheiterten ihrerseits daran, auf die Straße nach Namur vorzudringen. Als im Verlauf der nächsten Stunde auch das Braunschweigsche Korps und der Rest von Pictons Division links der Kreuzung ihre Stellungen bezogen hatten, stabilisierte sich die Lage. Auf beiden Seiten fochten nun jeweils 20 000 Mann gegeneinander, und der Sieg würde nun wohl jener Partei zufallen, die am raschesten weitere Kräfte ins Gefecht führen konnte. Mit größter Ungeduld erwartete Ney deshalb das Eintreffen des I. Armeekorps des Generals Jean Baptiste Drouet d'Erlon, das mit seinen immerhin vier Divisionen die Entscheidung bringen musste. Dass der Kaiser jedoch längst andere Pläne gefasst hatte, ahnte der Sohn eines Fassbinders aus Saarlouis nicht.

In Ligny konnte Napoleon trotz der sich auf beiden Seiten die Waage haltenden Verluste mit dem Verlauf der Schlacht höchst zufrieden sein. Mit kaum 60 000 Mann war es ihm bisher geglückt, eine bedeutend höhere Zahl von Preußen in Schach zu halten. Inzwischen hatte Gneisenau auch schon fast alle Brigaden des I. Armeekorps in den Kampf geworfen, ließ aber das III. Preußische Korps auf dem linken Flügel praktisch untätig in seinen Positionen verharren. Dass den Preußen die kritische Phase der Schlacht noch bevorstand, dürfte er geahnt haben, denn noch hatte Napoleons Garde mit ihren insgesamt 13 000 Mann nicht in das Geschehen eingegriffen und auch das erst nach 15 Uhr alarmierte Korps Lobau hing noch weit zurück.[48]

Der misslungene Flankenmarsch des d'Erlonschen Armeekorps

Nachdem der Korse realisiert hatte, dass bei Ligny tatsächlich die Masse der preußischen Armee gegen ihn stand, war er noch vor Angriffsbeginn zu einem neuen Entschluss gelangt. Die ungeschützte rechte Flanke der Preußen entlang der alten Römerstraße erschien ihm nun als der entscheidende Schwachpunkt des Gegners. Ein Angriff seines I. Armeekorps genau in diesen Bereich müsste die allergrößten Resultate bringen. Zwar hatte der Kaiser erst am Morgen Ney versichert, dass d'Erlons Divisionen, die noch auf der Chaussee von Charleroi nach Frasnes marschierten, seinem linken Flügel unterstellt bleiben sollten. Mit der vermeintlichen Chance vor Augen, die Masse der Preußen um Brye südlich davon zerschlagen zu können, galt das nun nicht mehr. Gegen 16 Uhr hatte das I. Korps mit seinen 20 000 Mann und 46 Geschützen auf der Straße nach Frasnes die alte Römerstraße gekreuzt. Von dort war d'Erlon zunächst allein weitergeritten, um in Frasnes mit Ney Verbindung aufzunehmen. Genau zu dieser Zeit traf Napoleons persönlicher Adjutant, General Charles de La Bédoyère, mit der neuen kaiserlichen Order beim I. Armeekorps ein. In Abwesenheit d'Erlons bedrängte er dessen Stabschef, betonte, dass sein Wort wie das des Kaisers gelte, und setzte es schließlich durch, dass alle Divisionen des Korps sofort in die neue Marschrichtung entlang der Römerstraße auf Wagnelè und Brye schwenkten. Tatsächlich trennte die vorderste Division des Generals Pierre François Durette jetzt nur ein einstündiger Marsch von den Preußen bei Brye, die den Franzosen ihre offene Flanke boten. Damit schien das Todesurteil für Blüchers Armee gefällt.

Doch was in der Theorie überzeugend klang, geriet in der praktischen Umsetzung zum Desaster. War es nun ein simpler Übermittlungsfehler oder fehlendes Kartenmaterial?[49] Jedenfalls bogen d'Erlons Kolonnen zu früh von der Römerstraße ab und tauchten gegen 17.30 Uhr hinter Vandammes Korps auf. Das Erscheinen einer womöglich feindlichen Truppenmasse in ihrem Rücken verursachte unter den Franzosen, die sich gerade zu einem neuen Angriff formiert hatten, eine regelrechte Panik. Auch Vandamme war durch die unerwarteten Ankömmlinge aufs Höchste beunruhigt, zumal ihm nicht, wie sonst üblich, berittene Verbindungsoffiziere die Ankunft eigener Kräfte gemeldet hatten.[50] Noch war er damit beschäftigt, wieder Ordnung in seine Divisionen zu bringen, als Gneisenau einen sofortigen Gegenangriff auf Vandamme befahl. Ihm war die Verwirrung aufseiten des Gegners keineswegs entgangen und da er vorerst noch glaubte, dass die nun auch für ihn sichtbaren Kolonnen am Horizont zu Wellingtons Truppen gehörten, schien ihm die Gelegenheit günstig. Unterstützt von der Kavalleriedivision des Generalmajors Georg Ludwig von Wahlen-Jürgass drangen gegen 18 Uhr drei Brigaden des II. Armeekorps einmal mehr in die umkämpften Ortschaften St. Amand und St. Amand le Haye ein und schienen jetzt endlich die Oberhand gegen Vandammes Truppen zu behalten. Mit acht Bataillonen seiner Jungen Garde musste Napoleon die kritische Lage bei seinem III. Korps stabilisieren. Mittlerweile hatte der Kaiser auch Klarheit, dass es sich bei der zunächst nicht erkannten Kolonne tatsächlich um d'Erlons Truppen handelte. Doch mit ihrer jetzigen Anmarschrichtung hatten sie für ihn kaum Wert. Zu dem Verdruss über die gründlich missratene Aktion kam aufseiten der Franzosen bald das Erstaunen, als die im Grunde wertlose Verstärkung plötzlich wieder kehrtmachte und nach Westen verschwand.

Kellermanns Kavallerie stößt bis zur Kreuzung von Quatre Bras vor

Ursache dieses neuerlichen Schwenks war ein Gegenbefehl Neys. Nur mühsam hatte der Marschall seine Empörung überwunden, dass der Kaiser, ohne ihn zu informieren, praktisch die Hälfte seiner Truppen auf das

Schlachtfeld nach Ligny dirigierte. Ein neuer Befehl Napoleons, der ihn gegen 16.30 Uhr erreicht hatte und jetzt erstmals von einer ganzen preußischen Armee bei Ligny sprach, setzte ihn massiv unter Druck. Napoleon forderte ihn nunmehr auf, sofort mit seinem gesamten Flügel Quatre Bras einzunehmen und anschließend über die Straße von Namur in Blüchers rechte Flanke zu fallen. Der Tenor klang dramatisch: „Diese Armee wird verloren sein, wenn Sie nicht tatkräftig handeln. Frankreichs Schicksal liegt in Ihrer Hand!" Von der wachsenden Stärke Wellingtons bei Quatre Bras war darin nicht die Rede. Angesichts der sich verschlechternden Kräfteverhältnisse war dieser neue Auftrag, so sah es jedenfalls Ney, nur noch zu erfüllen, wenn ihm sein zweites Armeekorps möglichst rasch wieder zur Verfügung stand. Gleich mehrere Kuriere preschten daher d'Erlon hinterher, um dem Grafen die Gefahr eines gegnerischen Durchbruchs bei Quatre Bras vor Augen zu führen, falls er nicht sofort umkehre.

Um Zeit zu gewinnen, setzte Ney zunächst General Kellermanns Kürassiere zu einem beherzten Gegenangriff an. Die schwere Kavallerie würde den Gegner an der Kreuzung zumindest in Unordnung versetzen und vorerst von eigenen Angriffen abhalten. Mit ihren Brust- und Rückenpanzern wirkten Kellermanns Reiter wie Relikte einer längst vergangenen Epoche. Doch das anderthalb Zentimeter dicke Stahlblech bot seinen Trägern immerhin Schutz vor Pistolenschüssen und Blankwaffen, nicht jedoch vor Musketenfeuer aus naher Distanz. Gleichwohl war der Angriff einer Kürassierbrigade mit ihren blitzenden Helmen und Brustharnischen selbst für eine kampferprobte Infanterie eine kaum erträgliche Belastung. Kellermann, der Sohn des renommierten Herzogs von Valmy, der am 20. September 1792 die Preußen zum Rückzug aus der Champagne gezwungen hatte, war über den Auftrag empört. Er wusste, dass es ein Himmelfahrtskommando war. Ney versprach immerhin Hilfe, doch die mochte Kellermann nicht abwarten. „Ich begann den Angriff in größter Eile", meldete er später an Ney, „da ich meinen Männern keine Zeit geben wollte, sich über das Ausmaß der Gefahr im Klaren zu werden."[51] Mit seinen 1000 Kürassieren stürmte er nach kurzem Antrab im Galopp links der Chaussee von Charleroi vor und stieß dort auf die Bataillone des Generalmajors

Colin Halkett. Dessen soeben eingetroffene Brigade war zwischen dem Bois de Bossu und der Straße nach Frasnes in Stellung gegangen. Ihr 30. und 33. Bataillon hatten, sobald der tausendfache Hufschlag der Angreifer zu ihnen gedrungen war, sofort Karrees gebildet, was bei gut ausgebildeten Truppen kaum mehr als eine halbe Minute beanspruchte. Als eine Art Rundumverteidigung war das Karree die Standardformation der Infanterie zur Abwehr von Kavallerieattacken. Auch die schwerste Reiterei konnte den Wall aus Bajonetten nur selten durchbrechen. Fehler in der Kommandogebung verursachten jedoch eine Verzögerung beim Schwesterbataillon. Eine Seite war zunächst offen geblieben und Kellermanns Reiter zögerten nicht, das fatale Versäumnis auszunutzen. In wenigen Augenblicken waren sie in die noch offene Flanke der Briten gestürmt und hatten in kürzester Frist das gesamte 69. Bataillon zerschlagen. Die Regimentsfahne ging verloren und die Reste der Kompanien versuchten, sich in den angrenzenden Wald zu retten. Den anderen Bataillonen der Brigade erging es nun nicht besser. Schockiert vom bitteren Schicksal ihrer Kameraden verloren viele die Nerven und flohen ebenfalls in das rettende Gehölz, zumal auch Kellermanns berittene Artillerie sie bereits unter Kanisterbeschuss genommen hatte.[52] Neys Verzweiflungstat schien Erfolg zu haben.

Während Halketts Offiziere versuchten, die Überlebenden ihrer Brigade wieder zu sammeln, erreichten Kellermanns Männer tatsächlich für kurze Zeit die Straßenkreuzung. Dort aber schlug ihnen plötzlich ein mörderisches Kanister- und Musketenfeuer von gleich drei Seiten entgegen und trieb sie sofort zurück. Die von Ney versprochene Unterstützung, General Pirés Kavalleriebrigade, kam zu spät.[53] Kellermann verlor im Kreuzfeuer sein Pferd und hatte Mühe, der Gefangennahme zu entgehen. Die Krise in Wellingtons Zentrum schien überstanden.

Das Erscheinen der übrigen Bataillone des Braunschweigschen Korps und bald danach der 3. Britischen Division des Generalleutnants Sir Charles Alten mit ihren zwei übrigen Brigaden wendete die Kräfteverhältnisse an der Kreuzung endgültig zugunsten Wellingtons.

Gegen 18.30 Uhr hatte der Herzog mit rund 36 000 Mann beinahe die Hälfte seiner Armee bei Quatre Bras versammelt, während der auf d'Erlons Rückkehr wartende Ney nur noch die drei nunmehr abgekämpften Divisionen des Reilleschen Korps sowie die zwei inzwischen ebenfalls dezimierten Kavalleriebrigaden von Kellermann und Piré aufbieten konnte. Doch trotz seiner jetzt fast doppelten Überlegenheit gelang es Wellingtons Truppen nur, Jérômes Truppen wieder aus dem Bois de Bossu zu verdrängen. Noch vor Einbruch der Dunkelheit sah sich Ney wieder auf seine Ausgangspositionen nördlich von Frasnes zurückgeworfen. Angesichts der sich in Ligny für Blücher dramatisch zuspitzenden Lage war das Zurückdrängen der Franzosen bei Quatre Bras ein kaum ins Gewicht fallender Erfolg des Herzogs. Spätestens nach dem Eintreffen von Generalleutnant Sir James Cooks 4000 Mann starker Gardedivision wäre er durchaus in der Lage gewesen, Neys Kräfte zu zerschlagen und die bedrohten Preußen zu unterstützen.

Napoleons Garde erzwingt bei Ligny die Entscheidung

Vor Ligny blieb dem Kaiser nach d'Erlons fehlgeschlagenem Flankenmarsch nur noch wenig Zeit, die Entscheidung zu erzwingen. Allerdings war höchstens noch ein ordinärer Sieg über die Preußen möglich und Napoleon zögerte keine Sekunde mehr, wenigstens diesen Erfolg zu sichern. Gegen 19 Uhr ließ er die verbliebenen 14 Bataillone seiner Garde gegen Ligny und das preußische Zentrum antreten, wo nunmehr die Brigaden des II. Armeekorps fehlten. Nach heftiger Artillerievorbereitung durchbrach die Garde beinahe mühelos in zwei Kolonnen die Linien der Stellungstruppe in der völlig verwüsteten Ortschaft und stieß zügig weiter auf Brye vor. Ehe seine Armee unter diesem Schlag endgültig auseinanderfiel, setzte sich Blücher, damals immerhin schon im 73. Lebensjahr, an die Spitze dreier Kavallerieregimenter und versuchte die Franzosen so lange aufzuhalten, bis sich die Reste seiner Brigaden hinter der Straße nach Namur wieder sammeln konnten. Seine spektakuläre Attacke bot später reichlich Stoff zur Legendenbildung um den „Marschall Vorwärts", zumal sich Blücher beim Sturz seines zu Tode getroffenen Pferdes verletzte und nur mit reichlich

Glück in dem hin und herwogenden Reitergefecht der Gefangennahme entging. Tatsächlich retteten seine Armee nicht diese kühne Improvisation, sondern allein die nun eintretende Dunkelheit und der Umstand, dass die vorsichtigen Franzosen ihre Verfolgung allzu rasch abbrachen.

Viel ist seither über d'Erlons glücklosen Marsch und die angeblich verpasste Chance zur Vernichtung des rechten preußischen Flügels geschrieben worden.[54] Napoleon selbst versuchte in seinen Memoiren die Angelegenheit möglichst herunterzuspielen und erwähnte nur das Erscheinen des I. Armeekorps im Rücken von Vandamme.[55] Über die Hintergründe erfährt man von ihm jedoch nichts. Hätte der Graf d'Erlon tatsächlich schon den Feldzug entscheiden können? Abgesehen davon, dass die völlige Einschließung einer größeren Truppenmasse im Zeitalter der Musketen und Glattrohrgeschütze kaum möglich war, da weite Räume noch nicht durch Feuer beherrscht werden konnten, hatte Napoleon es selbst zu verantworten, dass ihm bei Ligny der erhoffte entscheidende Erfolg versagt blieb. Gab es doch keinen akzeptablen Grund, die Schlacht gegen Blüchers Preußen erst am Nachmittag zu beginnen. Im Vergleich zu früheren Feldzügen des Kaisers ist es kaum nachvollziehbar, weshalb Gérards Armeekorps bei Chatilet erst um 9 Uhr seine Marschbefehle erhielt, das Labauische Armeekorps sogar erst weitere sechs Stunden später. Effektive Stabsarbeit war dies jedenfalls nicht. Der Elan des ersten Angriffstages schien auf französischer Seite bereits jetzt verflogen.

Dagegen hatte der seither so hart gescholtene Ney bei Quatre Bras seinen Auftrag durchaus erfüllt. Zwar scheiterte er an der Einnahme der Kreuzung, doch war es ihm fraglos durch eine Reihe beherzter Angriffe gelungen, seinen zuletzt deutlich überlegenen Gegner davon abzuhalten, den Preußen bei Ligny mit nennenswerten Kräften zu Hilfe zu kommen. Dies war gewiss der wichtigere Teil seines Auftrags.

Wellington aber erwies sich somit als der tatsächliche Verlierer der beiden ersten Feldzugstage. Viel zu spät hatte er seine Truppen am 15. konzentriert und indem er versuchte, das Versäumnis zu kaschieren, verleitete er die Preußen auch noch zu dem Entschluss, bei Ligny eine Schlacht anzunehmen und sie unter falschen taktischen Annahmen zu schlagen.

Die Entscheidung fällt für Wawre

Nördlich von Ligny rückten derweil Blüchers Kolonnen, zwar hart getroffen, aber immer noch kampffähig, über Sombreffe, das jetzt von einer Brigade des Thielmannschen Korps offengehalten wurde, nach Norden ab. Ein kurzes, aber heftiges Gewitter beendete abrupt einen glühend heißen Sommertag, der den preußischen Verteidigern alles abverlangt hatte. Fast sechs Stunden hatten sie ihre Stellungen gehalten und dabei mit wachsendem Groll ihre Hoffnung auf Unterstützung durch Wellington allmählich begraben. Allgemein herrschte in allen Rängen das Gefühl, von den Engländern im Stich gelassen worden zu sein. So war auch ein verbitterter Gneisenau, der in Blüchers Abwesenheit die Armee führte, zunächst entschlossen, auf die scheinbar so wortbrüchigen Alliierten keine Rücksicht mehr zu nehmen und direkt nach Osten auf Namur auszuweichen.[56] Nach kurzer Debatte inmitten der von Brye nach Norden zurückflutenden Brigaden gewann jedoch zuletzt die Meinung General Karl von Grolmanns die Oberhand. Ein Abzug der Armee in nördliche Richtung über Tilly auf Wawre, so der Quartiermeister im Armeestab und Veteran des spanischen Krieges, würde ihre gesicherte Verbindung zum Rhein keineswegs gefährden, ihr aber weiterhin die Möglichkeit einer Unterstützung Wellingtons belassen, falls dieser sich südlich von Brüssel doch noch Napoleon zum Kampf stellte.[57] Auch würden die Franzosen, so Grolmann, sie kaum in dieser Richtung vermuten, was der Armee zusätzliche Zeit zur Sammlung verschaffte.

Als Blücher erst Stunden nach dieser Debatte wieder zu seinem in Mellery untergekommenen Stab stieß, billigte er die Entscheidung seines Stabes voll und ganz, allein schon deswegen, weil er sich immer noch an sein altes Versprechen von Tirlemont gegenüber dem Briten gebunden fühlte. Obwohl seine Armee mit etwa 16 000 Toten und Verwundeten in der Schlacht selbst und noch einmal 8000 Versprengten fast ein Drittel ihrer Stärke verloren und damit weit höhere Verluste hatte hinnehmen müssen als neun Jahre zuvor bei Jena und Auerstedt, brach sie dieses Mal nicht auseinander. Geführt von denselben Offizieren wie damals, zeigte sie sich dieses Mal entschlossen, Napoleon nicht nachzugeben.[58] Anders als im preußischen Katastrophenjahr von 1806 unterließen die siegreichen Franzosen allerdings auch eine energische Verfolgung. Stattdessen biwakierten sie einschließlich des gar nicht mehr zum Kampf gekommenen Lobauschen Korps direkt auf dem Schlachtfeld. Napoleon glaubte den Gegner vorerst entscheidend geschlagen zu haben, obwohl sich dafür außer den hohen eigenen Verlusten von rund 11 000 Mann kaum Anhaltspunkte fanden.

Erst am nächsten Morgen befahl er dem Kavalleriekorps Pajol Aufklärung in Richtung Namur zu betreiben.[59] Einige Tausend Versprengte, die der General auf der Straße überholte, bestärkten Napoleon in seiner Hoffnung, dass der Gegner sich tatsächlich nach Westen zurückzog. So war es Thielmanns III. Armeekorps noch in der Nacht möglich, ungestört Verbindung mit den Spitzen des Bülowschen Korps bei Gembloux zu gewinnen, während die beiden besonders in Mitleidenschaft geratenen Korps, das I. und das II., sich noch vor dem Morgen im Raum von Tilly ungestört wieder neu ordnen konnten.[60] Am Mittag des nächsten Tages, dem 17. Juni, befand sich die preußische Armee nach einer Regeneration von kaum zwölf Stunden bereits wieder auf dem Marsch. Ihr Ziel war Wawre, wo alle vier Korps, vom Gegner nicht weiter behelligt, bei anhaltendem Regen gegen Abend eintrafen. Der kleine Ort an der Dyle lag kaum einen halben Tagesmarsch von Mt. Saint Jean entfernt. Sollte sich Wellington tatsächlich dazu entschließen, noch südlich von Brüssel den Franzosen eine Schlacht zu liefern, standen die Preußen mit nunmehr 90 000 Mann in ihrem neuen Versammlungsraum auf Schlagdistanz.

7. Napoleons verpasste Chance – Wellington entkommt in letzter Minute

Der Kaiser wartet auf verlässliche Nachrichten

Die zurückliegende Schlacht und der Durchbruch der Garde bei Ligny schienen noch einmal die alte Schlagkraft der französischen Armee eindrucksvoll bestätigt zu haben. Mehr als 80 000 Preußen waren von nur 60 000 Franzosen aus gut befestigten Stellungen geworfen worden. Allein die eintretende Dunkelheit hatte Blüchers Brigaden vor Schlimmerem bewahrt.

Napoleons Zufriedenheit mit seinem Erfolg hielt auch am nächsten Vormittag noch an, als er seine auf dem Schlachtfeld biwakierenden Truppen besuchte. Obwohl die Leichen ihrer gefallenen Kameraden und die der getöteten Preußen noch überall in den Straßen und in den Hauseingängen lagen, zeigten sich die Soldaten davon unbeeindruckt und empfingen ihren Kaiser und Kriegsherrn mit ungeschmälerter Begeisterung. Einmal mehr erschallte das frenetische „Vive l'Empereur" der Überlebenden, in dem sich die fast religiöse Verehrung der unteren Dienstgrade für ihren Kaiser und Kriegsherrn bekundete.[61]

Ohne Zweifel hatte der Gegner in der gestrigen Schlacht erheblich höhere Verluste hinnehmen müssen und seine Armee befand sich vielleicht schon in Auflösung. D'Erlons fehlgeschlagener Flankenmarsch spielte jetzt keine Rolle mehr.

Doch eine Unsicherheit nagte an Napoleon. Beinahe spurlos war der gestrige Gegner vom Schlachtfeld verschwunden und ohne eindeutige Hinweise auf seinen Verbleib, die ihm Pajols Kavallerie so rasch wie möglich verschaffen sollte, zögerte der Kaiser mit seinen nächsten Schritten.

Um 8 Uhr sandte er zunächst Ney einen schriftlichen Befehl, er möge seinen beiden Korps und die Kavallerie bei Quatre Bras eng zusammenfassen, um bei Bedarf sofort in Aktion treten zu können. Die Ordre, die Soult im Auftrag des Kaisers an den Marschall verfasst hatte, schien jedoch wenig durchdacht und hastig entworfen. Es war kaum möglich, aus dieser geschwätzigen Mischung aus fehlerhaften Informationen über den Verlauf der gestrigen Schlacht, kleinlichem Tadel an Neys Verhalten und höchst widersprüchlichen Absichtserklärungen eine konkrete Weisung abzuleiten.

<hr>

NAPOLEONS BEFEHL AN MARSCHALL NEY BEI QUATRE BRAS VOM 17. JUNI 1815, AUSGEFERTIGT UM 8 UHR VON DESSEN STABSCHEF SOULT

„Marschall, General Flahaut, der gerade hier [in Fleurus] eingetroffen ist, meldete mir, dass Sie noch ohne Nachrichten über die genauen Abläufe am gestrigen Tag auf diesem Flügel seien. Ich [Soult] ging davon aus, dass ich Sie bereits über den Sieg des Kaisers informiert hätte. Die preußische Armee ist zerschlagen und General Pajol verfolgt nunmehr ihre Reste entlang der Straße nach Namur und Lüttich. Wir haben einige tausend Gefangene und etwa 30 Geschütze eingebracht. Der Kaiser ist auf dem Weg zur Windmühle von Brye und zur Straße von Quatre Bras nach Namur. Sofern also die englische Armee ihren Flügel attackieren sollte, würde der Kaiser auf der Straße nach Quatre Bras ihr in die Flanke fallen, während Sie sie mit ihren Divisionen, die daher bereits konzentriert sein sollten, frontal angreifen. Unter diesen Umständen würde die feindliche Armee sofort vernichtet sein.

Gestern hat der Kaiser mit Bedauern festgestellt, dass Sie ihre Divisionen nicht massiert hatten, sodass sie nur unkoordiniert agieren konnten und daher außergewöhnlich hohe Verluste erlitten. Nicht ein Engländer hätte entkommen können, wenn die Armeekorps der Grafen Reille und d'Erlon zusammengefasst worden wären.

Wenn Graf d'Erlon den Marsch nach St. Amand ausgeführt hätte, wie es der Kaiser befohlen hatte, dann wäre die preußische Armee völlig zerschlagen worden und wir hätten vielleicht 30 000 Gefangene gemacht.

Der Kaiser hofft und wünscht nunmehr, dass Ihre sieben Infanteriedivisionen und die Kavallerie konzentriert und in einem Raum von nicht mehr als fünf Kilometern zusammengefasst sind, sodass Sie Ihre ganze Macht, falls nötig zur sofortigen Aktion zur Hand haben.

Ihre Majestät wünscht, dass Sie eine Stellung bei Quatre Bras beziehen, wie es Ihnen bereits befohlen wurde. Sollte dies nicht möglich sein, senden Sie unverzüglich eine detaillierte Meldung und der Kaiser wird sofort entlang der Straße von Namur vorrücken. Wenn Sie andererseits nur mit einer Nachhut zu tun haben, schlagen Sie diese zurück und besetzen die Kreuzung.

Der heutige Tag ist dazu vorgesehen, diese Bewegung endlich abzuschließen, die Munitionsbestände zu ergänzen und Nachzügler sowie Verstreute zu sammeln. Der bekannte Freikorpsführer Lützow, der gestern gefangen genommen wurde, bestätigt, dass die preußische Armee verloren sei und Blücher zum zweiten Mal die preußische Monarchie in Gefahr gebracht habe.

Soult"

Aus: Karl Rudolf von Ollech, Geschichte des Feldzuges von 1815, S. 173f.

Ebenso wenig wie Napoleon ahnte Soult zu diesem Zeitpunkt, dass Wellington noch immer mit seiner halben Armee die Stellungen vom Vortag hielt. Allenfalls mit einer Nachhut rechneten der Kaiser und sein Stabschef. Sollte Ney jedoch nicht in der Lage sein, diese vermutlich schwachen Kräfte zu schlagen und bei Quatre Bras Stellung zu beziehen, hieß es weiter in Soults Schreiben, erwarte der Kaiser seine sofortige Meldung. Er selbst werde dann den Feind flankierend entlang der Straße von Namur angreifen. Der heutige Tag sei vorgesehen, diese Operation gegen die feindliche Nachhut endlich abzuschließen, die eigenen Munitionsbestände aufzufüllen und Versprengte zu sammeln.

Besonders dringlich klang der Abschluss der Weisung jedenfalls nicht und man fragt sich, was Napoleon davon abhielt, sich selbst ein Bild von der Lage bei Quatre Bras zu machen.[62] Noch am Abend vor Ligny hatte er bis in die Nacht mit Ney in Charleroi konferiert, jetzt aber schienen ihm immer noch die verschwundenen Preußen durch den Kopf zu gehen.

Wellingtons Armee in exponierter Position

Ebenso wie Napoleon tappte auch Wellington hinsichtlich Blüchers Absichten vollkommen im Dunkeln, hatte doch Gneisenau in der Nacht weder dem Herzog noch General von Müffling eine Nachricht über den Verlauf der Schlacht und den Abmarsch der Preußen auf Wawre gesandt. Ob dies aus einem momentanen Verdruss über das scheinbar falsche Spiel des Briten geschehen war oder schlicht im ersten Chaos des Rückzugs versäumt wurde, ist nicht mehr zu klären.[63] Jedenfalls glaubte Wellington noch bis zum nächsten Morgen, dass die am Vortag begonnene Schlacht schon in den nächsten Stunden fortgesetzt würde. Blücher hatte dem Herzog mit seinem hartnäckigen Widerstand bei Ligny Zeit verschafft, seine Truppen zu konzentrieren, und damit den so leichtfertig vergeudeten Tag zurückgewonnen. Beinahe die Hälfte seiner Armee konnte Wellington noch in der Nacht bei Quatre Bras versammeln. Die Stärke der vereinigten englisch-niederländisch-deutschen Streitmacht betrug am Morgen 46 000 Mann. Damit endlich fühlte sich der Herzog in der Lage, Blücher bei Ligny zu unterstützen, wie er es tags zuvor versprochen hatte.[64]

Doch seine Hoffnung auf einen gemeinsamen Sieg noch an diesem Tag wich allmählich einer beklemmenden Sorge, als im Verlauf des frühen Morgens der Gefechtslärm bei Ligny nicht wieder auflebte und auch keinerlei Nachrichten von den Preußen vorlagen. Die Stille, die nur von einigen Vorpostengefechten gestört wurde, wirkte beunruhigend. Wo war Blücher? Befand sich der Feldmarschall nicht mehr in seinen alten Positionen, musste Quatre Bras für Wellingtons Armee zu einer tödlichen Falle werden. Während ihm gegenüber bei Frasnes immer noch Ney mit seinen beiden Armeekorps stand, wäre Napoleon in der Lage, mit mindestens zwei weiteren Armeekorps auf der Straße von Namur nach Quatre Bras in seine linke Flanke zu marschieren. Gegen die doppelte französische Übermacht aber hätte er keine Chance. So setzte der Herzog gegen 7 Uhr seinen Adjutanten, den Oberst Alexander Gordon, nach Ligny in Marsch. Eskortiert von einer Schwadron Husaren stieß Gordon auf der Straße nach Namur bald auf französische Sicherungen und musste nach Norden ausweichen. Gegen 9 Uhr fanden sie schließlich preußische Nachhuten, die noch die Ortschaft Tilly besetzt hielten. Zu General von Zieten gebracht, erfasste Gordon sofort die tödliche Gefahr, in der sein Oberbefehlshaber steckte. In weniger als einer Stunde war er zurück und hatte Wellington seine alarmierende Meldung überbracht.[65]

Wellington gelingt ein geordneter Rückzug

Der Herzog hatte inzwischen Zeit gefunden, seine Möglichkeiten zu durchdenken, und daher auch schon sämtliche Vorkehrungen für einen reibungslosen Rückzug nach Norden getroffen. Jetzt konnte er die Befehle ohne Verzug herausgeben. Sein ständiger Begleiter, der General von Müffling, fühlte, wie ihn das eigenartige Schweigen seiner Landsleute gegenüber dem Herzog in eine peinliche Lage gebracht hatte, doch der Verbindungsoffizier wusste sich geschickt herauszureden, indem er behauptete, der am Vorabend von den Franzosen vom Pferd geschossene Baron von Winterfeld habe die Nachricht vom preußischen Rückzug überbringen wollen. Wellington schien diese Darstellung zu akzeptieren, jedenfalls lag kein Argwohn mehr in seinem Verhalten.[66]

Nunmehr orientiert über den Marsch der Preußen auf Wawre sandte er sogleich an Blücher die Nachricht, dass er noch südlich von Brüssel eine Schlacht gegen Napoleon schlagen werde, wenn er mit wenigstens einem preußischen Armeekorps als Unterstützung rechnen könne. Andernfalls aber sei er gezwungen, Brüssel aufzugeben und eine neue Stellung hinter der Schelde einzunehmen.[67]

Eile war nun geboten. War Wellington seit etwa 10 Uhr über seine isolierte Position bei Quatre Bras im Bilde, so erfuhr Napoleon nur eine halbe Stunde später durch eigene Spähtrupps, dass sich ihm an der gestern so umkämpften Kreuzung eine Chance bot, auf die er nie zu hoffen gewagt hatte.[68] Wenn nur Ney jetzt mit seinen beiden Korps zum Angriff überging, saß der Herzog mit mindestens der Hälfte seiner Armee in der Falle. Rasch beorderte er Lobaus Armeekorps, das bisher noch nicht im

Gefecht gestanden hatte, nach Marbais in Wellingtons Flanke und schickte seine Garde hinterher. Zusammen mit Neys Truppen verfügte er damit über eine Streitmacht von 72 000 Mann und 246 Geschützen, die den Gegner aus zwei Richtungen in die Zange nehmen konnte.

Neue Nachrichten, die gegen 11.30 Uhr in Ligny eintrafen, trübten allerdings Napoleons Euphorie. Exelmans Kavallerie berichtete jetzt von 20 000 Preußen, die sich nördlich von Gembloux massierten und ohne Zweifel weiter nach Norden marschierten. Ein Teil der Preußen schien also die Verbindung mit Wellington nicht abreißen zu lassen. Wie war das möglich? Schlagartig befiel ihn der Verdacht, dass Ligny vielleicht doch nicht der große Erfolg gewesen sein könnte. Die Gefahr einer Vereinigung beider feindlicher Armeen spätestens vor Brüssel schien nun plötzlich keineswegs mehr gebannt. Allein deshalb, so glaubte er nun, stand Wellington immer noch bei Quatre Bras. Mit dem Nachrichtendesaster aufseiten der Verbündeten konnte Napoleon nicht rechnen. Ehe er also Wellington attackierte, brauchte er Gewissheit über Blüchers Standort und dessen Absichten.

Der Mann, der ihm diese lebenswichtigen Informationen verschaffen sollte, war Emmanuel de Grouchy. Der damals 49-jährige Offizier war von Napoleon erst zwei Monate zuvor zum Marschall ernannt worden, nachdem er die Royalisten im Süden erfolgreich bekämpft und deren Anführer, den Herzog von Angoulême, gefangen genommen hatte. Die Rangerhöhung erschien vielen als die überfällige Anerkennung der langjährigen Dienste des Geburtsadligen, der schon 1781 im Alter von 15 Jahren in das königliche Artilleriekorps eingetreten und trotz vieler politischer Verdächtigungen und Anfeindungen nach dem Sturz der Jakobiner zum Divisionsgeneral aufgerückt war. Der gern abwertend als Kavallerieoffizier bezeichnete Grouchy hatte erst 1806 das Kommando über eine Kavalleriedivision übernommen, mit der er an den Feldzügen von 1806/07 teilnahm, ehe er im Jahr darauf als Gouverneur von Madrid den Maiaufstand in der spanischen Hauptstadt blutig unterdrückte. Im Krieg von 1812 befehligte er ein Reservekavalleriekorps, mit dem er in der Schlacht von Borodino die große Schanze stürmte. Die Entbehrungen des großen Rückzuges bewogen ihn, im Frühjahr 1813 aus gesundheitlichen Gründen um seinen vorläufigen Abschied zu bitten. Während des Feldzuges von 1814 stand er jedoch wieder an der Spitze eines Kavalleriekorps und stellte sich erst nach der Abdankung des Kaisers in den Dienst des Bourbonenregimes. Obwohl er nie zum engeren Machtzirkels Napoleons gezählt hatte, war der mittlerweile zum Kavallerieinspekteur ernannte Grouchy im März 1815 sofort zu dem Rückkehrer aus Elba übergelaufen und nach seinen Erfolgen gegen die Royalisten sogar zum Führer des rechten Flügels der *Armée du Nord* ernannt worden.[69] In dieser gewichtigen Rolle war er allerdings in der Schlacht bei Ligny nicht weiter hervorgetreten. Am Vormittag nach der Schlacht hatte Napoleon dem Marschall zunächst mündlich den Befehl erteilt, die Preußen scharf zu verfolgen und sie überall anzugreifen. Dass er nun allein an der Spitze eines Drittels der Armee dem scheinbar geschlagenen Gegner den Rest geben sollte, schien den lang gedienten Grouchy allerdings derart aus der Fassung zu bringen, dass er Napoleon sogar bat, bei den Hauptstreitkräften bleiben zu dürfen. Der Kaiser weigerte sich, darauf einzugehen, schickte aber gegen 15 Uhr dem verunsicherten Grouchy einen schriftlichen Befehl, der den ursprünglichen Auftrag entschieden abmilderte.[70]

Plötzlich sollte Blücher nicht mehr angegriffen, sondern nur seine Marschbewegungen überwacht werden:

„Marschieren Sie mit allen Ihnen überwiesenen Truppen nach Gembloux … Lassen Sie in Richtung auf Namur und Maastricht aufklären. Klären Sie den Marschweg des Feindes auf und melden Sie mir seine Bewegungen, damit ich daraus entnehmen kann, was er eigentlich beabsichtigt. Ich verlege mein Hauptquartier nach Quatre Bras, wo sich diesen Morgen noch die Engländer befanden. Unsere Verbindung wird daher auf der Straße von Namur nach Quatre Bras nicht unterbrochen sein. Sollte der Feind Namur geräumt haben, so weisen Sie den Kommandeur der 2. Militärdivision zu Charlemont an, Namur durch einige Bataillone der Nationalgarde und mit einigen Batterien, die er in Charlemont formieren kann, besetzen zu lassen. Ein Generalmajor soll das Kommando übernehmen.

Es ist wichtig, herauszufinden, was der Gegner beabsichtigt, ob Blücher sich von Wellington trennt, oder ob sie sich noch einmal vereinigen und eine weitere Schlacht wagen, um Brüssel oder Lüttich zu decken."[71]

Von Napoleons Fehlleistungen an diesem Vormittag war es wohl die größte, ein Drittel seiner schon um 20 000 Mann geschrumpften Streitmacht für einen reinen Beobachtungsauftrag zu opfern. Waren die Preußen tatsächlich entscheidend geschlagen, reichte einige Kavallerie, um sie zu beobachten, andernfalls aber war der Kaiser gut beraten, seinen rechten Flügel unter direkter Kontrolle zu halten und ihn wenigstens auf der linken Seite der Dyle operieren zu lassen.

Derweil kamen die Operationen bei Quatre Bras immer noch nicht in Bewegung. Weshalb nur rührte sich Ney nicht? Napoleon verlor die Geduld. Um 12 Uhr ließ er dem Befehlshaber seines linken Flügels, noch ehe er nach Marbais aufbrach, den Befehl zum sofortigen Angriff überbringen. Ney selbst hatte bereits am frühen Morgen an Soult gemeldet, dass Wellington noch in seinen Positionen vom Vorabend verharrte, und war zunächst überrascht, als der von Soult um 8 Uhr verfasste Befehl keinerlei Notwendigkeit raschen Handels verriet. War darin doch sogar die Rede davon, heute die eigenen Reihen zu ordnen und die Munitionsbestände aufzufüllen.

Gewiss hätte Ney längst auf eigene Initiative mit seinem Angriff beginnen können, doch das für ihn höchst ungünstige Gelände mit dem flankierenden Waldgelände des Bois du Bossu ließ bei einem jetzt mindestens gleichstarken Gegner nur eine Wiederholung der herben Verluste des Vortages erwarten. So hoffte der Marschall also, dass der Kaiser selbst den ersten Schlag führen würde, was Letzterer aber wiederum von ihm erwartet hatte. Der Vormittag verstrich also, keiner von beiden Befehlshabern zog eine persönliche Verbindungsaufnahme in Erwägung und Napoleon verließ sich weiterhin auf Soults Befehle, die alles Mögliche enthielten, nur nicht den entscheidenden Satz: Greifen Sie sofort an!

Derweil befanden sich Wellingtons Truppen seit 11 Uhr im vollen Rückzug auf Genappe.[72] Fraglos war es Neys großes Versäumnis, diese leicht aufzuklärende Bewegung, bei der alle feindlichen Verbände die Kreuzung passieren mussten, nicht rechtzeitig und energisch gestört zu haben. Als der Kaiser endlich um kurz nach 13 Uhr seinen Angriff von Marbais her in Gang gebracht hatte, stieß er nur noch auf Wellingtons Reservekavallerie unter Lord Uxbrigde. Zu den etwa 8000 Reitern der Nachhut gehörten auch drei berittene Batterien der Artillerie mit jeweils sechs Geschützen. Eine davon führte der Hauptmann Cavalie Mercer. Er hatte seine Geschütze unmittelbar neben dem Gehöft an der Kreuzung in Stellung gebracht und konnte nicht verstehen, weshalb die Franzosen sich so viel Zeit mit dem Nachsetzen gelassen hatten. Auf Uxbrigdes Befehl ließen seine Leute die von berittenen Jägern (*Chasseurs*) gebildete Avantgade der Franzosen nahe genug herankommen: Nachdem sie eine Kanisterladung auf den Feind abgefeuert hatten, protzten sie so schnell wie möglich auf, während zwei von Uxbrigdes Kavalleriebrigaden über die Franzosen herfielen.[73]

Zur selben Zeit passierten die ersten Kolonnen der Armee des Herzogs bereits unbehelligt die Ortschaft Genappe. Mit ihrer schmalen Brücke über den Dyle und den engen Gassen hätte sie bei einer energischeren Verfolgung leicht zur tödlichen Falle für seine Truppen werden können. Wellingtons Ziel war Mont St. Jean, eine bereits im Vorjahr von ihm erkundete Stellung südlich des Waldes von Soignies, etwa 15 Kilometer vor Brüssel und nur einen halben Tagesmarsch von den Preußen bei Wawre entfernt.

Kampflos in den Besitz der Kreuzung von Quatre Bras geraten, musste Napoleon erkennen, dass der Herzog ihm zunächst entkommen war. Jetzt schmerzten die vertändelten Stunden des Vormittags. Doch er fasste sich schnell. Napoleon war nicht der Mann, vergeudeten Chancen lange nachzuweinen. Es war immer noch möglich, Wellingtons Armee bis zum Abend zu fassen. Den Grafen d'Erlon, der mittlerweile an der Spitze seines Korps die Kreuzung von Süden her erreicht hatte, beschwor der Kaiser mit theatralischer Geste: „Frankreich ist verloren. Gehen Sie, mein General, setzen Sie sich an die Spitze dieser Kavallerie und verfolgen Sie unnachsichtig die Nachhut des Gegners."[74]

Es war inzwischen 14 Uhr und ein Gewittersturm, der sich bereits seit einiger Zeit durch eine Front dunkler Wolken angekündigt hatte, überschüttete jetzt Freund und Feind mit seinen Wassermassen. Innerhalb kürzester Zeit verwandelte sich das Gelände abseits der Brüsseler Chaussee in eine unpassierbare Schlammwüste. Hatte Napoleon anfangs gehofft, den Gegner durch eine energische Verfolgung noch stellen zu können, so musste er nun befürchten, Wellington könne sich durch den Wald von Soignies nach Brüssel zurückziehen, wo er zusammen mit den Preußen unangreifbar wäre. Sein ganzer Feldzug drohte zu scheitern.

Am späten Nachmittag erreichte die französische Kavallerie, hart im Nacken des Gegners, das Farmhaus La Belle Alliance unmittelbar an der Brüsseler Chaussee. Von dort bot sich Napoleon, der dicht hinter der Spitze der Verfolger geritten war, der Ausblick über eine etwa einen Kilometer breite Senke, durch die soeben noch die letzten Kolonnen des Braunschweigschen Korps dem gegenüberliegenden Höhenzug zustrebten. Das Gewitter hatte sich inzwischen verzogen, doch es regnete immer noch in Strömen und das Gewicht von Nässe und Erde auf den Mänteln verdoppelte die Last der Soldaten. Viele von ihnen hatten im knietiefen Schlamm sogar ihre Stiefel verloren. Napoleon, der auf seinem weißen Araber ein weithin sichtbares Ziel bot, beschäftigte jedoch allein die Frage, ob jene Truppen, die er jetzt auf dem Plateau von Mont St. Jean ausmachen konnte, nur Wellingtons Nachhut bildeten, die den Marsch der Hauptarmee durch den Wald von Soignies decken sollte. Oder hatte der Herzog sich entschlossen, in dieser Stellung doch die Schlacht anzunehmen? Hatte er vielleicht seiner spanischen Taktik treu bleibend, seine gesamte Armee hinter dem gegenüberliegenden Höhenzug versteckt?

Rasch beorderte der Kaiser General Milhauds Kürassierbrigade nach vorne und ließ sie, unterstützt von vier Batterien der reitenden Artillerie gegen die gegnerische Stellung vorgehen. Mehr als 60 gegnerische Geschütze entlang des gesamten Höhenzuges eröffneten sofort das Feuer auf Milhauds schwere Reiter. Das genügte. Napoleon befahl, den Vorstoß einzustellen, und begab sich vorerst zufrieden in sein neues Quartier nach *Le Caillou*, eine Gaststätte, die etwa zwei Kilometer südlich des zukünftigen Schlachtfeldes lag. Auf der Gegenseite war Wellington in einem Wirtshaus in der Ortschaft Waterloo, etwa fünf Kilometer nördlich seiner Stellung, untergekommen. Dort erreichte ihn um 2 Uhr morgens eine neue Nachricht von Blücher. Der erhoffte Nachschub an Munition hatte die Preußen am Abend in Wawre erreicht. Nun könne Bülows IV. Korps schon bei Tagesanbruch aufbrechen, schrieb der Marschall, gefolgt vom II. Korps. Seine beiden übrigen Korps halte er noch in Bereitschaft, ganz in Abhängigkeit davon, was der rechte französische Flügel gegen ihn unternehme. Dass Grouchy, der mit seinen 33 000 Mann an diesem Abend nicht über Gembloux hinausgekommen war, allenfalls einen Teil der Preußen in Wawre vermutete, schien Napoleon, der die entsprechende Meldung seines Marschalls morgens um 3 Uhr las, noch nicht zu sehr zu irritieren. Gerade eben war er von einem nächtlichen Erkundungsritt entlang seiner Vorposten zurückgekehrt, hatte die lange Kette von Wachfeuern entlang der Ohain-Straße gesehen und war nun völlig gewiss, dass Wellington sich ihm am nächsten Morgen zur Schlacht stellen würde.

8. Letzte Bastion vor Brüssel – Wellington positioniert sich auf den Höhen südlich von Mont St. Jean

---

„Nach einer Schlacht wie bei Ligny ist die Vereinigung der Alliierten in den nächsten beiden Tagen ausgeschlossen. Zudem ist Grouchy den Preußen hart auf den Fersen. Wir sind äußerst befriedigt, dass die Engländer den Kampf hier annehmen wollen. Die Schlacht, die wir heute schlagen, wird Frankreich retten und in den Annalen der Welt gefeiert. Ich werde von meiner überlegenen Artillerie Gebrauch machen, mit meiner Kavallerie den Gegner zwingen, seine Stellungen offenzulegen und sobald ich mir darüber sicher bin, werde ich sie direkt mit meiner alten Garde angreifen.“

Napoleon am Morgen des 18. Juni zu seinen Befehlshabern. Aus: M. de l'Ain Girod,
Vie militaire du Genéral Foy, Paris 1900, S. 278f.

Im August 1814 hatte Arthur Wellesley, der siegreiche Feldherr des Halbinselkrieges, überhäuft mit Ehrungen, beachtlichen Dotationen und nun auch in den Herzogstand erhoben, England nach nur fünf Wochen wieder verlassen. In Paris sollte er seinen neuen Posten als Botschafter des Vereinigten Königreichs antreten.[75] Besondere Eile hatte der Herzog damals jedoch nicht, schob er doch auf seinem Weg von Ostende nach Paris einen längeren Aufenthalt in Belgien ein. Die ehemalige habsburgische Provinz war nach 20-jähriger Franzosenzeit nunmehr Teil der Niederlande. Zwei Wochen verbrachte Wellington damit, an der Seite des jungen Kronprinzen Wilhelm von Oranien die Festungen und sonstige Verteidigungsmöglichkeiten des Landes gegen einen möglichen französischen Angriff zu inspizieren. Wellington war das Gelände noch aus seiner Zeit als Bataillonskommandeur vertraut, als er 1794 im Ersten Koalitionskrieg gegen Frankreichs Revolutionsarmeen gekämpft hatte. Der Feldzug des Herzogs von Yorck war zwar damals ohne greifbares Resultat zu Ende gegangen, doch der junge Wellesley hatte es in seinem ersten Kriegseinsatz immerhin zum Kommandeur einer Brigade gebracht. Er wusste nun nach eigenem Bekunden, was man im Kriege nicht tun sollte.[76]

Dass man sich in London immer noch um die Sicherheit Belgiens Sorgen machte, verriet deutlich, wie gering das britische Vertrauen in die Dauerhaftigkeit der soeben erst restituierten bourbonischen Monarchie war. Ein Staatsstreich der Bonapartisten oder der Jakobiner schien jederzeit möglich und damit auch ein aggressiveres Auftreten Frankreichs, dem man doch so großzügig im Frieden von Paris alle militärischen Mittel belassen hatte. Wellington empfahl schließlich der neuen niederländischen Regierung die rasche Instandsetzung einiger von den Franzosen im Vorjahr zerstörten Grenzwerke, zusätzlich auch die Befestigung von Gent und Brüssel.

Südlich der zukünftigen Hauptstadt Belgiens, unmittelbar nach dem Austritt der Charleroi-Chaussee aus dem Wald von Soignies war das Auge des Herzogs auch auf eine etwa vier Kilometer lange Geländeerhebung beiderseits der Chaussee von Brüssel nach Genappe gefallen. Ihr Zentrum bildete die Kreuzung der Chaussee mit dem Ohain-Weg, der entlang des gesamten Höhenrückens grob in ost-westlicher Richtung verlief. Sein westlicher Teil passierte, von der Kreuzung abgehend, auf einer Strecke von etwa 400 Metern einen Hohlweg mit anderthalb bis zwei Meter hohen Böschungen auf jeder Seite. Auf seinem östlichen Arm, wo später Pictons Brigaden standen, war er beidseitig von Hecken gesäumt. Ein erhebliches Hindernis, das Angreifern wie Verteidigern die Sicht nahm und für beide Seiten unangenehme Überraschungen bereithielt. Die Chaussee von Brüssel nach Charleroi selbst teilte das gesamte zukünftige Schlachtfeld genau in zwei Hälften.

Von hier aus jedenfalls konnte eine niederländische Armee, verstärkt durch verbündete Kontingente, leicht die zwei wichtigsten Annäherungswege von Nivelles und Charleroi nach Brüssel kontrollieren, die nur einen Kilometer weiter nördlich bei der kleinen Ortschaft Mont St. Jean zusammenliefen. Jeder Angriff einer französischen Armee, gleich ob er über Mons oder über Charleroi kam, führte genau auf diese Stellung.

Als „Meister der Defensive" hatte Wellington auch sogleich erkannt, dass das Plateau hinter dem Höhenrücken mit seinen zahlreichen Einschnitten dem Verteidiger die Möglichkeit bot, seine Kräfte geschützt gegen jede Feindsicht aufzustellen und nach Bedarf zu verschieben.

Mehrere befestigte Gehöfte oder kleine Schlösser im Vorfeld der Position würden bei geschickter Verteidigung die Kolonnen des Gegners lange genug aufhalten und zersplittern, ehe sie überhaupt den Höhenrücken erreichten.

Etwas abgesetzt vor der rechten Flanke, kaum 200 Meter südöstlich der Straße nach Nivelles, fand sich das Gut Goumont, eine ummauerte Gebäudegruppe mit ausgedehnten Gärten und nach Süden durch ein 500 Meter breites Wäldchen gedeckt. Ein ebenfalls ummauertes Farmhaus, La Haye Saint, befand sich etwa einen Kilometer weiter östlich dicht an der Chaussee nach Charleroi und damit genau vor der Mitte der Stellung. Auf ihrem linken Flügel wiederum boten sich die Gehöftegruppen Papelotte und La Haie sowie das kleine Schloss Frischermont als weitere Wellenbrecher an.

Das Gehöft von La Haye heute.

Ehe Wellington nach Paris weitergereist war, wo er schließlich am 26. August 1814 eintraf, hatte er seine Topografen noch eine Skizze des Geländes anfertigen lassen.

Kaum zehn Monate später war aus der entfernten Möglichkeit harte Realität geworden. Schon vor dem Rückzug von Quatre Bras nach Norden war der Herzog zu dem Entschluss gelangt, in genau dieser Position südlich von Mont St. Jean eine Schlacht gegen Napoleon anzunehmen, wenn ihm die Preußen wenigstens mit einem Armeekorps zu Hilfe kamen.

Im Vergleich zu den Stellungen, in denen Wellington während seines spanischen Feldzugs gekämpft hatte, musste er hier allerdings einige Nachteile in Kauf nehmen. So gab es auf seiner rechten Flanke, die durch die Straße nach Nivelles markiert war, keinerlei Geländehindernisse, auf die er wie etwa früher in Spanien seine Verteidigung hätte stützen können. Das Gut Goumont war zwar mit seiner hohen Ummauerung an sich eine starke Bastion, lag aber doch zu weit vor der übrigen Stellung und lief daher Gefahr rasch vom Feind abgeschnitten zu werden. Gelang es den Franzosen tatsächlich, ihn an dieser Flanke zu umgehen, war sein Rückzug hinter die Schelde ernsthaft bedroht.

So war es nicht erstaunlich, dass Wellington genau hier einen wesentlichen Teil seiner besten Verbände konzentrierte. Von seinen acht britischen Infanteriebrigaden, denen er verständlicherweise noch am meisten vertraute, setzte er immerhin fünf auf dem rechten Flügel ein, darunter auch seine drei Gardebrigaden Maitland, Adam und Byng. Außerdem hatte der Herzog die Brigade du Plat der Königlich Deutschen Legion nach rechts verschoben. Diese Formation kämpfte bereits seit 1803 als eine Art von Fremdenlegion in Großbritanniens Diensten und war stark von der britischen Armee geprägt. Im Feldzug von 1815 stellte sie insgesamt zwei Brigaden mit rund 6000 Mann. Ihre Offiziere und Mannschaften rekrutierten sich hauptsächlich aus deutschen Freiwilligen. In Wellingtons Wertschätzung kam sie gleich nach den britischen Verbänden.

Im Mittel betrug die Stärke der aus jeweils vier Bataillonen zusammengesetzten Brigaden etwa 2000 Mann.[77] Insgesamt hatte er somit auf dem rechten Flügel knapp 12 000 Mann seiner besten Infanterie massiert. Dahinter waren auf Befehl des Herzogs in zweiter Linie noch vier von acht Brigaden seiner Kavalleriereserve in Bereitstellung.

Goumont selbst hatte Wellington zu Beginn der Schlacht mit einem 1500 Mann starken Detachement aus den verschiedensten Verbänden besetzt, darunter vier leichte Kompanien der Garde. Es war charakteristisch für die Führungspraxis des Herzogs auch während der späteren Schlacht, dass er selbst einzelne Bataillone oder sogar Kompanien verschob und seinen Kommandeuren ihr Verhalten im Detail vorschrieb. So hatte er aus dem Zentrum auch einige Hundert Jäger der hannoverischen Brigade des Grafen Friedrich von Kielmansegg in das Schloss beordert. Wie die Leichten Kompanien der Briten kämpften die deutschen Jäger mit der *Baker Rifle,* die wegen ihres gezogenen Laufes genauer und weiter schoss als die gewöhnlichen Musketen, dafür aber einen höheren Ladeaufwand verursachte. Auf französischer Seite benutzten dagegen auch die *Tiralleurs* Glattrohrmusketen, weil Napoleon gezogene Läufe wegen ihrer schnellen Verkrustung ablehnte.

Eine der wichtigsten Positionen war La Haye Sainte im Zentrum von Wellingtons Stellung. Sechs Kompanien vom 2. Leichten Bataillon der Königlich Deutschen Legion unter dem Kommando von Major Georg Baring, kaum 400 Mann, erhielten bei Tagesanbruch den Auftrag, das ummauerte Gehöft zu besetzen. Das scheint eine erstaunlich geringe Zahl angesichts der unübersehbaren taktischen Bedeutung des Gehöfts. Dort angekommen, mussten Barings Männer zunächst einmal feststellen, dass andere Truppen während der Nacht das Haupttor als Feuerholz verwendet hatten. Es konnte daher nur notdürftig gesperrt werden. Nicht einmal Werkzeug zum Heraushauen von Schießscharten oder zum Fällen der Obstbäume auf der Südseite des Hofes war vorerst vorhanden.

„Die Franzosen bezogen ihre Aufstellung uns gegenüber. Unser rechter Flügel stützte sich auf einen Wald, in dem die leichte Infanterie untergezogen war. Dort würde der Gegner mit hoher Wahrscheinlichkeit als erstes angreifen. Unsere Brigade stand in der vordersten Linie ganz rechts, auf einem Hügel oberhalb des Waldes. In Erwartung eines Angriffs verbrachten wir die gesamte Nacht unter Waffen, während es so stark regnete, dass wir bis zu unseren Waden im Schlamm versanken.

Verständlicherweise mochte sich niemand hinlegen und manche von uns befiel bald ein Fieber. Ich teilte mir eine Decke mit einem anderen Offizier und Dank einer Portion Gin hielten wir uns ganz gut. Doch wir hatten nur ein einziges Feuer und Du kannst Dir unseren Zustand gar nicht vorstellen. Wir hatten ein Karree gebildet und waren während der Nacht zweimal alarmiert worden, feindliche Kavallerie abzuwehren. Doch beide Male erwies es sich als Fehlalarm. Kurz nach Tagesanbruch schickte uns der Versorgungsoffizier (*Commissary*) unter den größten Schwierigkeiten eine Portion Gin und wir fanden sogar eine alte Kiste mit Roggenbrot, das wir uns zum Frühstück genehmigten. Jeder war jetzt guter Stimmung. Das Holz der Kiste ergab ein paar gute Feuer. Nachdem wir auch etwas Stroh erhalten hatten, kam ich jetzt noch zu ein paar Stunden Schlaf. Gegen zehn Uhr wurden wir aufgestellt und sahen, dass die Franzosen nunmehr in langen Kolonnen zum Angriff übergingen."

Aus: Clover, The Waterloo Archive, Bd. IV, S. 147

Auf Wellingtons linkem Flügel, der, wie er hoffte, in einigen Stunden von den Preußen unterstützt werden würde, standen die beiden britischen Brigaden Kempt und Pack, allerdings nicht allzu weit von der Chaussee. Sie gehörten wie auch die hannoverische Brigade Vincke zu Pictons 5. Division. Beide Verbände hatten bereits bei Quatre Bras gekämpft und dort ein Viertel ihrer Leute verloren.[78] In der Mitte der Briten, aber gut 150 Meter vorgeschoben auf der feindwärtigen Seite des Ohain-Weges, verharrte seit dem Vorabend die niederländische Brigade des Generalmajors Graf von Bijlandt. Ihre exponierte Position verdankte sie allerdings keinem taktischen Entschluss, sondern der mangelnden Absprache unter den beteiligten Stäben.[79] Man hatte schlicht vergessen, der Brigade am Morgen neue Befehle zu erteilen, und Bijlandt wagte es bisher nicht, selbstständig den Fehler zu korrigieren. Zwar war es in Wellingtons Augen ein schwerer Missgriff, Truppen so offen am abfallenden Hang zu positionieren, und noch zwei Tage zuvor hatte er deswegen die Preußen vor der Schlacht von Ligny kritisiert, doch jede Form von Eigenmächtigkeit pflegte er wiederum streng zu ahnden.

In der zweiten Linie des Zentrums hielten sich zwischen der Kreuzung und der Ortschaft Mont St. Jean die Unionsbrigade von Sir William Ponsonby sowie die 2. Leichte Niederländische Kavalleriebrigade von Generalmajor de Ghigny bereit. Gegen Mittag erwartete der Herzog noch die mit ihren 2500 Mann vergleichsweise starke Infanteriebrigade von Generalmajor Sir John Lambert, die nach ihrem Eintreffen zunächst bei Mont St. Jean verbleiben sollte.[80] Den linken Abschluss der Schlachtordnung bildeten die beiden hannoverischen Brigaden Best und Vincke mit jeweils vier Landwehrbataillonen, zusammen etwa 5000 Soldaten. Den äußersten Punkt des linken Flügels, schon auf halbem Weg nach Ohain, hielten die beiden britischen Kavalleriebrigaden Vivian und Vandeleur. Im Vorfeld des Ohain-Weges, etwa 700 Meter von den Hannoveranern entfernt, hatte die 2. Niederländische Brigade des Herzogs Bernhard von Sachsen-Weimar die beiden Gehöfte Papelotte und La Haie besetzt, vermindert allerdings um ein Bataillon, das Wellington in Goumont eingesetzt hatte.

Nicht mehr zu Wellingtons unmittelbarer Gefechtsgliederung zählte das Korps des Prinzen Frederik von Oranien im Raum von Hal-Tubize, gut 15 Kilometer westlich des zukünftigen Schlachtortes. Mit seinen 17 000 Mann konnte es daher kaum in den bevorstehenden Kampf eingreifen. Tatsächlich diente es in seiner isolierten Position ausschließlich dazu, Wellingtons Armee den Rückzug zur Schelde offen zu halten. Dass der Herzog von Anfang an auf ein Fünftel seiner Armee verzichtete, zeigte, dass er keineswegs bereit war, in der bevorstehenden Schlacht ein volles Risiko einzugehen. Zwar hatte ihn am 18. Juni um 3 Uhr morgens in seinem Quartier in Waterloo Blüchers schriftliche Zusicherung erreicht, er werde bei Tagesanbruch mit zwei Armeekorps von Wawre aufbrechen, um ihn bei Mont St. Jean zu unterstützen.[81] Wellington musste jedoch damit rechnen, dass der misstrauische Gneisenau erst den Kanonendonner der Schlacht abwarten würde, ehe er seine Kolonnen nach Westen marschieren ließ. Kamen die Preußen also zu spät oder überhaupt nicht, musste er sich eine Option offenhalten. Bei einem raschen Durchbruch Napoleons, wozu sich der linke Flügel geradezu anbot, konnte Wellington immer noch mit seinem rechten Flügel, Teilen des Zentrums und der Kavallerie nach Westen ausweichen. Die beiden niederländischen Brigaden und Teile der deutschen Verbände wären dann jedoch gezwungen, sich nach Norden oder nach Osten in Richtung der Preußen zu orientieren. Die Aufgabe Brüssels war somit eine Eventualität, über die Wellington auch den dortigen britischen Geschäftsträger, Sir Charles Stuart, in den frühen Morgenstunden informierte. Man möge alle Vorbereitungen treffen, um britische Staatsbürger in Sicherheit zu bringen, aber in absoluter Diskretion, um keine Panik in der Stadt zu verursachen. Dem Gouverneur von Antwerpen wiederum befahl er, die Festung in Belagerungszustand zu versetzen und Sorge dafür zu tragen, dass Ludwig XVIII. mit seinem Gefolge dort aufgenommen werden könne.[82]

Für den Herzog war es nicht die Frage, ob die Franzosen seine Stellung durchbrechen würden, sondern nur, wann. Diesen Moment durch einen sparsamen Einsatz seiner Reserven so lange wie möglich hinauszuschieben, war die Aufgabe des heraufziehenden Tages. Wellington hatte, das starke Detachement in Hal-Tubize nicht mitgerechnet, knapp 68 000 Mann mit 156 Geschützen zur Verfügung. Dass Napoleon mehr als 30 000 Mann unter Marschall Grouchy zur Verfolgung der Preußen eingesetzt hatte und ihm somit numerisch nur mehr knapp überlegen war, konnte er zunächst nicht wissen.

Auf Lord Uxbriges Frage, ob er nicht als Stellvertreter im Kommando in seine Pläne eingeweiht werden sollte, für den Fall, dass ihm [dem Herzog] etwas zustoße, erwiderte der Angesprochene kühl, dass er keine habe. Der Gegner werde ihm seine Pläne diktieren. Alles käme auf Blücher an.

Doch die Preußen in Wawre ließen sich viel Zeit und agierten an diesem Morgen auch nicht sehr glücklich. Bülows IV. Korps, das bei Ligny nicht mehr zum Einsatz gekommen war, sollte mit seinen 32 000 Mann die Speerspitze der Armee bilden, gefolgt vom II. Korps. Doch Bülows

Östlicher Teil des Schlachtfeldes aus englischer Sicht, im Hintergrund La Belle Alliance.

Brigaden hatten östlich von Wawre biwakiert und mussten, nachdem sie bereits um 5 Uhr aufgebrochen waren, noch durch den ganzen Ort mit seinen engen und gewundenen Gassen. Ein Brand in der Stadt verzögerte den Durchmarsch um mindestens zwei Stunden, sodass Bülows Korps einschließlich seiner Nachhut erst um 15 Uhr bei Chapelle St. Lambert versammelt war.[83] Die Preußen hatten somit zehn Stunden für 15 Kilometer benötigt. Die Truppe hatte auch an diesem Tage noch keinerlei Verpflegung erhalten, da Bülow den gesamten Tross nach Löwen beordert hatte. So zogen die Soldaten schließlich hungrig in die Schlacht.[84] Noch während sich die Kolonnen des IV. Korps durch Wawre mühten, hatte Blücher seinen Stabschef Gneisenau instruiert, auch Zietens I. Korps folgen zu lassen, wenn sich herausstellte, dass es gegen Grouchy nicht benötigt wurde. Darauf war er an die Spitze seiner Truppen geritten und schon gegen Mittag zusammen mit Bülow in Chapelle St. Lambert eingetroffen. Wellingtons linker Flügel lag jetzt nur noch fünf Kilometer von ihnen entfernt.

9. Mit dem Kopf durch die Wand – Napoleon will den Durchbruch

Die Gefechte der vorangegangenen drei Tage hatten die Stärke der *Armée du Nord* bereits deutlich schrumpfen lassen. Vier Tage nach Überschreiten der Grenze vermochte Napoleon nicht mehr als 72 000 Mann gegen die vereinigte englisch-niederländisch-deutsche Armee aufzubieten. 20 000 Soldaten waren in den beiden Schlachten von Ligny und Quatre Bras bereits ausgefallen. Mehr als 30 000 Mann unter Grouchy hatte der Kaiser am Vortag zu einer nutzlosen Beobachtungsmission auf dem rechten Ufer der Dyle ausgeschickt, weit außerhalb seiner Kontrolle, wie sich zeigen sollte. Zu allem Überfluss war die stark dezimierte Division des vor zwei Tagen getöteten Generals Jean Baptiste Girard mit immerhin noch 2500 Mann auf dem Schlachtfeld von Ligny zurückgelassen worden.[85] Allein an Artillerie besaß Napoleon ein deutliches Übergewicht gegenüber Wellington. Zwar hatte er den Beginn der Schlacht zunächst auf 9 Uhr festgelegt, doch der Dauerregen am Vortag und noch in der Nacht hatte das Gelände derart stark aufgeweicht, dass die Geschütze, von denen die größeren Zwölfpfünder immerhin bis zu einer Tonne wogen, vorerst unmöglich in ihre Stellungen gezogen werden konnten. Der Korse folgte daher dem Rat seines Artilleriekommandeurs, des Grafen Antoine Drouot, den Angriffsbeginn um wenigstens zwei Stunden zu verschieben. Drouot gehörte neben Cambronne und Bertrand zu dem engen Kreis von Generalen, die auf eigenen Wunsch Napoleon in sein Exil nach Elba gefolgt waren, und genoss daher dessen absolutes Vertrauen. Es war nicht zu bestreiten, dass der Boden erst abtrocknen musste, doch in früheren Feldzügen hatten derartige Umstände die Entschlüsse des Kaisers noch nicht beeinflusst. Ein Napoleon in seinen besseren Tagen hätte wenigstens die drei Vorposten Wellingtons in Goumont, La Haye Sainte und Papelotte schon jetzt besetzen lassen, um damit seinen Hauptangriff vorzubereiten.

Schien ihm somit die Zeit für den echten Kampf noch nicht gekommen, so ließ sich die Zwangspause vielleicht zu einem Akt der psychologischen Kriegführung nutzen. Napoleon entschloss sich nunmehr, dem Gegner das Schauspiel seiner Armee in ihrer gesamten Stärke zu präsentieren. Kaum einen Kilometer vor den schon seit Stunden in ihren Positionen verharrenden Briten, Niederländern und Deutschen entfernt marschierten gegen 10 Uhr die französischen Divisionen, begleitet von schmetternden Militärkapellen, auf dem Plateau von Rossomme in dichten Formationen auf und begrüßten den an ihnen vorbeireitenden Kaiser mit ihrem gewohnten und weithin hörbaren „Vive l'Empereur". In ihren Rucksäcken trugen sie die Paradeuniformen, in denen sie am Abend in Brüssel einziehen wollten. Es war ein für Napoleon gänzlich untypisches Schauspiel, das aber den Gegner nachweislich beeindruckte und ihm noch einmal seine Siegeszuversicht demonstrieren sollte. Wir haben 90 Prozent der Chancen, der Gegner aber nicht einmal zehn, hatte er kurz zuvor noch in seinem Quartier in Le Caillou seinen skeptischen Generalen verkündet.[86]

Die Franzosen beißen sich an Goumont fest

Seinem Kontrahenten Wellington waren derartige Rituale fremd. Ein enges Verhältnis zu seinen Soldaten, wie es Napoleon so demonstrativ pflegte, besaß er nicht. Wiederholt hatte er auch seine alten Kämpfer als „Abschaum der Erde" bezeichnet. Es brandete ihm nun auch kein vergleichbarer Jubel entgegen, als er kurz vor Beginn der Schlacht ebenfalls seine Reihen abritt. Die Truppe liebte ihn nicht, doch sie respektierte und bewunderte ihn umso mehr wegen seiner Ruhe, seines taktischen Gespürs und seiner Unerschütterlichkeit in kritischen Situationen. Von Hauptmann Kingcaids Männern vom 1. Bataillon des 95. Regiments, die sich in der Sandkuhle oberhalb von La Haye Sainte verschanzt hatten, ließ er sich bei dieser Gelegenheit einen Becher Tee reichen und lobte das Getränk.[87] Es war das Äußerste, wozu er sich in seiner Abneigung gegen jede Form von Jovialität überwinden konnte.

Gegen 11 Uhr endete sämtliches Vorgeplänkel. Wer jetzt noch von den englischen und deutschen Soldaten plündernd im Hinterland unterwegs war, kehrte rasch ins Glied zurück und musste mit ansehen, wie die Franzosen ihre Ausgangsstellungen bezogen.[88] Der Beginn der Schlacht stand unmittelbar bevor. Der erste Kanonenschuss soll um 10.45 Uhr abgegeben worden sein. So jedenfalls lautete knapp zwei Dekaden später die Auskunft von Hauptmann F. Powell von der 1. Gardebrigade an den Historiker und Offizier William Siborne. Powell will damals auf seine Uhr geschaut haben, als die französische Artillerie das Feuer auf das Gut Goumont eröffnete.[89] Doch Siborne selbst gab in seiner Schilderung der Schlacht 11.30 Uhr als Beginn an.[90] Auch nach französischer Darstellung können die Feindseligkeiten keinesfalls vor 11 Uhr eingesetzt haben. Denn erst zu diesem Zeitpunkt hatte Napoleon seinen Gesamtbefehl diktiert und dabei General Reilles II. Armeekorps den Auftrag erteilt, einen Ablenkungsangriff auf Goumont zu führen. Wellington sollte dort seine Reserven einsetzen und damit möglichst sein Zentrum schwächen, so das Kalkül des Korsen, der die Sorge des Gegners um seine rechte Flanke längst durchschaut hatte.[91]

Eine Batterie des Reilleschen Korps, die den Vorstoß der Infanterie überwachen sollte, gab also tatsächlich wenige Minuten nach 11 Uhr die ersten Schüsse der Schlacht ab. Reille ließ zunächst seine 6. Division angreifen, die von Jérôme Bonaparte geführt wurde. Links flankiert wurden die Angriffskolonnen von der Kavalleriedivision Piré, die beiderseits der Straße nach Nivelles Aufstellung bezogen hatte. Schon diese erste Aktion der Franzosen war jedoch von schweren Kommunikationspannen geprägt. Der jüngste Bruder des Kaisers zeigte sich von Anfang an fest entschlossen, den Gutshof zu stürmen. Obwohl es nur sein Auftrag war, den Gegner bei Goumont zu beschäftigen, trieb er seine Soldaten ohne Rücksicht auf Verluste voran. Die vier Regimenter seiner Division drangen beherzt in das Wäldchen südlich des Schlosses ein und drängten den dort verschanzten Feind, Graf Kielmanseggs Jäger sowie ein Bataillon Nassauer, allmählich gegen die Ummauerung von Goumont zurück. Doch vor dem mit Schießscharten versehenen Hindernis blieb der Angriff der Franzosen vorerst liegen. Wer auf die etwa zwei Meter hohe Mauer zu steigen versuchte oder gar in das Innere des Hofes gelangte, wurde sofort getötet. Es fehlten

Leitern, und Jérôme kam es vorerst auch nicht in den Sinn, seine Artillerie nachzuziehen. So blieb den Franzosen nur der Rückzug ins Wäldchen, wobei sie einige Hundert Tote und Verletzte auf dem nur 30 Meter breiten Wiesenstück zwischen Mauer und Wald zurücklassen mussten.[92]

Auch ein bald darauf gegen die Nordseite geführter Angriff drang nicht durch. Immerhin glückte es einem Zug Franzosen von etwa 25 Mann zunächst, das dort befindliche Haupttor aufzubrechen und in den Hof einzudringen. In einem mörderischen Handgemenge schafften es die Verteidiger, die Torflügel wieder zu schließen und sämtliche ins Innere eingedrungenen Angreifer niederzumachen. Alle Hoffnungen auf einen raschen Erfolg waren damit zunichtegemacht.

Doch ihre wiederholten Rückschläge steigerten noch die Entschlossenheit der Franzosen und ihres Kommandeurs. Gegen 13 Uhr griffen auch zwei Regimenter der Division Foy in das Gemetzel ein. Sie sollten den Druck auf Wellingtons rechten Flügel aufrechterhalten, während Napoleon sich gleichzeitig anschickte, dessen linken Flügel mit aller Macht zu attackieren.

Auch wenn der Gutshof während der gesamten Schlacht nur ein Nebenschauplatz blieb, flauten die Kämpfe dort niemals ab und banden praktisch die Hälfte des II. Armeekorps. Dessen verbleibende anderthalb Divisionen konnten während des gesamten Tages keine nachhaltige Wirkung erzielen. Am Ende des beinahe zehnstündigen Kampfes hatten beide Seiten zusammen fast 3000 Mann verloren, der überwiegende Teil davon waren Franzosen. Doch Gut Goumont, das schließlich durch französischen Mörserbeschuss bis auf seine Mauern niedergebrannt war, war noch in der Hand der Verteidiger, als gegen kurz nach 20 Uhr Napoleons Armee zusammenbrach.

Grouchy verfolgt die Preußen nur langsam

Etwa 20 Kilometer weiter östlich hatte Marschall Grouchy gegen 10 Uhr von Gembloux kommend, wo er die Nacht verbracht hatte, die Ortschaft

Walhain erreicht, eine Marschleistung von kaum zehn Kilometern. Nach Sichtung sämtlicher Nachrichten über die Preußen hatte sich nunmehr sein Eindruck verfestigt, dass Blücher mit wenigstens drei seiner Armeekorps auf Brüssel marschiere, um sich erst dort mit Wellingtons Armee zu vereinigen. Er selbst, so schrieb er gegen 11 Uhr an Napoleon, wolle am Abend mit beiden Armeekorps und seiner Kavallerie in Wawre sein. Damit glaubte er tatsächlich genug zum Schutz der rechten französischen Flanke bei Mont St. Jean getan zu haben.

Grouchy schien auch jetzt nicht in besonderer Eile zu sein. Während die Preußen mit leeren Mägen auf Chapelle St. Lambert marschierten, gewährte er seinen Männern viel Zeit, ihr Frühstück einzunehmen, und setzte sich selbst im Haus des Notars Hollert mit seinem Stab zu Tisch. Die Mahlzeit war kaum beendet, da hörten Grouchy und seine Offiziere den ersten Kanonendonner aus westlicher Richtung. Der anschwellende Geschützlärm machte allen Anwesenden bald klar, dass es mehr als nur ein Rückzugsgefecht sein musste. Die Gruppe, verstärkt durch General Gérard und General Baltus, den Befehlshaber der Artillerie, war inzwischen in den Garten hinausgetreten und spürte dort, wie der Boden unter ihren Füßen erzitterte. Es bestand kein Zweifel, dass der Kaiser nunmehr Wellington mit aller Macht angriff. Es war 11.30 Uhr. Die große Schlacht der beiden Hauptarmeen hatte begonnen. Gérard forderte sogar vehement, sofort nach Westen zu marschieren: „Herr Marschall, es ist Ihre Pflicht, dem Ruf der Kanonen zu folgen!“ Als Grouchy dies mit der Begründung ablehnte, der Beginn der Schlacht bedeute keine grundsätzliche Lageänderung, die es rechtfertige, von den Befehlen des Kaisers abzuweichen, bat Gérard um die Erlaubnis, wenigstens mit seinem eigenen Korps der Hauptarmee zu Hilfe zu eilen. Erwartungsgemäß lehnte Grouchy, der Gérards Ton vor den versammelten Offizieren als Provokation empfinden musste, auch diesen letzten und höchst ungewöhnlichen Antrag seines Untergebenen ab. Er könne und wolle seine Kräfte nicht teilen, lautete seine Antwort. Dann ritt er im Galopp davon.[93]

Die Preußen kommen

Was Grouchy und seine Generale in Walhein gehört hatten, war allerdings
nur der Lärm der Geschütze des Reilleschen Korps, welche die britischen
Brigaden auf den Höhen hinter Goumont beschossen. Napoleons große Kanonade setzte dagegen erst wenige Minuten nach 13 Uhr ein. 84
Geschütze aller Kaliber, darunter 36 Zwölfpfünder, sollten Wellingtons
linken Flügel zerschmettern und den Kolonnen des I. Armeekorps den
Weg zur Höhenkuppe bahnen.

Noch ehe jedoch die Beschießung begann, bemerkte Napoleon von
seinem Platz in Rossomme aus um kurz nach 13 Uhr im Osten einen
dunklen Schatten am Ausgang des Waldes von Chapelle St. Lambert.
Nach kurzer Diskussion mit Soult und anderen Offizieren bestand bald
Einigkeit, dass es sich um eine marschierende Kolonne handelte. Ein
kurz darauf von der Kavallerie eingebrachter preußischer Kurier machte
die anfängliche Hoffnung des Kaisers zunichte, es könne sich dabei um
Grouchys Truppen handeln. Der abgefangene preußische Offizier hatte
eine Botschaft Blüchers an Wellington mitgeführt, in welcher der Marschall dem Herzog mitteilte, dass die Masse seines IV. Korps bei Chapelle
St. Lambert eingetroffen sei. Der Gefangene, der gut französisch sprach,
bestätigte mit sträflicher Freimütigkeit noch einmal ausdrücklich, dass
es tatsächlich Bülows frische Brigaden seien, die sich nun der rechten
französischen Flanke näherten.

Der Kaiser blieb gefasst und schickte sofort das Korps Lobau sowie
zwei Kavalleriedivisionen nach Frischermont, was jedoch längst nicht aus-
reichte, um 30 000 Preußen aufzuhalten. Grouchy musste ihn unbedingt
unterstützen. Napoleon diktierte Soult einen neuen Befehl an den Führer
seines rechten Flügels: Verlieren Sie keine Minute und schließen Sie zur
Hauptarmee auf. Zerschlagen Sie Bülow noch auf dem Marsch.[94] Wenn
Grouchy nur schnell genug marschierte, ständen die Chancen auch jetzt
immer noch 60 zu 40, bemerkte er zu seinem Stabschef. Doch Napoleon wusste genau, dass der Marschall mit seinen beiden Armeekorps unmöglich vor dem frühen Abend eintreffen konnte, zumal der Kurier den

längeren Weg über Quatre Bras und Gembloux nehmen sollte. Alles kam daher darauf an, möglichst rasch Wellingtons Zentrum zu durchbrechen.

Die Artillerie erhielt den Befehl, das Feuer zu eröffnen. Fast eine halbe Stunde schleuderten 84 Geschütze ihre todbringende Last in Wellingtons Reihen. Insgesamt 5000 Geschosse – bei einer Frequenz von zwei Schüssen in der Minute – durchfurchten den Boden jenseits des Höhenzuges und verursachten beträchtliche Verluste in den vier Glieder tief stehenden Formationen des Gegners. Selbst Ponsonbys Kavallerie in der zweiten Linie blieb von dem Beschuss nicht verschont und versuchte durch einen Stellungswechsel ihre Verluste zu reduzieren.[95]

Um 13.30 Uhr glaubte Napoleon den Gegner genügend durch die Kanonade geschwächt und gab Ney den Befehl, d'Erlons Kolonnen vorrücken zu lassen. Die vier Divisionen des Grafen, insgesamt 20 000 Mann, hatten bisher noch keinerlei Feindberührung gehabt und offenbar nur darauf gewartet, endlich angreifen zu dürfen. Ein leichter Erfolg schien ihnen zu winken und ihr begeistertes „Vive l'Empereur" erschallte weithin über das Schlachtfeld. Die Spitze des Korps bildete General Quiots 1. Division, die mit einer Brigade südlich von La Haye Sainte die Charleroi-Chaussee kreuzte, um das Gehöft von Westen her anzugreifen. Eine zweite Brigade attackierte frontal die Sandmulde oberhalb des Gemäuers, in der sich drei Rifle-Kompanien der Brigade Kempt verschanzt hatten, darunter auch die von Hauptmann Kingcaid. Mit ihrem gezielten Feuer dezimierten die Briten die voraus angreifenden Tirailleure und brachten die folgenden Kolonnen vorerst zum Stehen. Währenddessen ritt auf der linken Seite von La Haye Sainte die Kürassierbrigade Dubois ein Bataillon der Lüneburger Miliz nieder, das Major Barings Legionäre im Gehöft verstärken sollte. Danach stießen die Kürassiere weiter auf die Höhenkuppe mit dem Hohlweg vor.

Rechts neben Quiot griffen die beiden Divisionen Donzelot und Margognet Wellingtons linken Flügel an. Beide Generale hatten ihre Verbände abweichend vom gewohnten Verfahren in breiter Gliederung zu einer Front von fünf Kompanien formiert. Das brachte ihnen den Vorteil einer höheren Feuerkraft von etwa 400 Gewehren, war aber um den Preis einer geringeren Manövrierfähigkeit erkauft und sollte bald bittere Konsequenzen haben.

Auf den äußersten rechten Flügel d'Erlons marschierte die Division Durette gegen die nassauische Brigade des Prinzen Bernhard von Sachsen-Weimar, die sich in den Gehöften Papelotte und La Haie verschanzt hatte.

In wenigen Minuten hatten die beiden mittleren Kolonnen die Höhenkuppe erreicht und die vorwärts des Ohain-Weges positionierten Leichten Kompanien des Gegners zurückgeschlagen. Graf von Bijlandts Brigade, die doch noch kurz vor Beginn des Angriffs von Wellington persönlich zurückgenommen worden war, geriet jetzt unter das Feuer der Tirailleure, die in Massen durch das Buschwerk beiderseits der Straße gestoßen waren. Nach kurzem Feuerkampf wichen diese Kräfte aber wieder aus und gaben damit den Blick frei auf die Spitze der Division Margognet. Eine Salve aus beinahe 400 Musketen zerschlug die beiden vordersten Bataillone der niederländisch-belgischen Brigade, der Rest floh auf die zweite Linie, als die Franzosen mit gefälltem Bajonett den Ohain-Weg überschritten und auf das Plateau vordrangen. Etwa 150 Meter nördlich der Straße befanden sich die beiden britischen Brigaden Kempt und Pack. Während der Kanonade hatten sich die Männer auf den Boden gelegt, jetzt aber sprangen sie auf General Pictons Befehl mit einem Mal auf und formierten sich, kaum 30 Meter von den Spitzen des Feindes entfernt, zur Schützenlinie. Eine gut platzierte Musketensalve brachte die Franzosen zum Stehen. Picton selbst setzte sich an die Spitze des Gegenangriffs, der die Angreifer zunächst zurücktrieb. Doch das Erscheinen von General Donzelots Division, die links von Margognets Kolonne zunächst die Spitze des Angriffs gebildet hatte, dann aber wegen des Widerstandes an der Sandgrube zurückgefallen war, veränderte die Kräfteverhältnisse zugunsten der Angreifer. Etwa 3000 Briten standen jetzt gegen 8000 Franzosen. In diesem überaus kritischen Moment stürzte General Picton, von einer Musketenkugel tödlich in die Schläfe getroffen, von seinem Pferd.[96] Erneut drückten die Franzosen gegen den Ohain-Weg. Eine Salve von Margognets Männern aus kurzer Distanz dezimierte das 1. Bataillon des 92. Hochlandregiments der Brigade Pack. Wieder standen 400 Musketen gegen nur 150 aufseiten der Briten, womit die aus Spanien gewohnten Verhältnisse tatsächlich auf den Kopf gestellt waren.[97] Die Reste der 92er wichen zurück, bewahrten aber noch ihre Geschlossenheit. Die

Franzosen überschritten hinter ihnen siegesgewiss den Weg und drangen mit dem Ruf „Vive l'Empereur" erneut auf das Plateau vor.[98] Jetzt schien sie nichts mehr aufhalten zu können. Auf der Höhe von Rossomme machte sich bei Napoleon und seinem Stab Euphorie breit. Margognets Kolonne brauchte nur noch nach links einzudrehen und Wellingtons Zentrum über die Charleroi-Chaussee zurückzudrängen. Dann war der Sieg sicher. Noch an diesem Abend konnte die französische Kavallerie in Brüssel sein. Obwohl sich dieser Angriff lange abgezeichnet hatte und Wellington genau wusste, dass sein linker Flügel mit nur sechs geschwächten Brigaden, die alle schon in Quatre Bras gekämpft hatten, kaum dem Ansturm eines ganzen französischen Armeekorps standhalten würde, hatte er keine Verstärkungen entsandt. Er sah auch, dass die Preußen, deren Avantgarde gegen 13 Uhr den Wald von Chapelle Saint Lambert hinter sich gelassen hatte, noch weit davon entfernt waren, ihn zu entlasten.

Seine einzige sofort verfügbare Reserve bestand aus den beiden Kavalleriebrigaden Somerset und Ponsonby. Die erste war hinter dem Zentrum platziert, die zweite hinter dem linken Flügel. Lord Uxbridge zögerte keinen Augenblick, sie jetzt einzusetzen. Zu einer Rücksprache mit Wellington blieb keine Zeit.[99] Uxbridge selbst führte westlich der Charleroi-Chaussee Somersets neun Eskadronen, etwa 1200 Reiter, gegen Dubois Kürassiere. Östlich der Chaussee stürzten sich Ponsonbys drei Elite-Regimenter (Royals, Inniskillings und Scots Greys) auf Donzelots und Margognets Divisionen und richteten in kürzester Zeit ein Massaker unter den Franzosen an. „Die Spitze der feindlichen Kolonne geriet in Panik", so Hauptmann Clark Kennedy von den 7. Königlichen Dragonern, „ihr Feuer brachte noch etwa 20 von uns aus dem Sattel. Dann wandten sich die Franzosen zur Flucht und versuchten, die andere Seite der Hecke zu erreichen. Doch ehe dies gelang, waren wir schon mitten unter ihnen und die ganze Kolonne verwandelte sich in eine wogende Masse. Unsere Gegner waren so sehr eingekeilt zwischen zurückweichenden oder noch nach vorne drängenden Teilen, dass sie ihre Waffen kaum gegen uns einsetzen konnten."[100]

Da die Abstände der französischen Kolonnen zu gering waren, schaffte es keines ihrer Bataillone, ein schützendes Karree zu bilden. Hilflos war die Infanterie den Säbelhieben der schweren irischen und schottischen Reiter ausgesetzt, die wie ein Blitz die erste Linie durchbrochen hatten. Manche Franzosen warfen sich auch einfach zu Boden, stellten sich tot und begannen wieder zu feuern, sobald die Angreifer über sie hinweg waren. Wer noch konnte, floh durch die Senke zurück in den vermeintlichen Schutz der eigenen Artillerie.

DER TROMMLER CANLER – SCHLIESST DIE REIHEN!

„Nachdem sich die Kolonnen formiert hatten, trat General Drouet d'Erlon in unsere Mitte und gab in festem und deutlichem Ton die einzige Parole für diesen Tag: Heute müssen wir siegen oder sterben. Aus allen Mündern folgte als Antwort der Ruf „Es lebe der Kaiser!" Daraufhin setzten sich mit geschultertem Gewehr unsere Kolonnen zu den Schlägen der Trommler in Bewegung und marschierten den englischen Geschützen entgegen, ohne dass wir einen einzigen Schuss abgaben. Darauf begannen die feindlichen Batterien, die bisher nur Kugeln oder Granaten verschossen hatten, uns mit Kanisterladungen zu überschütten, die unsere Kolonnen mit Hunderten von Metallteilen dezimierten.

Wir hatten kaum hundert Schritte zurückgelegt, als der Kommandeur unseres 2. Bataillons, M. Marins, tödlich verwundet wurde. Der Chef meiner Kompanie, Hauptmann M. Duzier wurde gleich von zwei Kugeln getroffen. Ebenso fanden der Adjutant Hubaut und der Fahnenträger Crosse den Tod.

Mitten in diesem Gemetzel ertönte immer wieder die ruhige und tiefe Stimme unserer Chefs, die nur ein einziges Kommando gaben: Schließt die Reihen!

Bei der zweiten Salve der Engländer wurde dem Trommler der Grenadiere, Lecointre, der rechte Arm von einem Splitter abgerissen. Doch dieser außergewöhnlich tapfere Mann marschierte einfach weiter an unserer Spitze, schlug die Trommel jetzt nur noch mit der linken Hand, bis ihm der Blutverlust das Bewusstsein nahm. 1828 habe ich ihn in Paris wiedergesehen, wo er in den „Invaliden" wohnte. Die dritte Salve reduzierte unsere Bataillonsfront zur Kompanie. Wieder ertönte der schreckliche Ruf: Schließt eure Reihen! Dieses Kommando war weit davon entfernt, uns zu entsetzten oder entmutigen, sondern bewirkte beinahe das Gegenteil. Es erhöhte nicht nur unseren Mut und steigerte unsere Entschlossenheit zu siegen, sondern entfachte auch den unbändigen Willen, unsere getöteten Waffenbrüder zu rächen.

Nach etwa 20 Minuten gelangten wir endlich zu der Geländeerhöhung, auf der die Geschütze standen, und begannen, sie zu ersteigen. Der Regen, der während der ganzen Nacht gefallen war, hatte den Boden durchnässt und so aufgeweicht, dass ich meinen Schuh zu verlieren drohte und meine Ferse bereits frei war. Ich hatte mich soeben gebückt, um alles wieder zu richten, da spürte ich, wie ein ungeheurer Stoß mein Tschako nach hinten warf. Es wäre vermutlich heruntergefallen, wenn es nicht durch den Riemen an meinem Kinn befestigt gewesen wäre. Es war ein Geschoss, das mich zweifellos getroffen haben würde, das aber jetzt nur meinen Kopf knapp gestreift hatte und aus der Nummer „28" auf der Plattierung einfach eine „Null" gestanzt hatte.

Immer noch mit geschulterter Waffe stiegen wir zu den Geschützen hinauf, die uns soeben noch mit einer Flut von Metallteilen überschüttet hatten. Doch kaum hatten wir das Plateau erreicht, wurden wir von den Königlichen Dragonern empfangen, die sich unter wildem Geschrei auf uns stürzten. Unsere erste Division fand keine Zeit mehr, ein Karree zu bilden und wurde durch den Angriff zersprengt. Ein wütendes Schlachten setzte ein: Von seinen Kameraden getrennt, kämpfte jetzt jeder nur für sich selbst. Der Säbel und das Bajonett bahnten sich nun allein ihren Weg in das zuckende Fleisch, denn die Abstände waren zu gering, um Feuerwaffen einzusetzen. Bald war die Stellung für die von der Kavallerie eingeschlossenen Infanteristen nicht mehr haltbar. Völlig isoliert fand ich mich rasch entwaffnet und gefangen genommen. Plötzlich aber erschall das Kommando: Im Trab! Und unsere Lanzenreiter und die Kürassiere kamen uns zu Hilfe. Den englischen Dragonern blieb keine andere Wahl. Um den Angriff abzuwehren, mussten sie uns aufgeben. Ich nutzte also meine wiedergewonnene Freiheit, um mich in einem nahen Kornfeld zu verstecken. Währenddessen attackierten die französischen Reiter die Engländer mit solchem Elan, hieben und stießen besinnungslos mit ihren Säbeln und Lanzen auf die Gegner ein, sodass diese unter Zurücklassen etlicher Toter das Feld geschlagen räumen mussten."

Aus: Bernard Giovanangeli (Hrsg.), Waterloo.

La campagne de 1815 racontée par le soldat français, Paris 2004, S. 151–153.

Doch auch hier gab es keine Sicherheit. Im Gefühl ihres Erfolgs setzen Ponsonbys Männer ihren Angriff fort, missachteten sämtliche Rückzugssignale und stießen auf Anhieb durch die französische Geschützlinie südlich von Goumont und La Haye Saint. Allerdings waren nun ihre Pferde bereits erschöpft, ihre Reihen zersplittert und dezimiert. Ein Teil der Scots Greys machte sich bereits in kleineren Gruppen auf den Rückzug, andere dagegen waren noch damit beschäftigt, einzelne Geschütze zu attackieren.

Nun waren die Franzosen an der Reihe zurückzuschlagen. Von seiner Position ganz auf dem rechten Flügel, wo die Division Durette bei Papelotte einige Erfolge gegen die nassauische Brigade „Sachsen-Weimar" erzielt hatte, sah General Jaquinot mit ungläubigen Augen das völlige Umschlagen der Lage bei den beiden Nachbardivisionen. In kürzester Frist zog er eines seiner beiden Ulanenregimenter, die bisher Durette unterstützt hatten, an sich heran, formierte sie zu einer eindrucksvollen Linie und griff Ponsonbys verstreute Schotten mit seinen Lanzenreitern in der Flanke an. „Wäre es uns nur gelungen, hundert Reiter zusammenzubringen, hätten wir einen noch einen respektablen Rückzug zustande gebracht und viele gerettet", so Major de Lancy Evans in seinem Brief an Hauptmann Siborne. „Doch jetzt waren wir ihnen so hilflos ausgeliefert wie kurz zuvor noch ihre Infanterie uns. Jeder wusste, was jetzt geschehen würde. Allein denen, die noch die besten Pferde ritten oder deren Tiere noch nicht erschöpft waren, gelang die Flucht. Einige von uns versuchten, die linke Flanke der Lanzenreiter zu umgehen und hinter ihnen zurückzureiten. Doch sie fielen sämtlich in die Hände des Feindes. Unter ihnen war auch Sir William Ponsonby."[101]

Jacquinots Attacke geriet zu einem wütenden Gemetzel. Pardon wurde jetzt nicht mehr gegeben, und später fanden sich getötete Briten mit bis zu 18 Stichverletzungen. Verzweifelt versuchte Ponsonby seine Leute zu ordnen, war aber bald selbst von französischen Ulanen umringt und kam ebenfalls durch einen Lanzenstich ums Leben. Die Hälfte seiner Leute, an die 600 Mann, war verloren, und der entkommene Rest würde kaum noch in dieser Schlacht, die erst begonnen hatte, zu verwenden sein.

Auch auf dem rechten Flügel, wo Somersets Househoult-Brigade über den Ohain-Weg westlich an La Haye Sainte vorbei in die Senke gestürmt war und die Division Quiot in die Flucht geschlagen hatte, geriet die Attacke außer Kontrolle. Dezimiert von dem flankierenden Feuer der Division Bachelu, deren Regimenter vor Goumont in Bereitschaft standen und schließlich auch von Milhauds Kürassieren attackiert, konnten sich Somersets Männer nur mit Mühe über den Ohain-Weg zurück retten.

Zwei Brigaden der britischen Reservekavallerie waren zwar somit außer Gefecht gesetzt, ein herber Schlag für Wellington, doch für Napoleon war die Bilanz dieser ersten Phase der Schlacht noch schlimmer. Was von d'Erlons Männern dem Gemetzel entkommen war, brauchte mindestens eine Stunde, um sich neu zu ordnen. Lediglich die Division Durette war vom I. Korps noch einsatzbereit. 3000 Gefangene hatten die Briten eingebracht.[102] Es sollten die einzigen Franzosen sein, die an diesem Tag Brüssel erreichten.

10. Neys große Kavallerieattacken

Wellingtons linker Flügel hatte kurze Zeit gewankt, aber wider Erwarten
gehalten. Es war nun beinahe 15 Uhr. Napoleon musste einen neuen
Entschluss fassen. In nur einer Stunde, spätestens aber in zwei würden
mehr als 30 000 Preußen gegen seine rechte Flanke anrennen. Der Kaiser
wusste inzwischen, dass Blücher auf seinem Marsch nach Mont St.Jean
kaum noch von Grouchy aufgehalten werden konnte. Dessen letzte Meldung, am Morgen in Wahlain aufgegeben, war gegen 14 Uhr in Rossomme
eingetroffen und machte unmissverständlich klar, dass der gesamte rechte
Flügel der französischen Armee mit den beiden Korps Vandamme und
Gérard erst am späten Nachmittag Blüchers Nachhut in Wawre angreifen
konnte. Nur mit großem Unbehagen wird sich Napoleon in diesem Moment an seinen gestrigen Befehl erinnert haben, in dem er selbst Grouchy
noch ausdrücklich ermahnt hatte, stets vorsichtig gegen die Preußen zu
agieren.[103] In seiner Hilflosigkeit konnte er jetzt aber nicht mehr tun, als
den inzwischen zwei Stunden alten Appell an seinen jüngsten Marschall,
sofort zur Hauptarmee zu stoßen, noch einmal zu bestätigen.

Bülows Korps, das sich in der Zwischenzeit durch das Tal der Lasne
dem Gut Frischermont näherte, war von Lobau allein unmöglich aufzuhalten. Nach der gestrigen Abgabe der Division Teste an Grouchy war das
Korps des Grafen, der seinen Titel seinen Verdiensten in der Schlacht von
Aspern verdankte, ohnehin nur noch 7500 Mann stark. Teile der Garde
würden ihn vorerst gegen die Preußen unterstützen müssen, bis Grouchy
vielleicht doch am späten Abend noch eintraf.

Auch nachdem sich sämtliche seiner Prognosen in Bezug auf Blücher
als falsch erwiesen hatten, war der Korse nicht bereit, seine Strategie zu
ändern und zur Verteidigung überzugehen. In seinen Augen wäre das
dem Eingeständnis einer Niederlage gleichgekommen, ganz abgesehen
von den verheerenden politischen Folgen in Paris. Doch noch ließ sich
alles zu einem entscheidenden Sieg wenden, wenn nur der Durchbruch
gegen Wellington bald gelang. Nach wie vor war der linke Flügel der

schwächste Punkt des Gegners. Auch der Herzog hatte in den letzten beiden Stunden herbe Verluste hinnehmen müssen. Zwei seiner schweren Kavalleriebrigaden waren nicht mehr kampffähig und Pictons Division, dessen Führung inzwischen Generalmajor Sir James Kempt übernommen hatte, war auf die Hälfte ihrer Stärke reduziert. Einzelne Verbände, wie etwa das 1. Bataillon des 92. Hochlandregiments, hatten sämtliche Offiziere verloren und zählten kaum noch 200 Mann.[104] Allerdings waren die Brigade Vincke sowie die beiden Kavalleriebrigaden Vandeleur und Vivian mit zusammen 2600 Reitern noch vollkommen intakt.

Das britische Zentrum wankt

Sobald sich d'Erlons Divisionen wieder geordnet hatten, befahl Napoleon um 15.30 Uhr den verbliebenen Bataillonen der Divisionen Allix und Donzelot, erneut gegen La Haye Saint anzutreten. Major Barings Männer hatten bis dahin sämtliche direkten Angriffe auf das Gehöft abgewiesen und mit ihrem flankierenden Feuer auch alle anderen Versuche der Franzosen behindert, über die Ohain-Straße auf das Plateau vorzustoßen. Erst wenn La Haye Sainte in französischer Hand war, konnte überhaupt daran gedacht werden, Wellingtons linken Flügel noch einmal zu attackieren. Doch auch dieser neuerliche Angriff blieb zunächst ohne Erfolg, da die französische Infanterie erneut isoliert vorging und Baring kurz zuvor noch zwei Kompanien Verstärkung erhalten hatte.[105] Keinem der Franzosen gelang es, ins Innere des Gehöfts einzudringen.

Während sich d'Erlons Infanterie gegen die königlichen Legionäre eine erneute blutige Abfuhr holte, steigerte die französische Artillerie, jetzt auch unterstützt durch die Geschütze der Garde, noch einmal ihr Feuer auf das Zentrum des Gegners westlich der Chaussee. Dort traf es besonders die Brigaden Kielmansegg und Ompteda. Niemals zuvor hätten seine Soldaten eine derartige Kanonade erlebt, schrieb General Sir Charles Alten, der Kommandeur der 3. Britischen Division, dem die beiden Brigaden unterstanden, zwei Tage später an den Herzog von Cambrigde.[106]

„Über Stunden dem gegnerischen Geschützfeuer ausgesetzt zu sein, ohne selbst irgendetwas tun zu können, gehört wohl zu den schrecklichsten Erfahrungen, die ein Soldat im Gefecht machen kann. Die Geschwindigkeit der Geschützkugel vermochte ich nicht genau zu schätzen, doch es dürften wohl nur zwei Sekunden verstrichen sein von dem Moment an, da das Geschoss die Mündung verlassen hatte, bis zu seinem Aufprall auf die vordere Linie unseres Karrees. Es traf nicht die vier Männer, in deren Rücken ich stand, wohl aber die armen Teufel zu ihrer Rechten. Die Kugel war mit einer gewissen Erhöhung abgefeuert und durchschlug die Knie des Vordersten von ihnen, um vor dem Vierten den Boden zu berühren, wo sie, nachdem sie auch ihn übel zugerichtet hatte, noch einmal abprallte und nur wenige Zentimeter an der Fahnengruppe [in der Mitte des Karrees] vorbei strich. Die beiden Männer in der ersten und zweiten Reihe stürzten nach vorne. Ich glaube nicht, dass sie überlebt haben, die anderen beiden fielen mit einem Aufschrei in das Innere des Karrees.“

Memoiren des Schützen William Leeke aus dem 51. Infanterieregiment. Aus: History of Lord Seaton's Regiment at the Battle of Waterloo, London 1866, Bd. 1, S. 30.

Wellington sah sich nunmehr gezwungen, einige der Bataillone seiner ersten Linie etwa 200 Meter ausweichen zu lassen, wo sie im toten Winkel des Höhenzuges wenigstens nicht mehr dem direkten Feuer der französischen Geschütze ausgesetzt waren.

Offenbar vollzog sich diese Bewegung nicht in bester Ordnung und war daher aus der Distanz kaum noch von dem Strom der Verwundeten und leeren Munitionsfahrzeuge zu unterscheiden, die seit Beginn der Kanonade hinter Wellingtons Schlachtordnung dem rettenden Wald von Soignies zustreben. Ney waren beide Bewegungen nicht entgangen, und obwohl seine Sicht erheblich durch den Pulverdampf beeinträchtigt war, gelangte er jetzt zu der Überzeugung, dass Wellingtons gesamte Armee nunmehr mit ihrem Rückzug begonnen habe. Er konnte nicht ahnen, dass der Herzog in diesem Fall nicht über Brüssel, sondern in westliche Richtung über Hal und Tubize ausgewichen wäre.

Eilig forderte er eine Kürassierbrigade aus Milhauds Kavalleriekorps an, um das Plateau zu besetzen. Die Einwände des Brigadeführers, General Delort, er nehme nur Befehle von General Milhaud entgegen, wies Ney ebenso barsch zurück wie dessen Bedenken wegen des ungünstigen Geländes. Der Kaiser habe ihm die Führung dieser Schlacht übertragen. Er könne daher auch über die Reservekavallerie verfügen.[107]

Neys erste Attacke

Der Kavalleriegeneral fügte sich und bald schien alle Skepsis über Bord geworfen. Als Ney Delorts Brigade links der Chaussee in der Senke unterhalb von La Haye Sainte zum Angriff ordnete, hatte sich ihm ohne besonderen Befehl auch die zweite Brigade Milhauds angeschlossen. Sogar die Gardekavallerie unter Lefebvre-Desnoettes stellte sich zum Angriff bereit, angeblich auf Zuruf Milhauds.[108] Ney musste jedenfalls aus dem unerwarteten Zulauf folgern, der Kaiser selbst habe ihm die zusätzlichen Brigaden zur Unterstützung geschickt und billige daher sein Vorhaben.[109] Hatte nicht Napoleon noch am Morgen in seinem Quartier in Le Caillou angekündigt, er werde den Gegner mit seiner überlegenen Artillerie dezimieren und ihn anschließend mit der Kavallerie angreifen? Waren nicht Wellingtons Brigaden durch die unausgesetzte Kanonade bereits erschüttert und der bevorstehende Angriff nunmehr der erhoffte *Coup de Grace*? Was von Ney zunächst nur als begrenzte Aktion gedacht war, entwickelte sich nun zu einem allgemeinen Angriff fast der Hälfte der französischen Kavallerie. Das uralte Bild der heldenhaft attackierenden Reiterei, die den wankenden Gegner unter ihren Hufen zermalmte und den Sieg erfocht, entfaltete seine volle Suggestivkraft.

Ob es allein aus Herdentrieb geschah oder auf Befehl Napoleons, insgesamt folgten dem Marschall Rogeaux bei seinem ersten Versuch –

mindestens drei weitere sollten noch stattfinden – fast 5000 Reiter. Es war nun 16 Uhr, und das nächste große Drama der Schlacht begann.

Die gewaltige Kavalkade bewegte sich zunächst im Trab den Hang hinauf, wobei sich ihre Front auf nur noch 800 Meter verengte, um dem flankierenden Feuer aus Goumont und La Haye Sainte auszuweichen. Fähnrich Reese H. Gronow vom 1. Bataillon der britischen Garde sah mit seinen Kameraden die Kolonnen aus der Senke heranstürmen.

„Gegen 16 Uhr hörte die feindliche Artillerie vor uns mit einem Mal auf zu feuern und wir sahen riesige Massen von Kavallerie herankommen. Nicht ein einziger Überlebender dürfte jemals die schaurige Pracht dieses Angriffs vergessen. Aus der Entfernung erschien sie wie eine lange, alles überwältigende Linie, die sich ungehindert näherte, wie eine sturmgepeitschte Meereswoge, auf die soeben ein Sonnenstrahl gefallen war. Die Erde schien zu vibrieren unter ihrem donnernden Hufschlag und nichts auf der Welt würde dem Anprall dieser schrecklichen Masse noch standhalten können. Es waren die berühmten Kürassiere, fast alle alte Soldaten, die sich auf den meisten Schlachtfeldern Europas bewährt hatten. In unglaublich kurzer Zeit waren sie auf 20 Meter an uns heran und riefen: „Vive l'Empereu!" Es kam das Kommando: Vorbereiten auf Kavallerie!, und jeder Mann in der vordersten Linie kniete ab und eine Wand aus spitzem Stahl, zusammengehalten von bloßen Fäusten, richtete sich gegen die wütenden Kürassiere."[110]

Auch wenn Wellington so früh mit einem Kavallerieangriff dieses Ausmaßes nicht gerechnet hatte, reagierte er mit professioneller Schnelligkeit auf die neue Bedrohung. Als Neys Männer das Plateau jenseits der Ohain-Straße erreichten, wurden sie zunächst aus kürzester Distanz von der britischen Artillerie mit Kanisterladungen überschüttet. Zahllose Metallteilchen frästen erste Lücken in die geballte Reiterfront. Die Kanoniere hatten von Wellington strikte Order, erst im letzten Moment zu schießen, um dann ihre Geschütze aufzugeben. Die Wirkung dieser Salve war schlimm, doch mehr noch musste es Ney schockieren, dass seine gesamte Aktion auf einem entsetzlichen Irrtum beruhte. Statt auf eine fliehende Armee stießen seine Brigaden jetzt auf beinahe 20 wohlgeordnete Bataillons-Karrees, in denen Wellingtons Kanoniere soeben verschwanden. Wellington hatte die Karrees in zwei Linien schachbrettartig auf dem Plateau verteilt.[111] Der Herzog selbst war, begleitet von nur noch einem einzigen verbliebenen Adjutanten, in den Schutz des 2. Bataillons des 73. Infanterieregiments geritten.[112]

CAVALIÉ MERCER – „UNSER ERSCHEINEN SCHIEN IHNEN MUT ZU GEBEN"

„Etwa gegen 15 Uhr galoppierte Sir Augustus Frazer heran und befahl uns, unsere Geschütze so schnell wir konnten aufzuprotzen. Kaum war dieser Befehl erteilt, stand meine Batterie schon in Kolonne mit Front zum Hügelkamm, wo unsere Hauptstellung verlief. Auf mein Kommando: Im Galopp – Marsch! rückten wir so exakt und gleichförmig wie zu einer Parade voran. Ich ritt neben Frazer, dessen Gesicht vom Pulverdampf so geschwärzt war wie das eines Schornsteinfegers. Den rechten Ärmel seiner Jacke hatte eine Kugel oder der Splitter einer Kanisterladung aufgerissen, aber seine Haut hatte das Geschoss nur gestreift. Er erklärte mir, dass der Feind genau vor der Stellung, zu der er uns führte, eine ungeheure Menge schwerer Kavallerie versammelt hatte, die uns wahrscheinlich angreifen würde, sobald wir unsere Position bezogen hatten.

Die Befehle des Herzogs seien klar, fügte Frazer hinzu. Falls der Feind durchbricht, sollte ich mit meinen Männern auf keinen Fall in der Stellung verbleiben, sondern mich unverzüglich mit ihnen in die nächsten Infanteriekarrees zurückziehen. Während er sprach, waren wir den Hang heraufgekommen. Plötzlich atmeten wir eine völlig andere Luft. Es war zum Ersticken heiß, als hätte man die Tür eines Backofens geöffnet. Dichter Rauch hüllte uns ein und trotz des unaufhörlichen Krachens der Geschütze und Musketen konnten wir deutlich ein seltsames eindringliches Geräusch hören, so ähnlich, wie es an einem Sommerabend Tausende schwarzer Käfer verursachen. Kanonenkugeln pflügten den Boden in sämtliche Richtungen und der Hagel von Geschossen aller Art war so dicht, dass es kaum möglich schien, seinen Arm auch nur ein Stück weit herauszustrecken, ohne dass er einem zerschmettert würde.

So seltsam es erscheinen mag, erreichten wir den Hügelkamm ohne Verluste. Sir Augustus wies uns unsere Stellung genau zwischen zwei Karrees Braunschweiger Infanterie zu. Er erinnerte uns noch einmal an den Befehl des Herzogs und ermahnte uns, sparsam mit der Munition zu sein.

Die Braunschweiger fielen wie die Fliegen. Jeden Augenblick riss das gegnerische Artilleriefeuer riesige Lücken in ihre Karrees. Offiziere wie Unteroffiziere mühten sich, die Reihen wieder zu schließen, indem sie ihre Männer enger zusammenrücken ließen. Manchmal mussten sie ihnen auch einen Stoß verpassen, um sie an den befohlenen Platz zu dirigieren.

Es waren dieselben Jungs, die ich erst gestern gesehen hatte, als sie beim Hufschlag unserer Pferde ihre Waffen in Panik weggeworfen hatten. Heute dagegen flohen sie nicht wirklich, nicht mit ihren Körpern, aber im Geist, denn sie schienen aller ihrer Sinne beraubt zu sein.

Sie verharrten mit angelegten Armen, wie Baumstämme oder mehr noch wie jene hölzernen Figuren, die manche Eingeborenen aus ihnen anzufertigen pflegten. Ich fürchtete, dass sie nun jeden Augenblick wieder ihre Waffen wegwerfen würden, aber ihre Offiziere und Unteroffiziere verhielten sich tapfer und schafften es tatsächlich, trotz des unaufhörlichen Massakers, ihre Männer in den Karrees zu halten.

Unser Erscheinen schien ihnen neuen Mut zu geben. Alle ihre Augen waren auf uns gerichtet und ich hatte nicht den geringsten Zweifel, was mit ihnen ohne unser Erscheinen geschehen wäre. Kaum hatte unser vorderstes Geschütz die Lücke zwischen ihren beiden Karrees erreicht, als ich schon durch den Rauch die ersten Eskadronen der angreifenden Kolonne in zügigem Trab herankommen sah. Sie hatten sich schon fast auf 100 Yards genähert, wenn es tatsächlich noch so weit war, denn ich bezweifle, dass man überhaupt so weit sehen konnte.

Ich brachte meine Geschütze sofort in Stellung und gab den Befehl, Kanistergeschosse zu laden. Das führende Geschütz wurde abgeprotzt und feuerte, sobald das Kommando gegeben wurde. Gleich der erste Schuss brachte mehrere Männer und Pferde zu Fall. Trotzdem griffen die Übrigen weiter an. Ich sah zu den Braunschweigern hinüber und dieser Blick gab mir die Gewissheit, dass es keinen Sinn machte. Ihre zum Feind gerichtete Seite hatte zwar das

Feuer eröffnet, aber es erfolgte in beiden Karrees so unstetig, dass ich mich entschloss, den Befehl des Herzogs nicht weiterzugeben, sondern selbst für unseren Schutz zu sorgen. Ich fühlte mich in meiner Entscheidung bestärkt, als ich sah, welches Gemetzel das Feuer meiner übrigen Geschütze anrichtete. Augenblicklich war das gesamte Gelände vor uns mit Männern und Pferden bedeckt. Trotzdem rückten sie weiter vor, wenn auch nicht mehr so schnell. Unsere erste Salve hatte sie auf Schrittgeschwindigkeit verlangsamt. Und doch schien es, als ob sie uns am Ende noch überwältigen könnten. Unsere Stellung lag etwas niedriger als das Gelände, auf dem sie ihren Angriff vortrugen. Genau vor uns verlief ein etwa anderthalb bis zwei Fuß hoher Damm mit einem schmalen Pfad. Dieser Umstand machte unseren Kanisterbeschuss besonders wirkungsvoll. Fast alle unsere Salven lagen im Ziel. Die Wirkung war fürchterlich.

Der ganze Vorgang hatte nur wenige Sekunden in Anspruch genommen, als ich die ersten Anzeichen von Unsicherheit beim Feind entdeckte. Ich hatte schon befürchtet, dass es im nächsten Moment um uns alle geschehen sei, da sah ich die Franzosen plötzlich nach links und rechts ausbrechen und im höchsten Tempo zurückreiten. Für die Masse war der Rückzug jedoch nicht so einfach. Viele versuchten, sich ihren Weg mitten durch die Kolonne zu bahnen, und stürzten den Teil unmittelbar vor uns in ein heilloses Durcheinander, auf das nun meine sechs Geschütze ein kontinuierliches Feuer richteten. Es ist unmöglich, dieses Gemetzel und Durcheinander noch zu beschreiben. Mit jeder Salve stürzten andere Körper zu Boden und die Überlebenden gerieten aneinander. Einige versuchten sogar, sich den Rückzug mit dem Knauf ihres Degens freizukämpfen. Andere unmittelbar vor den Mündungen unserer Geschütze waren außer sich vor Zorn und Verzweiflung. Wieder andere wurden von ihren von Wunden schier wahnsinnigen Pferden mitgerissen und rasten zwischen uns hindurch. Kaum einer dachte daran, seinen Säbel zu ziehen, sondern sie stürmten einfach nur wild nach vorne, nur darauf aus, sich in Sicherheit zu bringen. Schließlich gab das Ende der Kolonne, die schon gewendet hatte, eine Passage frei und der ganze Pulk schoss davon, schneller als er sich uns genähert hatte, und hielt nicht eher an, bis er hinter einer Anhöhe vor unseren Geschützen sicher war. Darauf stellten wir unser Feuer ein. Da die Franzosen aber noch recht nahe waren, blieben wir in Bereitschaft, um sie gebührend in Empfang zu nehmen, sollten sie ihren Angriff wiederholen."

Aus: Cavalié Mercer, Journal of the Waterloo Campaign 1815, S. 169 ff.

Unter den wiederholten Rufen „Vive l'Empereur" wälzte sich die gewaltige französische Kavalleriemasse, immer noch im Trab, über das Plateau und ergoss sich wie eine Flut in die Zwischenräume der Karrees, die kaum breiter als 50 Meter waren. Wieder einmal erwiesen sich die Engländer als Virtuosen dieser Art der Gefechtsführung. Sie wandten dabei ein besonderes Verfahren an, indem sie Front und Rückseite ihrer Karrees mit je zwei Kompanien doppelt bestückten, während beide Flanken nur von jeweils einer Kompanie gehalten wurden.

Erste und zweite Linie, bestehend aus einer Kompanie zu 80 bis 90 Mann, formierten sich grundsätzlich auf allen vier Seiten zu einem kaum durchdringbaren Wall aus Bajonetten, wobei sich die erste Linie abkniete. Die 5. und 6. Kompanien des Bataillons bildeten jeweils auf Vorder- und Rückseite des Karrees noch zwei zusätzliche Linien. Sie hatten ihre Bajonette abgeschraubt, um besser laden zu können, und führten allein den Feuerkampf. Somit schlug einer entweder frontal oder von hinten angreifenden Kavalleriekolonne von maximal 18 Reitern ein Feuer aus fast 100 Musketen entgegen.[113] Rasch häuften sich nun vor den Schützenlinien die Getroffenen zu einem apokalyptischen Chaos aus sich krümmenden Reitern und Pferden, von denen, wer noch zum Laufen fähig war, sich bemühte, der Todeszone zu entkommen.

Immer wieder konzentrierten sich die Angreifer auf die Ecken der Karrees und versuchten dort, von zwei Seiten mit wuchtigen Lanzenstichen, Säbelhieben oder Pistolenschüssen eine Bresche in die Menschenmauer zu schlagen. Auch wenn die meisten Karrees hielten, waren die Verluste der Infanterie erheblich. Im Innern der Inseln häuften sich die Toten, Sterbenden und Verwundeten, während die Überlebenden glaubten, an dem überall herrschenden Gestank von verbranntem Pulver ersticken zu müssen. Wo Lücken in dem Wall aus Leibern entstanden, ließen sie energische Offiziere sofort aus den hinteren Gliedern wieder auffüllen oder befahlen den Überlebenden, näher zusammenzurücken. Häufig kamen dabei auch Gewehrkolben zum Einsatz. Selbst für erfahrene Soldaten war der Kampf in einem Karree eine kaum erträgliche Herausforderung. Dicht umringt von wütenden Feinden, die auf ihren mächtigen Pferden umherstreifend, immer wieder auf die vordersten Glieder einhieben oder ihre Pistolen auf kürzeste Distanz abfeuerten, hatte die Infanterie jeden Moment den eigenen Untergang vor Augen.

PLÜNDERNDE BRAUNSCHWEIGER

„Bald nachdem die Kürassiere sich zurückgezogen hatten, sahen wir auf unserer rechten Flanke die roten Husaren der kaiserlichen Garde ein Karree der Braunschweiger Leichten Infanterie angreifen, das etwa 50 Meter von uns entfernt war. Der Angriff erfolgte zwar mit Schwung, doch der Feind wurde durch das wirkungsvolle Feuer aus dem Karree gestoppt und musste sich unter dem Verlust vieler Toter und Verwundeter zurückziehen. Der Boden schien vollkommen bedeckt mit diesen tapferen Männern, die in allen möglichen Verrenkungen und in jeder erdenklichen Art verstümmelt herumlagen. Unter den Gestürzten entdeckten wir auch den tapferen Kommandeur der Husaren, der bewegungsunfähig unter seinem getöteten Pferd lag. Plötzlich verließen zwei Schützen der Braunschweiger ihr Karree und nahmen ihrem hilflosen Opfer Börse, Uhr und andere Wertgegenstände ab, ehe einer von ihnen schließlich die Pistole des Obersten auf den Kopf des armen Teufels richtete und ihm das Gehirn wegschoss. „Schande! Schande!" war aus unseren Reihen zu hören und Entrüstung machte sich überall breit. Doch die Tat war vollbracht und der tapfere Soldat blieb leblos in Sichtweite seiner grausamen Feinde liegen, deren einzige Entschuldigung vielleicht darin bestand, dass ihr Landesherr, der Herzog von Braunschweig, zwei Tage zuvor von den Franzosen getötet worden war."

Fähnrich Reese H. Gronow, 1. Gardebataillon, Aus: ders.,
Reminiscences of Cpt. Gronow, London 1862, S. 190.

"Friedrich Wilhelm, Herzog von Braunschweig-Lüneburg-Oels, findet seinen ruhmvollen Heldentod in der Schlacht von Quatre-Bras". Radierung um 1815.

Der Totentanz auf dem Plateau dauerte nicht länger als eine Viertelstunde. Allmählich erlahmte der Elan der Angreifer. In wachsender Ratlosigkeit und längst ohne straffe Führung umrundeten die Kürassiere und Chasseurs weiterhin Wellingtons Karrees, teilten sich jedes Mal vor der Front und strömten zu den Seiten der Karrees ab. Selten kam es zu einer energischen Aktion. Während sich die Reihen der Angreifer rasch lichteten und die Pferde schon erschöpft in den Schritt gewechselt waren, traf sie der Spott der Verteidiger. Einzelne Rotröcke beschimpften sie sogar als „verdammte Idioten".[114] Keiner der Franzosen dachte daran, die überrannten englischen Geschütze abzufahren oder sie wenigstens durch Zunageln der Luntenöffnungen unbrauchbar zu machen. Ein Gegenangriff, zu dem Lord Uxbrigde die noch intakten Brigaden seiner leichten Kavallerie formiert hatte, trieb die Franzosen schließlich in die Senke zurück.[115] Sofort aber setzte jetzt das französische Artilleriefeuer wieder ein, was eine derart mörderische Wirkung auf die Karrees hatte, dass sich mancher Rotrock sogar die gegnerische Kavallerie zurückwünschte.[116]

Tatsächlich hatten sich die französischen Reitermassen unterhalb von La Haye Sainte wieder neu geordnet und wurden jetzt von dem unermüdlichen Ney zu einer weiteren Attacke geführt. Sie verlief jedoch ebenso kopflos wie der erste Versuch. Erneut wälzten sich die dichten Kolonnen über den Ohain-Weg auf das Plateau, wo sie von dem Feuer der rasch wieder besetzten Geschütze empfangen wurden, und ein zweites Mal attackierten sie die Karrees, ohne jedoch zu einem einzigen Erfolg zu kommen. „Werden uns diese Engländer nicht bald den Rücken zeigen?", wandte sich der Kaiser, der dies alles angespannt von einem Aussichtspunkt nicht weit von der Gaststätte „La Belle Alliance" beobachtete, an Soult. Der Marschall kannte die Kampfweise des Gegners aus seiner Zeit in Spanien und entgegnete kühl: Sie lassen sich eher zusammenhauen.[117]

Uxbridges Kavallerie setzte auch diesem zweiten Versuch ein Ende, und wer von den Franzosen sich noch auf einem Pferd halten konnte, versuchte in die Senke zu entkommen, gefolgt von gestürzten Kürassieren, die sich mit ungelenken Schritten, da ihre Brustpanzer sie beim Laufen behinderten, in Sicherheit zu bringen versuchten.

Napoleon klagte später, dass der Angriff zu früh begonnen habe. Seinem Bruder Jérôme zufolge, der sich zu dieser Zeit in der Nähe des Kaisers aufhielt, soll er wütend ausgerufen haben, dass Ney das Schicksal Frankreichs wie schon einmal bei Jena aufs Spiel setze. Doch anstatt Neys stümperhafte Versuche nunmehr zu beenden, schickte er ihm jetzt noch den gesamten Rest seiner Kavallerie. Hatte er nicht schon einmal allein mit seiner Kavallerie über einen Feind triumphiert, dessen Infanterie kaum weniger hartnäckig als die Engländer gekämpft hatte? Acht Jahre zuvor, am 8. Februar 1807, schien die Schlacht von Preußisch-Eylau gegen die Armee des Zaren schon fast verloren, ein ganzes Armeekorps war vernichtet, und nur mit Mühe hatte die Garde den Kaiser und seinen gesamten Stab vor der Gefangenschaft bewahrt. Damals hatte Joachim Murat, Napoleons Schwager, mit einem gewaltigen Kavallerieaufgebot von mehr als 10 000

Reitern mehrere russische Karrees niedergeritten und damit die feindliche Linie durchbrochen.[118] Doch Murat, der geniale Reiterführer und inzwischen gestürzte König von Neapel, stand jetzt nicht zur Verfügung. In Ungnade gefallen hatte er wochenlang in Lyon auf den Ruf des Kaisers gewartet, der nie kam. Ney konnte ihn nicht ersetzen.

Mit nunmehr 9000 Reitern, fast 60 Eskadrons, stürmte der „Fürst von der Moskwa" ein drittes Mal den Hang hinauf. Nur eine einzige Kavalleriebrigade blieb auf Befehl von General Kellermann zurück. Es war inzwischen 17 Uhr, und aus dem bisherigen Duell zwischen dem Kaiser und dem Herzog entwickelte sich jetzt eine Doppelschlacht.

Mit eigenen Augen sahen die Preußen, die sich nach ihrem beschwerlichen Anstieg aus dem Tal der Lasne nunmehr vor dem „Wald von Paris" entfalteten, dass Wellingtons wiederholte Hilferufe keineswegs unbegründet waren. Auf dem Plateau in nur vier Kilometern Entfernung bot sich ihnen eine dramatische Szenerie. Unter dem wiederholten Ansturm der französischen Kavallerie schienen allmählich die britischen, deutschen und niederländischen Karrees auseinanderzubrechen. Doch wenn die Preußen schon glaubten, sie seien in der Flut aus Pferdeleibern, blitzenden Kürassen, Lanzen und geschwungenen Pallaschen oder Säbeln untergegangen, tauchten die Infanterie ganz unerwartet, sobald sich der Pulverdampf etwas gelichtet hatte, wieder auf und gaben scheinbar unverdrossen weitere Salven ab. „Ich werde niemals vergessen", so Fähnrich Gronow vom 1. Gardebataillon, „welch eigenartigen Klang unsere Kugeln auf den Brustplatten von Kellermanns und Milhauds Kürassieren verursachten. Unsere Männer hatten strikten Befehl, nur noch auf geschlossene Einheiten zu schießen, um Munition zu sparen. Einzelne Reiter, die sich nicht in unmittelbarer Nähe unseres Karrees aufhielten, blieben somit verschont, selbst wenn sie ihre Waffen auf uns richteten."[119]

Den Franzosen gelang es zwar drei Fahnen zu erbeuten, was auf mindestens einen Einbruch in das betroffene Karree schließen lässt.[120] Doch am niederschmetternden Gesamtresultat konnte auch ein vierter verzweifelter Angriff Neys nichts mehr ändern. Drei Pferde waren ihm inzwischen unter dem Sattel weggeschossen worden und man hatte ihn gesehen, wie er in rasender Wut oder Verzweiflung mit seinem Säbel auf die verlassenen britischen Kanonen einhieb.

Nach zwei Stunden hatte Wellingtons Zentrum auch diesem zweiten großen Ansturm der Franzosen standgehalten. Als es Ney endlich in den Sinn kam, die Infanterie zur Unterstützung heranzuziehen und drei Brigaden des Reilleschen Korps gegen die Höhe antraten, war es zu spät. Wellingtons Infanterie hatte die Atempause genutzt und sich rasch wieder zu Schützenlinien formiert. Im Zusammenwirken mit den erneut bemannten Geschützen eröffnete sie ein derart intensives Feuer auf die französischen Kolonnen, dass deren Angriff nach kurzer Zeit zusammenbrach.[121] Mit dem Verlust von fast 1500 Mann der drei einzigen bisher noch intakten Brigaden von Bachelu und Foy endete diese zweite und wohl spektakulärste Phase der Schlacht. Eine erkennbare Pause trat jedoch nicht ein, da die Preußen inzwischen mit wachsender Stärke Napoleons rechte Flanke attackierten. Es war nun 18 Uhr. Napoleon hatte bisher keines seiner Ziele erreicht. Seine beiden vorderen Armeekorps wie auch seine gesamte Kavallerie bestanden nur noch aus Trümmern, während Graf Lobaus Korps mit Bülows Preußen bereits vollauf beschäftigt war.

11. Die Preußen sind wieder da – Wo bleibt Grouchy?

Der Lärm der Schlacht bei Mont St. Jean hatte aufseiten der Preußen alle anfänglichen Bedenken zerstreut, der Herzog könne doch noch im letzten Augenblick durch den Wald von Soignies ausweichen und sie einmal mehr isoliert Napoleons gesamter Armee aussetzen. Je näher sie nun dem Schlachtfeld kamen, desto klarer wurde Blücher und Bülow, dass Wellingtons Armee verloren war, wenn sie nicht sofort angriffen.

Vom „Marschall Vorwärts" unentwegt angetrieben, hatten drei Brigaden des I. Armeekorps kurz vor 17 Uhr die schwierige Passage durch das Tal der Lasne bewältigt und entfalteten sich nunmehr vor einem Waldstück, das damals *Bois de Paris* genannt wurde.[122] Die Spitze der Preußen bildete die 15. Brigade von Generalmajor Michael von Losthin mit dem Schlesischen Husarenregiment Nr. 6. Dahinter marschierte die 16. Brigade von Oberst August Hiller von Gaertringen, die sogleich den linken Flügel der Angriffsmasse bildete. Als Reserve folgte die 13. Brigade von Generalmajor Albrecht Georg von Hake, dem zweimaligen preußischen Kriegsminister. Doch die Preußen wurden bereits erwartet. General Lobau hatte schon seit Stunden mit seinen beiden Brigaden gegenüber Frischermont Stellung bezogen, es allerdings versäumt, dem Gegner die Lasne-Passage zu erschweren.[123] Seine beiden Brigaden verteidigten sich geschickt und führten trotz ihrer numerischen Unterlegenheit sogar Gegenangriffe. Die Preußen lagen bald fest. Bülow entschied daher gegen 18 Uhr, den Gegner an dessen rechter Flanke zu umgehen und mit Hillers Brigade das Dorf Plancenoit zu besetzen, eine Schlüsselposition im Rücken der gesamten französischen Armee. Blücher setzte nunmehr gegen Napoleons rechte Flanke alles auf eine Karte. Einen Hilferuf von General Thielmann aus Wawre, er werde inzwischen von den Franzosen mit doppelter Übermacht angegriffen, quittierte sein Stabschef Gneisenau mit der kühlen Bemerkung, das III. Korps möge sich verteidigen, so gut es kann. Es spiele auch keine Rolle, ob es geschlagen wird, da die Entscheidung ohnehin hier falle.[124]

Etwa 15 Kilometer weiter östlich hatte Grouchy gegen 15.30 Uhr mit seiner Spitze endlich den östlichen Teil von Wawre erreicht und sogleich den Angriff auf die preußische Nachhut begonnen. Thielmanns Brigaden waren bereits auf das nördliche Ufer der Dyle ausgewichen und kontrollierten nun aus überhöhten Positionen die Übergänge in der etwa 4000 Einwohner zählenden Stadt. Während Vandammes Divisionen frontal über die beiden steinernen Brücken in Wawre auf das andere Ufer der Dyle zu gelangen versuchten, marschierten Reilles Divisionen über La Baraque auf Bierge, das südlich von Wawre lag. Noch standen somit nicht alle seine Kräfte im Gefecht, als Grouchy gegen 17 Uhr Napoleons inzwischen vier Stunden alten Befehl erhielt, sich sofort der Hauptarmee anzuschließen und auf Chapelle St. Lambert zu marschieren.[125] Der Befehl des Kaisers war unmissverständlich. Grouchy sollte sofort das linke Ufer der Dyle gewinnen und Bülows Korps in den Rücken fallen.

Auch jetzt schien es noch nicht spät, nach Westen zu marschieren. In einer Stunde hätte Reilles Korps von La Baraque nach rechts abzweigend die Brücke von Limal besetzen können, die wiederum nur sechs Kilometer von Chapelle St. Lambert entfernt lag. Wenn Grouchy schnell handelte, konnte er mit seiner Avantgarde schon gegen 20 Uhr im Rücken der bei Plancenoit kämpfenden Preußen stehen. Der Marschall ritt nun von Wawre persönlich nach La Baraque, um dort Reilles Korps abzufangen und auf Limale umzuleiten. Dort fand er jedoch nach seiner späteren Schilderung keinerlei Truppen vor und kehrte um 18 Uhr nach Wawre zurück.[126] Überraschend trafen nur kurze Zeit darauf auch Reilles verschollene Divisionen wohl auf einem anderen Weg dort ein. Was tatsächlich verhindert hat, dass das IV. Armeekorps sofort auf Limale marschierte, ist nicht mehr wirklich zu klären. Sämtliche Berichte der Beteiligten weichen stark voneinander ab.[127] Obwohl Grouchy nunmehr alle seine Truppen zusammen hatte, schien er keinen Gedanken mehr an Napoleons Befehl und die Hauptarmee verschwendet zu haben und war nunmehr gänzlich auf die preußische Nachhut fixiert. Nach der letzten unglücklichen Verzögerung durch Reilles vorübergehend verschwundene Divisionen war an ein Eingreifen bei Waterloo noch vor Einbruch der Nacht ohnehin nicht mehr zu denken.

Grouchy wird sich wohl auch an den Hin- und Hermarsch des d'Erlonschen Korps zwischen Quatre Bras und Ligny erinnert haben.

In Wawre hatten sich inzwischen Vandammes Divisionen an den beiden Brücken festgerannt und waren auch nach insgesamt 13 Angriffsversuchen gegen die gut verschanzten Preußen ihrem Ziel keinen Schritt näher gekommen. Grouchy vergeudete den Rest des Tages, die Brücke von Bierges einige hundert Meter südlich von Wawre zu besetzen. Doch Reilles Spitzendivision scheiterte an dem energischen Widerstand der 10. Preußischen Brigade. Der General selbst wurde durch ein Geschoss in der Brust verletzt und musste das Kommando abgeben. Nach zwei weiteren vergeblichen Versuchen entschloss sich Grouchy, mit den beiden verbliebenen Divisionen nach Limale zu marschieren. Tatsächlich gelang es dem vorauseilenden Kavalleriekorps „Pajol", die nur von einer Nachhut des Zietenschen Korps besetzte Brücke zu nehmen. Reilles Infanteriedivisionen folgten rasch und bildeten einen Brückenkopf auf dem linken Ufer der Dyle. Ein sofortiger Gegenangriff der 12. Preußischen Brigade scheiterte. Er war zugleich die letzte Aktion an diesem Tag, der mit einem französischen Vorteil zu Ende ging.[128] Im Westen war der Gefechtslärm inzwischen verstummt und in den nunmehr auf beiden Seiten bezogenen Biwaks kreisten bald die wildesten Gerüchte.

Etwa zur selben Zeit, als in Wawre um die beiden Brücken gekämpft wurde, war es Hillers Brigade geglückt, in Plancenoit einzudringen. Nach kurzem Kampf hatten die Preußen die nur halb so starke Infanteriebrigade, die Lobau dort platziert hatte, aus der Ortschaft hinausgedrängt. Damit saßen sie dem Kaiser an der Gurgel. Bülows Artillerie bestrich sofort von Plancenoit aus mit zwei Batterien die Charleroi-Chaussee und verursachte Verluste bei der Garde wie auch unter Napoleons Stab. Es war nun 19 Uhr. Napoleon reagierte sofort. Das Dorf in seiner Flanke musste wieder erobert werden, sonst lief er Gefahr, dass seiner Armee der Rückzug abgeschnitten wurde. Acht Bataillone der Jungen Garde traten zum Gegenangriff an. Dieser Teil der Garde bestand zwar durchweg aus Freiwilligen, die sich erst im Frühjahr zu den Fahnen gemeldet hatten, war aber in seiner Kampfkraft Napoleons Alter Garde deutlich unterlegen. Für die Preußen genügte es zunächst. Mit rund 5000 Mann gelang es ihrem Kommandeur, General Guillaume Duhesme, die ganze Ortschaft einschließlich des Kirchhofs wieder zu besetzen. Doch der Gegner sammelte sich sofort wieder, bildete jetzt drei Angriffskolonnen aus den Bataillonen der 15. und 16. Brigade und drängte die Franzosen wieder zur Ortsmitte zurück. Besonders um den Kirchhof, der von einer runden Mauer umgeben war, kam es zu erbitterten Kämpfen auf kürzeste Distanz, die sich kaum von dem Gemetzel in Ligny zwei Tage zuvor unterschieden.

Während in Plancenoit um jedes Haus gekämpft wurde, gelang den Franzosen im Zentrum nach dreimaligem Versuch ihr einziger bedeutender Erfolg gegen Wellingtons Armee an diesem Tag. Kurz nach 18 Uhr, als die Preußen das erste Mal Plancenoit besetzt hatten und die Avantgarde von Zietens I. Korps die Ortschaft Ohain erreichte, startete Ney seinen letzten Angriff auf La Haye Sainte.[129] Aufseiten der Franzosen wirkten nun alle drei Waffengattungen erstmals zusammen. Die Artillerie schoss Breschen in die Umwallung, die Kavallerie schirmte die Operation ab, während die Infanterie die Verteidiger von den Mauern zurücktrieb, indem sie sich der Schießscharten bemächtigte. Jeweils einzelne Schützen feuerten nun ihrerseits durch die Löcher in das Innere des Gehöfts, wobei ihnen ihre Kameraden von rechts und links ihre geladenen Gewehre reichten. Dem Einbruch der Franzosen in den Hof folgte ein mörderisches Handgemenge. Barings Männer mussten sich schließlich, nachdem sie ihre gesamte Munition verschossen hatten, über den Ohain-Weg zurückziehen. Von neun Kompanien, die insgesamt im Laufe des Nachmittags im Gutshof eingesetzt wurden, waren nur 42 Mann zurückgekommen. Um 18.30 Uhr hatten die Franzosen das umkämpfte Gehöft in ihre Hand gebracht.[130] Ein Entlastungsangriff des 5. Linienbataillons der 1. Brigade der Deutschen Legion kam zu spät und endete unter den Hufen von Kellermanns Kürassieren. Oberst Friedrich Christian Ompteda, der Kommandeur der Brigade fand dabei den Tod. Kaum 30 Legionäre entkamen dem Desaster. Mit dem Fall von La Haye Sainte erreichte die Schlacht ihre entscheidende Phase.

„Am Abend vor der Schlacht wurde das Bataillon, nachdem es den Tag über die Nachhut von Quatre Bras her gebildet hatte, auf der Höhe von Mont Saint Jean aufgestellt und beordert, das Gehöft La Haye Sainte zu besetzen. Ohne Kenntnis von der Wichtigkeit des Postens oder wie lange er im Falle eines Angriffes verteidigt werden sollte, wurden die Zimmerleute des Bataillons sofort zum rechten Flügel der Armee beordert, und da das Maultier mit dem Schanzzeug bereits verloren gegangen war, unterblieb vieles, was sonst wohl zur Befestigung des Postens hätte geschehen können.

Das Gehöft liegt in der größten Niederung hart an der Chaussee zwischen Mont Saint Jean und Belle Alliance, also fast mitten zwischen den beiden Armeen, jedoch so, dass wegen einer nahe vorliegenden Erhöhung fast nichts von der feindlichen Position einsehbar war und sich der Feind auf Flintenschussweite ihm ungesehen nähern konnte. Es bildete durch die Gebäude, die mit Mauerwerk in Verbindung gesetzt warten, ein regelmäßiges Viereck, welches fünf Zugänge hatte, nämlich drei große Torwege, von welchen das eine, das eine Scheune verschloss, in der Nacht von den Truppen verbrannt worden war.

Vor dem Gehöft befand sich feindwärts ein Obstgarten und hinter demselben ein kleiner Küchengarten, die beide von einer dichten Hecke umgeben waren.

Das Bataillon war etwas über 400 Mann stark und hatte sechs Kompanien. Aus Mangel an Utensilien, um den Baumgarten einschließlich der Hecke niederzuhauen, wurde dieser mit zwei Kompanien besetzt, drei andere blieben zur Verteidigung der Gebäude und die letzte besetzte den Küchengarten.

Nachdem die Schlacht am 18. Juni bei dem Gehöft Goumont ihren Anfang genommen hatte, wurde auch La Haye Sainte ungefähr um zwölf Uhr ebenfalls angegriffen. Der vorerwähnte Hügel entzog unserem Auge die Annäherung des Feindes und erst auf Flintenschussweite kamen sie uns zu Gesicht und auch zugleich ins Feuer. Der Angriff geschah in zwei geschlossenen Infanterie-Kolonnen, jede von mehr wie einem, vielleicht auch von zwei Bataillonen, die sich gleich im Sturmschritt en masse auf die linke Flanke des Gehöfts und vorne auf den Obstgarten warfen.

Diesem Angriff konnte die in letzterem hinter der Hecke en debandade [auf der Flucht] befindliche Mannschaft nicht widerstehen und zog sich daher, nicht ohne beträchtlichen Verlust, zu den Gebäuden zurück, wo sie sich daneben positionierten und erneuten Widerstand leisteten. Das hannoverische leichte Bataillon kam oben aus der Stellung zum Succours [zu Hilfe], eine Masse von 600 Menschen, die aber beim Herannahen nicht die größte Ordnung beachtet hatten. Der Feind wurde nun vereint angegriffen und aus dem Obstgarten zurückgedrängt. Jetzt aber bildete sich rechts vorwärts des Gartens eine starke Linie feindlicher Kürassiere, die den einen solchen Anblick ungewohnten jungen Truppen so imponierten, dass sie in großer Unordnung den Garten verließen und ihrer [ursprünglichen] Stellung zueilten. Die Mannschaft des 2. Bataillons in dem Gehöft aus der Masse heraus zu ziehen, dazu bleiben alle Bemühungen fruchtlos und noch mehr so, die Masse zu ihrer eigenen Rettung zum Stehen zu bringen. Sie wurde von der Kavallerie erreicht und übel mitgenommen, dazu musste sie noch das Feuer der feindlichen Kolonne aushalten, die die Gebäude und den hinteren Garten vergeblich angriffen und sich um selbige herum nach unserer Position zu gezogen hatten. Hiermit aber noch nicht genug. Eine Brigade englischer Garde-Dragoner rückte jetzt vor, warf die Kürassiere zurück und fiel nun auf die beiden erwähnten Infanteriekolonnen, die durch das Feuer aus den Gebäuden schon viel gelitten hatten und vernichtete sie gänzlich.

Nach diesem ersten Angriff, der das Werk von vielleicht anderthalb Stunden war, erhielt ich zwei Kompanien des 1. Leichten Bataillons zur Verstärkung; indessen bestimmte mich die Art des feindlichen Angriffs, den Obstgarten unbesetzt zu lassen und mich auf die Verteidigung der Gebäude und des hinteren Gartens zu beschränken.

Eine halbe Stunde mochte der Feind uns zu kleineren Verbesserungen der Verteidigungsanstalten gelassen haben, als selbiger wiederum mit zwei gleichen Kolonnen wie die ersten das Gehöft auf dieselbe Weise angriff. Auch formierten sich rechts vorwärts derselben zur gleichen Zeit vier Linien Kavallerie, die vorderste bestehend aus Kürassieren, die zweite aus Dragonern, die dritte aus Husaren und die vierte aus Ulanen, jede ungefähr ein Regiment stark.

Während die Infanterie nun den Angriff aufs lebhafteste fortsetzte, rückte die Kavallerie, unser Feuer aus dem Gehöft nicht beachtend, an selbigen vorbei der Position zu, wo das 5. und 8. Linienbataillon der Legion, eine Brigade Hannoveraner und eine Brigade Engländer sämtlich in Karrees aufgestellt waren und so wie eine Linie von diesen zurückgeschlagen, rückte die folgende mit gleich wenigem Erfolg zum Angriff vor. Beide, Infanterie und Kavallerie, zogen sich durch die vergeblichen Anstrengungen ermüdet, zurück.

Die viele verbrauchte Munition ließ mich den gänzlichen Mangel derselben befürchten und ich ließ die dringendsten Vorstellungen deshalb machen, ohne jedoch welche zu erhalten. Es wurde mir jedoch die Schützenkompanie des 5. Linienbataillons der Legion zur Verstärkung geschickt.

Eine Stunde ungefähr nach diesem Angriff erneuerten die Feinde selbigen mit Infanterie ganz auf dieselbe Weise als zuvor. Der Mangel an Munition wurde jetzt schon fühlbar und doch blieben meine wiederholten Forderungen um selbige nutzlos; indessen wurden mir noch 200 Mann nassauische Scharfschützen geschickt. Da die Feinde trotz des gegen das Gehöft gerichteten Geschützes mit Gewalt der Massen keinen Eindruck machen konnten, so versuchten sie solches durch Feuer, welches sie in die Scheune warfen und das nur zu bald das noch darin befindliche Stroh ergriff; jedoch gelang es uns mit Hilfe der nassauischen Feldkessel, nicht ohne große Aufopferung, es zu dämpfen.

Die Feinde zogen sich jetzt ermüdet zurück, um nach einiger Zeit mit frischer und stärkerer Macht auf gleiche Weise wie bei den vorhergehenden Angriffen zum vierten heran zu rücken, den sie mit noch mehr Artillerie als zuvor unterstützten.

Die unbedeutende Munition von drei bis vier Patronen per Mann ließen den Ausgang dieses Angriffes vorhersehen, welches sich in den lebhaftesten Farben, aber vergebens vorstellen ließ. Nachdem nun die Feinde nach einiger Zeit ihr Feuer unbeantwortet fanden, erstiegen sie die Mauern und sprengten die Torwege und Türen und drängten uns, unvermögend dieser Macht zu widerstehen, aus dem Gehöft. Wir machten unseren Rückzug durch den hinteren Garten nach der Position, wo die verschiedenen Detachements zu ihren Korps zurückgingen und ich mich mit den 40 bis 50 Mann, die vom Bataillon blieben, an das 1. Leichte Bataillon schloss. Dies mochte ungefähr zwischen 7 und 8 Uhr abends sein.

Das 5. Linienbataillon der Legion formierte sich jetzt in Linie aus den Karrees und warf die heran dringende feindliche Infanterie mit dem Bajonett zurück, wurde darauf aber von den Kürassieren erreicht und zersprengt. Das 3. Husarenregiment der Legion rückte diesen zu Hilfe herbei; beide Teile wurden aber nur auf sehr kurze Zeit handgemein und zogen sich gegenseitig zurück. Die Absicht des Feindes, die Position da zu durchbrechen, wo die Division des Generals Alten stand, war von den beständigen und heftigen Angriffen leicht anzunehmen. Auch war es ihnen nur zu gut gelungen, unsere Artillerie da zum Schweigen zu bringen, denn es geschah auch kein Schuss mehr von selbiger. Die Feinde rückten daher ungestraft mit ihrer Artillerie so nahe, dass sie die in den Karrees befindliche Infanterie mit Kartätschen beschießen konnten. Dieses mörderische Feuer brachte ein paar Bataillone zum Wanken und um diesem Feuer soweit möglich zu entgehen, zog sich die Linie so weit hinter die Höhe von Saint Jean zurück, dass sie durch selbige etwas von dem feindlichen Feuer geschützt war.

Die links der Chaussee [von Genappe nach Brüssel] stehende Division des Generals Picton, die nicht so sehr der Hauptgegenstand der feindlichen Angriffe gewesen war, behielt ihre Position, wodurch sie allerdings die Feinde am Vordringen hinderte, aber auch [nunmehr] die Heftigkeit des Angriffes auf sich zog. In dieser Lage der Dinge mochte es wohl gegen 9 Uhr abends sein als ein von allen Seiten erschallendes Hurra das Zeichen zum allgemeinen Angriff gab, worauf sich auch alles ungesäumt auf den Feind warf, der diesem in Unordnung wich. Die 3. Division war zu verkrüppelt, als dass sie einen tätigen Anteil an der Verfolgung des Feindes hätte nehmen können; sie sammelte sich nach besten Kräften und kehrte zum Schlachtfeld zurück, wo sie den anderen Morgen die Order zum Marsch erhielt.

Georg Baring"

Aus: Niedersächsisches Hauptstaatsarchiv Hannover, XXI Nr. 152, fol. 41–47.

Der lange absehbare Verlust dieser zentralen Position stellt Wellington auch als Taktiker kein besonders gutes Zeugnis aus. Weder hatte er La Haye Sainte mit ausreichenden Kräften besetzt, noch auf Barings wiederholte verzweifelte Rufe nach Munition reagiert. Die jetzt einsetzende

Krise ging auf sein Konto. Kaum hatten Neys Truppen das Gehöft besetzt, zwang französische Kavallerie die gegnerischen Bataillone auf dem Plateau erneut zur Karreebildung. Damit bildeten sie ein leichtes Ziel für General Drouots Artillerie, der nun mit seinen Geschützen aus weniger als 300 Meter Wellingtons Stellungen in ein Inferno verwandelte. Was sich noch von der Armee des Herzogs jenseits des Ohain-Weges befand, besaß bald keinerlei Kampfkraft mehr. Das gesamte Regiment der Cumberland-Husaren floh auf der Brüsseler Chaussee nach Norden. Graf Kielmanseggs Brigade wich ebenfalls auf Mont Saint Jean zurück, ihr linker Nachbar, die KGL-Brigade des getöteten Ompteda, bestand nur noch aus wenigen Hundert Männern. Vorsorglich ließ General Colin Halkett die Fahnen seiner Bataillone nach hinten bringen. Auch Wellington schien jetzt am günstigen Ausgang der Schlacht zu zweifeln. Er habe keine anderen Befehle, als bis zum letzten Mann zu halten, erklärte er den Offizieren, die von überall her eintrafen, um neue Instruktionen einzuholen.[131] Nur Zietens I. Korps konnte jetzt noch helfen.

Es hatte allerdings erst um 14 Uhr seinen Biwakraum um Bierges verlassen und war mit Steinmetz' Brigade an der Spitze auf einer nördlicheren Route entlang der Smohain nach Westen marschiert. Schon auf ihrem mühseligen Weg zum Schlachtfeld hatten die Preußen immer ungünstigere Meldungen über Wellingtons Lage erhalten. Zuletzt waren es nur noch verzweifelte Hilferufe. Wenn General Zieten ihm wenigstens 3000 Mann schicken könnte, lautete schließlich die Bitte des Herzogs, der offenbar vergessen hatte, dass er selbst noch General Chassés gesamte Division mit immerhin 6500 Mann in Reserve hatte. Die Avantgarde der Preußen hatte die Ortschaft Smohain noch nicht erreicht, da erhielt Oberst Ludwig von Reiche, der Stabschef des I. Korps, einen Befehl Blüchers, der Zieten aufforderte, mit seinem gesamten Korps sofort auf Plancenoit zu marschieren. Die Sache stände dort schlecht.[132] Da die vordersten Truppen schon über den Abzweigungspunkt hinaus waren, ließ von Reiche sie wenden und wieder ein Stück zurückmarschieren.

Mit Entsetzen erkannte General von Müffling von seiner Position bei Pappelotte die plötzliche Kehrtwende der so sehnlich erwarteten Unterstützung und stürzte im Galopp zu seinen Landsleuten. Zunächst stieß er auf Oberst von Reiche, der sich an der Spitze der Avantgarde befand. Müffling beeilte sich, ihm eine günstigere Schilderung der Situation zu geben, und schloss mit den Worten: Die Schlacht ist verloren, wenn das I. Korps den Herzog nicht sofort unterstützt. Reiche war sich unschlüssig. Sollte er den Engländern helfen und dafür die Preußen bei Plancenoit im Stich lassen? Blüchers Befehl war jedoch klar und General von Zieten zunächst nicht auffindbar. Statt seiner erschien nun General Steinmetz, der erbost über den plötzlichen Halt seiner Brigade war und unwirsch nach den Gründen für die Verzögerung fragte. Erst das Erscheinen Zietens beendete die hitzige Debatte. Obwohl es das Ende seiner militärischen Karriere hätte bedeuten können, ignorierte er ohne zu Zögern Blüchers Auftrag und befahl, den Marsch zu den Engländern fortzusetzen.[133]

OBERST LUDWIG VON REICHE:
DAS I. PREUSSISCHE ARMEEKORPS AUF DEM MARSCH NACH WATERLOO

„Der Marsch zum Schlachtfeld war äußerst beschwerlich. Grundlose, durch tiefe Defiléen (Engpässe) durchschnittene Wege mussten passiert werden. Das Terrain war zu beiden Seiten fast durchgehend waldig, daher war an kein Ausweichen zu denken und der Marsch konnte nur sehr langsam von Statten gehen, um so mehr, als Menschen und Pferde an vielen Stellen nur einzeln und die Geschütze nur höchst mühsam durchzubringen waren. Die Kolonnen kamen dadurch sehr auseinander und wo es das Terrain gestattete, mussten die Teten (Marschspitzen) derselben Halt machen, damit die Abteilungen sich wieder sammeln konnten.

Als wir mitten in den Defiléen saßen und unsere Truppen nichts weniger als dicht auf waren, ging von der 4. Brigade die Meldung ein, dass General Thielmann bei Wawre von einer bedeutenden Übermacht (es waren Grouchy und Vandamme) angegriffen sei und sich der Feind bereits der Übergänge bei Bierges und Limal bemächtigt habe, auch Miene machte, dem Korps auf dessen Marsche zum Schlachtfelde zu folgen. Ohne sich zu besinnen, fasste

General Zieten den wahrhaft großartigen Beschluss, sich dadurch nicht aufhalten zu lassen und befahl der 4. Brigade eine Arrièregarde (Nachhut) gegen den Feind stehen zu lassen und mit den übrigen Teilen dem Korps zu folgen. Vor und hinter uns hörten wir jetzt Kanonendonner; die größten Anstrengungen wurden gemacht, nur vorwärts zu kommen. Die ganze Kolonne zusammen zu halten, musste aufgegeben werden, und man war befriedigt, wenn nur die Brigaden und Regimenter in sich zusammen blieben. [...]

Als ich aus dem Wald auf das Plateau von Ohain hinaustrat, war die Schlacht vor mir in vollem Gang. Rechts, in der Richtung auf Mont St. Jean, die Armee Wellingtons, und linker Hand, über Frischermont hinaus gegen Plancenoit zu, die preußische Armee (das 2. und 4. Armeekorps) unter Blüchers eigener Anführung."

Aus: Memoiren des Königlich Preußischen Generals der Infanterie Ludwig von Reiche, Zweiter Teil,
(Hrsg. v. Louis von Weltzien), S. 209f.

Es war nun 18.30 Uhr. Obwohl schon seit sieben Stunden gekämpft wurde, steigerte sich die Intensität der Schlacht jetzt noch einmal. Ney in La Haye Sainte schickte seinen Adjutanten nach Le Caillou und flehte seinen Kaiser um Infanterie an. Wellingtons Zentrum sei ein Trümmerhaufen, der Todesstoß gegen die Briten müsse jetzt geführt werden. Das Eingreifen der Garde würde auch die erschöpften Brigaden d'Erlons noch einmal nach vorne reißen, so der Marschall. Doch Napoleon glaubte seine soldatische Elite noch nicht entbehren zu können. Er könne keine neuen Truppen schnitzen, fertigte er unwirsch Neys Boten ab, obwohl er genau wusste, dass sein Marschall recht hatte. Doch erst musste Plancenoit sicher in seiner Hand sein. Der Kaiser ließ zusammen mit Duhesmes Männern zwei Bataillone seiner Alten Garde unter General Jean Jacques Pelet mit gefällten Bajonetten zum Angriff auf die Ortschaft antreten. Im Nahkampf wurden Hillers Leute niedergemacht. Der Rest der Preußen wich in panischer Angst zurück. Man glaubte, es mit der gesamten Alten Garde zu tun zu haben. Über den Ortsrand hinaus verfolgten die Sieger den Feind noch 600 Meter eine Anhöhe hinauf bis zu den in diesem Augenblick schon aufgegebenen Geschützen.[134] Selten hatten 1000 Bajonette so große Wirkung erzielt wie hier.[135] Allerdings hatte Napoleon nunmehr fast die Hälfte der Garde, seine letzte Gefechtsreserve, einsetzen müssen, um die rechte Flanke noch einmal zu stabilisieren.

Eine halbe Stunde war darüber verstrichen. Wellington hatte inzwischen Vincke und seine beiden Kavalleriebrigaden Vandeleur und Vivian ins Zentrum beordert.[136] Von Braine l'Alleud war die niederländische Division Chassé heranmarschiert, während der Geschützdonner aus Richtung Ohain immer heftiger anschwoll. Zietens Avantgarde drängte nun gegen Durettes Division bei Papelotte und La Haye. Die Frist für einen französischen Sieg schrumpfte mit bestürzender Schnelligkeit.

12. Der Kaiser setzt alles auf eine Karte – Die Garde zieht in ihre letzte Schlacht

Eine Armee innerhalb der Armee

Nach fast achtstündigem Kampf gegen Wellington schien es nun an der Zeit, dass die Garde in das Geschehen eingriff und ihren Mut, ihren eisernen Siegeswillen und auch ihren makellosen militärischen Ruf zugunsten des Kaisers in die Waagschale warf.

Seit der Schlacht von Marengo hatte die Garde an allen Feldzügen Napoleons teilgenommen und mehr als einmal die militärische Entscheidung herbeigeführt. Ihren inoffiziellen Namen „Die Unsterblichen" verdankte sie allerdings einer gehörigen Portion Ironie. Die Soldaten der Linienregimenter in der Armee wussten nur zu gut, dass die Garde stets erst im letzten Augenblick in das Geschehen eingriff, nachdem die gewöhnlichen Soldaten zuvor stundenlang im Feuer des Gegners die Entscheidung vorbereitet hatten.[137]

Aus dem ursprünglich nur 2000 Mann starken Korps mit zwei Grenadierbataillonen sowie zwei Eskadronen berittener Jäger war in wenigen Jahren eine Armee in der Armee entstanden, die vor dem Russlandfeldzug mit 40 000 Mann ihren größten Umfang erreichte. Mit Dekret vom 10. Mai 1804 hatte ihr Napoleon den Namen *Garde Imperial* verliehen und sie zu einem eigenständigen Korps mit Infanterie, Kavallerie, Pionieren und Artillerie ausgebaut. Während des Feldzugs von 1815 war ihre Stärke jedoch schon wieder auf die Hälfte ihres einstigen Höchststandes zurückgegangen.

Die Angehörigen der Garde trugen grundsätzlich einen höheren Dienstgrad als vergleichbare Soldaten der Linienregimenter, bekamen mehr Sold und wurden zum Missmut der übrigen Armee auch bei der Verleihung der Ehrenlegion bevorzugt. Die Garde und sogar jedes einzelne ihrer Detachements hatte Anspruch auf besondere Ehrenbezeugungen, wenn sie die Regimenter der übrigen Armee passierten. Noch innerhalb dieser soldatischen Elite gab es Abstufungen. So waren die Angehörigen der Alten Garde wiederum gegenüber der Mittleren und der Jungen Garde privilegiert. Ihre Grenadiere sollten eine Mindestgröße von 1,76 Meter aufweisen und zuvor mindestens fünf Jahre mit Auszeichnung in der Armee gedient haben. Wer in diesen militärischen Olymp aufgenommen werden wollte, musste sich zuvor in der Jungen und danach in der Mittleren Garde bewährt haben. Nicht nur ihr Einsatzwillen, auch ihre Loyalität zum Kaiser war sprichwörtlich. Nach seiner Abdankung am 6. April 1814 unterstrich Napoleon noch einmal dieses besondere Verhältnis zu seinen Elitesoldaten, als er sich in einem wohlinszenierten Akt im Hof von Fontainebleau mit bewegenden Worten von ihnen verabschiedet hatte.[138]

Auf diesem Korps allein ruhten jetzt alle Hoffnungen Napoleons und der übrigen Armee. Tatsächlich war der Auftakt sehr verheißungsvoll. Nicht mehr als zwei Grenadierbataillone der Alten Garde hatten genügt, um die kritische Lage in Plancenoit zu stabilisieren. 14 preußische Bataillone waren vor nur 1000 Mann zurückgewichen. Gegen 19 Uhr war der Ort wieder in der Hand der Franzosen. Oberhalb von Plancenoit, auf einer Linie vom Nordrand der Ortschaft bis nach Frischermont, neutralisierte Lobau mit nur 5000 Mann Infanterie und 2000 Reitern immer noch zwei doppelt so starke preußische Brigaden des Bülowschen IV. Korps. Weiter nördlich hatte General Graf Pierre François Durette mit seiner Division das lange umkämpfte Papelotte eingenommen und die Reste der Nassauer über den Ohain-Weg zurückgetrieben. Dorthin rückten nun auch die Divisionen Donzelot und Margognet noch einmal vor.

Selbst wenn inzwischen Generalmajor Georg von Pirchs II. Armeekorps mit seiner 5. Brigade als Avantgarde hinter Plancenoit aufrückte, hatte sich Napoleon ein letztes Mal an diesem Tag Handlungsfreiheit verschafft. Allein jetzt, wenn überhaupt, konnte seine Garde zum Angriff auf Wellingtons wankende Front antreten. Zwölf Bataillone der Alten und der Mittleren Garde standen ihm für seinen letzten Schlag zur Verfügung, zusammen vielleicht noch 7000 Mann.[139]

Taktische Optionen – Wellington oder doch die Preußen?

Mit nunmehr 40 000 Preußen in der Flanke war dies ein kühner Entschluss.[140] Musste aber dieser Stoß gegen Wellington überhaupt noch geführt werden? War der Herzog nicht bereits geschlagen, seine Armee auf weniger als die Hälfte ihrer ursprünglichen Stärke zusammen geschmolzen, nur noch ein Torso, auch wenn sie ihre alten Stellungen noch behauptete?[141] Tatsächlich bedeutete sie für Napoleon längst keine ernsthafte Bedrohung mehr und Wellingtons Vorrücken gegen Ende der Schlacht war kaum mehr als ein wohlkalkulierter symbolischer Akt. Spielte es da noch eine Rolle, ob ein paar Bataillone der kaiserlichen Garde den Gegner vielleicht einige hundert Meter zurückdrängten, um sich auf dem so lange umkämpften Plateau festzusetzen? Hätte Blücher danach tatsächlich Ruhe gegeben? Wäre er tatsächlich einen halben Tag und länger marschiert, nur um unverrichteter Dinge wieder abzuziehen?

Was von Wellingtons Armee noch kampffähig war, konnten auch Reille und d'Erlon bis zum Einbruch der Dunkelheit in Schach halten. Den politisch ausschlachtbaren Erfolg, den er so dringend brauchte, hätte der Kaiser jetzt eher gegen Blücher erzielen können. Die Schlacht von Ligny hatte gezeigt, dass die preußische Armee der schwächere seiner beiden Gegner war. Mit der zusammengefassten Alten und Mittleren Garde schien es selbst gegen anderthalb preußische Armeekorps keine unlösbare Aufgabe, Plancenoit bis zum Einbruch der Nacht zu halten. Tatsächlich sollten bis zum Ende der Schlacht überhaupt nur sechs der preußischen Infanterie-Brigaden ins Gefecht treten, von denen General von Steinmetz' 1. Brigade nach ihren Verlusten bei Ligny allenfalls noch die Hälfte ihrer ursprünglichen Stärke aufwies. Spätestens am nächsten Morgen, nach dem Eintreffen von Grouchy, hätte Blücher den Rückzug antreten müssen.[142]

Der Kaiser würde sich damit an einem Tag gegen zwei feindliche Armeen behauptet haben, die eine erheblich geschwächt, die zweite zum Rückzug gezwungen. Dem Propagandisten Napoleon wäre es gewiss nicht schwergefallen, dieses beachtliche Resultat in Paris als großen Sieg darzustellen. Doch nach achtstündigem Kampf schien Napoleon jetzt allein auf Wellington fixiert. War es militärischer Starrsinn, der ihn von seinem einmal gefassten Plan nicht mehr abweichen ließ, oder trieben ihn gar persönliche Motive? Einiges spricht dafür. Er hatte den Herzog vor seinen Befehlshabern einen „Sepoy-General" genannt, die englische Armee als einen Frühstückshappen bezeichnet und war an diesem Nachmittag ein ums andere Mal schlagend widerlegt worden. Insgeheim musste sich Napoleon eingestehen, dass er nie gegen hartnäckigere und geschicktere Soldaten gekämpft hatte. Dieser Herausforderung konnte er sich kaum entziehen. Der Herzog und seine Engländer mussten hier und jetzt endgültig geschlagen werden, damit jene unerbittliche und kompromisslose Nation, die in zwei Dekaden sieben Koalitionen gegen Frankreich geschmiedet hatte, gründlich und möglichst für immer gedemütigt wurde.

Von seinen zwölf verbliebenen Gardeverbänden positionierte der Kaiser ein Bataillon des 1. Chasseur-Regiments zum Schutz der Kriegskasse und seiner persönlichen Habe bei Le Caillou sowie zwei Grenadierbataillone in der Nähe von Rossomme. Von dort aus konnten sie jederzeit gegen Plancenoit vorgehen, sollte dies die Lage dort erfordern. Doch schon als Napoleon die übrigen neun Bataillone nach vorne führen ließ, geriet sein rechter Flügel erneut unter Druck. General von Steinmetz' 1. Infanteriebrigade, Zietens Avantgarde, drohte Durettes Division wieder aus Papelotte herauszudrängen. Die Preußen waren nunmehr schon den vierten Tag pausenlos im Einsatz, zeigten aber keinerlei Schwächen. Der Donner der preußischen Geschütze von einer Anhöhe bei Schloss Frischermont lähmte jetzt auch d'Erlons Brigaden, die einmal mehr vor den Überlebenden der Brigaden Pack und Kempt zurückweichen mussten. Nur eine hauchdünne Linie schien Sieg von Niederlage zu trennen. Napoleon zögerte in dieser Lage nicht, seine eigenen Soldaten, die ihm blindlings vertrauten, zu täuschen. Kurzerhand ließ er General La Bédoyère und andere Offiziere seines Stabes die Front entlangreiten und verkünden, dass Grouchy eingetroffen sei. Was kümmerte diese Lüge, wenn seine Garde tatsächlich durchbrach? Und sie wirkte zunächst tatsächlich. „Voilà Grouchy!" ging es wie ein Lauffeuer durch die ausgedünnten Linien, die sich daraufhin rasch wieder ordneten.[143]

Die Garde greift an der falschen Stelle an

Während vier der neun Gardebataillone als Reserve in der Senke zwischen Gut Goumont und La Belle Alliance verblieben, hatten sich fünf Bataillone der Mittleren Garde zu drei oder vier Karrees formiert und marschierten, von Marschall Ney geführt, nebeneinander östlich an La Haye Sainte vorbei den Hang zum Ohain-Weg hinauf. Unterstützt werden sollte ihr Angriff von den noch einsatzfähigen Regimentern der Divisionen Foy und Bachelu. Auf die jetzt eintretenden Ereignisse hatten sie aber kaum Einfluss.

Eigenartigerweise zielte der Stoß der Garde nicht auf Wellingtons Zentrum hart westlich der Charleroi-Chaussee, das während des gesamten Tages so heftig angegriffen worden war und nunmehr den schwächsten Abschnitt der gegnerischen Stellung bildete. Stattdessen geriet das vorderste der Karrees immer weiter nach links und zielte damit ausgerechnet auf den starken rechten Flügel des Herzogs auf der Höhenkuppe oberhalb von Gut Goumont. Genau dort aber standen die zwei britischen Gardebrigaden Adam und Maitland, beide mit etwa 1500 Mann noch vergleichsweise stark und taktisch bestens geschult.[144]

Zunächst aber traf das vorderste Karree, das 1. Bataillon des III. Grenadierregiments, nach Erreichen der Höhenkuppe auf die Überlebenden des Braunschweigschen Korps, die sich etwa 400 Meter westlich der Kreuzung hielten. Die Deutschen mit ihren schwarzen Uniformen, die ihren Kommandeur und Herzog erst zwei Tage zuvor bei Quatre Bras verloren hatten, wurden nun ebenso wie das sich rechts anschließende 30. britische Bataillon aus Colin Halketts Brigade in die Flucht geschlagen. Kurz darauf durchstieß etwas weiter links das zweite Karree der 4. Gardegrenadiere auch das 33. und 69. britische Bataillon. Obwohl schwer verwundet, gelang es General Halkett die Reste seiner Brigade noch einmal zu sammeln und den Angriff dieses zweiten Gardebataillons vielleicht 200 Meter hinter dem Ohain-Weg zu stoppen. Entscheidende Hilfe kam jetzt aber von den später so hart geschmähten Niederländern. Ein Gegenangriff der Brigade Detmers, die zur Reservedivision des Generalleutnants David Chassé gehörte, bereinigte die Lage. Noch im Vorjahr hatte der niederländische General aufseiten der Franzosen gekämpft und sich in der Schlacht von Arcis-sur-Aube ausgezeichnet. Jetzt drängte die Hälfte seiner Division die Garde des Kaisers in die Senke vor dem Ohain-Weg zurück. Erstmals in seiner langen Geschichte musste dieser Eliteverband das Feld räumen.

Die beiden links versetzt angreifenden Jägerbataillone der Garde boten den Zurückweichenden keinen Rückhalt. Sie waren noch mehr als die beiden ersten Karrees von der befohlenen Linie abgewichen und trafen damit direkt auf Wellingtons rechten Flügel, den stärksten Teil seiner gesamten Front. Der Kanisterbeschuss zweier englischer Batterien hatte die Gardebataillone zwar hart getroffen, aber nicht gebremst. Stoisch hatten die Kämpfer mit den eindrucksvollen Mützen aus Bärenfell ihre Reihen wieder geschlossen und erreichten schließlich den nach Goumont abknickenden Teil des Ohain-Weges etwa in der Mitte. Zunächst schien es so, als ob nicht nur die britischen Artilleristen, sondern auch die Infanterie geflohen sei, und viele Franzosen glaubten schon an einen leichten Sieg. Nach Aussagen von Überlebenden bewegte sich die Garde außergewöhnlich schnell. Doch unmittelbar hinter der Höhenkuppe erwartete sie eine böse Überraschung. Im Kornfeld waren die vier Bataillone der Brigade Maitland versteckt. Zum Schutz vor der anhaltenden französischen Kanonade hatten sie sich bisher auf den Boden gelegt. Außer einigen Offizieren zu Pferd deutete somit nichts auf ihre Anwesenheit hin. Als Wellington jedoch jetzt herbeiritt und rief: Auf Garden! Greift sie an! erhob sich mit einem Mal kaum 40 Meter vor den Angreifern eine rote Wand. Die Franzosen stutzten einen Augenblick, setzten dann aber ihren Marsch nochmals fort.

Als sich der Rauch der Artillerie verzogen hatte, habe sich ihnen ein grandioser Anblick geboten, erinnerte sich 20 Jahre später Hauptmann Weyland Powell vom 1. Gardebataillon:

„Eine dichte Kolonne von Grenadieren, ungefähr 70 Mann in der Breite, marschierte zügig mit dem Ruf „Vive L'Empereur" gegen uns vor. Sie waren etwa 50 oder 60 Schritte herangekommen, als unserer gesamten Brigade befohlen wurde, aus ihrer Deckung aufzustehen. Ob es nun daran lag, dass so plötzlich und unerwartet ein ganzes Korps vor ihnen aufgetaucht war, wie aus dem Boden emporgewachsen, oder aber an der mörderischen Salve, die wir auf sie abfeuerten, die Garde, die nie zuvor versagt hatte, blieb plötzlich stehen."[145]

Einmal mehr zeigte sich die schon im spanischen Krieg bewährte höhere Feuerdisziplin der englischen Bataillone, die sich zu vier langen Gliedern formiert hatten. Während das erste und zweite Glied feuerten, luden die beiden hinteren Reihen, sodass insgesamt vier Salven von je 400 Schuss in nur einer Minute in die Reihen der Garde fegten.[146] Da zudem die englische Schützenlinie viel breiter war als die Front des Karrees, konnte sich das Feuer auch gegen die beiden Flanken der Franzosen richten. Allein die französische Kavallerie hätte diesen Vorteil zunichtemachen können, indem sie die Engländer zwang, ebenfalls Karrees zu bilden. Doch es war keine mehr verfügbar. Innerhalb von nur einer Minute waren 300 Franzosen tot oder verwundet, was bedeutete, dass mindestens jeder fünfte Schuss der Briten sein Ziel gefunden hatte. Die überlebenden Offiziere der Garde bemühten sich verzweifelt, die Ordnung wiederherzustellen, machten jedoch den Fehler, jetzt gleichfalls eine breite Schützenlinie formieren zu wollen, anstatt ihre Männer weiter mit gefälltem Bajonett vorrücken zu lassen. Der Versuch misslang und verursachte noch mehr Chaos. Ein beherzter Gegenangriff von Maitlands Gardisten trieb die Franzosen wieder in die Senke bei Gut Goumont zurück. Doch die Euphorie auf englischer Seite währte nicht lange. Aus dem Schutz des Obstgartens stieß plötzlich das fünfte Bataillon der Alten Garde vor und zwang die Briten wieder in ihre Ausgangsstellung zurück. Zusammen mit dieser Kolonne, die vom 4. Jägerbataillon gebildet wurde, erneuerten die beiden zurückgeschlagenen Gardebataillone ihren Angriff. Wieder auf der Höhenkuppe angekommen, erging es ihnen jedoch noch übler als beim ersten Mal. Während Maitlands Bataillone sich wieder gefangen hatten und die Angreifer frontal unter Feuer nahmen, attackierte das 52. Regiment der Brigade Adam die Franzosen in deren linker Flanke. Die immerhin 1000 Männer des Regiments schwenkten dazu im rechten Winkel zu ihrer ursprünglichen Front nach vorne und bildeten eine 200 Meter lange Linie, aus der nochmals verheerende Salven in die angreifende Kolonne schlugen.[147] Die Reste von Halketts Brigade schlossen sich auf der gegenüberliegenden Seite an, wenn auch mit weniger eindrucksvoller Wirkung. Dem kontinuierlichen Geschosshagel aus nunmehr drei Richtungen vermochte die Garde ohne jede Unterstützung nicht lange standzuhalten. Sie wich, wenn auch immer noch geordnet, in die Senke zurück. Es war noch keine Flucht, doch die Elite des Kaisers war gescheitert. Bei aller Tapferkeit, mit der seine Garde den Geschosshagel während des Anmarschs ertragen hatte, so war das taktische Verhalten der angreifenden Karrees doch eher mittelmäßig. Obwohl von den besten Offizieren der Armee geführt, waren Napoleons Elitesoldaten nicht in der Lage gewesen, den richtigen Punkt der gegnerischen Stellung zu treffen, auch überrascht ihre Hilflosigkeit in der Krisensituation nach dem Auftreten von Maitlands Brigade. Wellingtons Veteranen hatten sich als stärker und geschickter erwiesen.

Nicht nur war Napoleons letzte Hoffnung auf einen Sieg zerplatzt, auch die Chance auf einen noch glimpflichen Ausgang der Schlacht hatte der Kaiser verspielt.

BERICHT DES OBERST HEW HALKETT ÜBER DEN UNTERGANG DER ALTEN GARDE

„In dem Moment, da General Adams Brigade vorzurücken begann, verlor ich keine Sekunde, ihr mit dem Osnabrücker Bataillon (2. Bataillon, Herzog von York) zu folgen. Meine Brigade stand zu dieser Zeit auf dem linken Flügel von Goumont, eines der Bataillone hielt den Wald besetzt, die übrigen beiden befanden sich in den Gräben dahinter, einige Züge hielten sich auch innerhalb der Ummauerung auf. Schon auf dem Vormarsch befahl ich meinem Brigadeadjutanten, Hauptmann von Saffe, die beiden anderen Bataillone nachzuführen. Doch weder er noch die Bataillone wollten erscheinen. Am nächsten Tag erfuhr ich, dass Hauptmann von Saffe getötet worden war, noch ehe er meinen Befehl überbringen konnte.

Das Osnabrücker Bataillon formierte sich nun rasch zur Linie und verlängerte Adams rechten Flügel. Während des Vorrückens verursachte die französische

Artillerie in unserer Flanke einige Verluste. Daher formierte sich die erste Kompanie des Bataillons zu Zügen und griff, unterstützt von den Scharfschützen, die Stellung an, wobei sie sämtliche sechs Geschütze einschließlich der Zugpferde erbeutete.

Einige hundert Meter zu unseren Rechten entdeckte ich einige Trupps Husaren, die wohl zu den 10. gehörten. Ich forderte sie auf, die Spitze der Infanteriekolonne anzugreifen, die sich hinter den Garden nach links entfaltete. Der Angriff war ein voller Erfolg, die Kolonne wurde zersprengt und ihre Soldaten flüchteten sich in den Schutz einiger Bodenfalten. Von der Kavallerie sah ich danach nichts mehr.

Während unseres Vorrückens blieben wir sehr dicht an der Garde dran und ich forderte sie wiederholt auf, sich zu ergeben. Dabei beobachtete ich besonders einen General in voller Uniform, der, wie ich glaubte, die Garde kommandierte, und versuchte, sie zum Ausharren zu bewegen. Nachdem eine unserer Salven mit gutem Effekt in ihre Reihen gefahren war, machten sie jedoch kehrt und ließen den General sowie zwei Offiziere einfach zurück. Ich befahl den Scharfschützen, weiter vorzurücken, und galoppierte in Richtung des Generals. Noch im Begriff, von mir niedergehauen zu werden, rief er aus, dass er sich ergebe. Darauf führte ich ihn nach hinten, doch schon nach wenigen Metern wurde mein Pferd von einer Kugel getroffen und stürzte zu Boden. Ich brauchte einige Sekunden, um es wieder auf seine Beine zu bringen, und sah, dass mein Freund Cambronne sich auf französische Art in Richtung seiner Leute verabschiedet hatte. Ich holte ihn rasch wieder ein, ergriff ihn an seiner Fangschnur und brachte ihn schließlich in Sicherheit. Ein Feldwebel der Osnabrücker sollte ihn zum Herzog bringen. Ich konnte für diesen Zweck keinen Offizier mehr entbehren, da schon so viele verwundet waren.

Danach schloss ich mich wieder dem Vorrücken der Brigade „Adam" an und wir drängten die beiden französischen Karrees zurück auf ihre Kavallerie, die, völlig vermischt, uns lautstark attackierte. Doch einige unsere Salven versprengten sie in alle Richtungen. [...]

Wir hatten das Glück, zwölf oder vierzehn Geschütze der Garde zu nehmen, die uns soeben noch voll unter Beschuss genommen hatten. Die Scharfschützen drangen mit Unterstützung einer Kompanie mitten in die Geschützstellung vor und steigerten mit ihrem Feuer die allgemeine Verwirrung. Sie machten auch viele Gefangene und spannten die Pferde von den führenden Geschützen ab. Am nächsten Morgen fand ich jedoch genau diese Stücke mit den Markierungen des 52., 71. und anderer Bataillone. Derweil war ich der Chaussee nach Genappe gefolgt, war dort auf die Preußen gestoßen und marschierte danach mit ihnen zusammen, bis wir einige Häuser auf der linken Seite der Straße unweit von Genappe erreichten. Dort verbrachte das Bataillon die Nacht. Es war ziemlich angeschlagen und weit und breit war jetzt kein Rotrock mehr zu sehen."

Aus: H.T. Siborne (Hrsg.), Waterloo Letters, S. 308, Brief des Generals Halkett v. 20.12.1837.

13. Zusammenbruch

Gegen 20 Uhr wurde Napoleons Niederlage offensichtlich. Beinahe zur selben Zeit fielen an gleich drei Brennpunkten der Schlacht die Entscheidungen gegen den Korsen. Auf dem linken Flügel der Franzosen war der Angriff der fünf Bataillone der Alten Garde soeben gescheitert. Die beiden englischen Brigaden Maitland und Adam hatten sich als zu stark erwiesen und gingen nun sogar, unterstützt von einem Bataillon der hannoverischen Landwehr unter Oberst Hew Halkett, zum geschlossenen Gegenangriff über. Auch wenn die kaiserliche Garde noch ihre Ordnung bewahrte, verfolgte der Rest der Armee doch mit Entsetzen ihren Rückzug von der Höhenkuppe. Der Ruf „La Garde recule" machte rasch die Runde und zerstörte mit einem Schlag jede Hoffnung auf den Sieg, der gerade eben noch zum Greifen nah gewesen schien.

Auf Napoleons rechtem Flügel wiederum brachte das Erscheinen der Brigade Steinmetz und General Friedrich von Röders Kavallerie die endgültige Wende zugunsten der Verbündeten. Gelähmt von der bestürzenden Gewissheit, dass nicht Grouchy zu ihrer Unterstützung herbeigeeilt war, sondern nunmehr die erst vor zwei Tagen geschlagenen Preußen ihre Flanke attackierten, verloren d'Erlons Divisionen innerhalb weniger Minuten ihre Ordnung. Zwei preußische Batterien auf einer Anhöhe unweit Smohain bezogen in ihrer Flanke Position und beherrschten von dort den größten Teil des Schlachtfelds. Obwohl die Artilleristen Freund und Feind in dem Hin- und Hergewoge kaum auseinanderhalten konnten, befahl ihnen Oberst von Reiche, nach einigem Zögern und Debattieren, das Feuer zu eröffnen.[148] Die Division Durette räumte endgültig Papelotte und wich nunmehr ohne nennenswerten Widerstand weiter zurück. Ihr Kommandeur geriet mit einer klaffenden Wunde in der Stirn mitten in einen Angriff britischer Kavallerie und wurde auf seinem Pferd in dieser Masse in Richtung Belle Alliance getragen.[149] Nicht die Stärke der wild vorrückenden Preußen beschleunigte den moralischen Zusammenbruch aufseiten der Franzosen. Eher war es das Entsetzen und die hilflose Wut, nach acht Stunden Kampf betrogen worden zu sein. Das Wort vom Verrat ging durch ihre Reihen.[150] Noch ehe d'Erlons Divisionen die Höhen von La Belle Alliance erreichen konnten, hatten sie sich bereits in eine amorphe Masse aus schreienden und fluchenden Männern verwandelt, die nur noch den preußischen Säbeln entkommen wollten.

In Plancenot schließlich machte das Eingreifen der 5. Preußischen Brigade die Lage für Lobaus Korps und die Junge Garde unhaltbar. 12 500 Franzosen standen inzwischen gegen mehr als 30 000 Preußen, die von über 100 Geschützen unterstützt wurden.[151] Mit der Masse von drei Brigaden drang der Gegner erneut in die Ortschaft ein, deren Häuser wie auch die Kirche inzwischen fast alle brannten und in der einbrechenden Dunkelheit eine schaurige Kulisse ergaben. Ein Bataillon der Jungen Garde wurde auf dem Friedhof von Plancenoit eingeschlossen und niedergemacht. Der Rest der Verteidiger räumte gegen etwa 20.30 Uhr die Ortschaft, zunächst noch Haus für Haus zurückweichend, dann aber überstürzt, als die Preußen inzwischen auch südlich von Plancenoit vordrangen. Hinter der Ortschaft ging schließlich bei den Franzosen jede Ordnung verloren. General Pelet, der die beiden Bataillone der Alten Garde geführt hatte, fand gleichwohl noch die Zeit, sich über das Verhalten seiner Soldaten zu wundern. Viele riefen: Halt! Halt!, doch gerade die lautesten Rufer flohen am schnellsten. Nördlich von Plancenoit stellten Lobaus Truppen, wie vom Donner gerührt, ihr Feuer plötzlich ein. Allein unsere Geschütze waren noch zu hören, so General Georg von Pirch in seinem offiziellen Bericht an den König. Nach fast vierstündigem Kampf gegen die doppelte Übermacht der Preußen verwandelte sich das Korps des Grafen innerhalb weniger Augenblicke in eine fliehende Masse. In Plancenoit gelang es General Pelet, ein kleines Häuflein von Kämpfern um den Adler der Garde zu sammeln, das sich, rasch weiter anwachsend, seinen Weg durch Freund und Feind zur Charleroi-Chaussee bahnte.[152]

„Wir wurden nun auch von hinten beschossen, und unsere Soldaten, bereits zutiefst verunsichert, entdeckten plötzlich unsere polnischen Lanzenreiter, hielten sie aber für britische Kavallerie und riefen: Wir sind verloren. Dieser Schrei pflanzte sich fort durch unser gesamtes Regiment. Bald war jede Ordnung verloren. Jeder dachte nur noch daran, sich selbst zu retten. Es war unmöglich, die gänzlich verwirrten Soldaten noch einmal zu sammeln. Die Kavallerie folgte dem Beispiel der Infanterie. Ich sah Dragoner, die im Galopp flüchteten, dabei ihre unglücklichen Kameraden von der Infanterie niederrissen und mit ihren Pferden schließlich über die am Boden Liegenden hinwegritten. Ich selbst wurde sogar einmal niedergestreckt. Angewidert von diesem Chaos und erschöpft von meinen vergeblichen Bemühungen, hörte ich nicht auf, mit lauter Stimme zu rufen: Haltet an, sammelt Euch, wir werden nicht verfolgt. Als ich sah, dass es völlig zwecklos war, ergriff ich ein Gewehr und richtete es auf zwei oder drei Dragoner. Das Bajonett auf sie gerichtet, schrie ich sie mit lauter Stimme an, dass wir nicht verfolgt würden und ich dem Ersten, der versuchte, an mir vorbeizukommen, eine Kugel in den Leib jagte. So brachte ich sie schließlich zum Stehen und sammelt auf dieselbe Art noch ein Dutzend Kavalleristen und 60 Mann Infanterie."

Aus: Journal de route du Capitaine Robinaux, Paris 1908, S. 210.

Wellington verfolgte von seiner Position an der Kreuzung nördlich von La Haye Sainte den Zusammenbruch des rechten französischen Flügels und gab, etwa gegen 20.30 Uhr, seiner gesamten Armee den Befehl zum Vormarsch. Das dreifache Schwenken seines Hutes quittierten die Truppen in seiner Nähe mit einem ebenfalls dreifachen Hurra. Doch was sich jetzt noch auf seinem linken Flügel nach vorne bewegte, war alles andere als eine eindrucksvolle Streitmacht. „Als die Linie der Infanterie antrat", so General von Müffling, „sah man überall Häufchen von einigen hundert Mann mit großen Zwischenräumen vorrücken."[153] Auf nur noch 160 Mann geschrumpft, nahm etwa das 30. Regiment der Brigade Halkett erst gar nicht an diesem demonstrativen Schlussakt teil, ebenso die übrigen Brigaden der Division Alten. Stattdessen stellten die Männer überall ihre Waffen zusammen und machten sich, von Durst gepeinigt, auf die Suche nach Trinkwasser.[154] Auch Hauptmann Mercers berittene Batterie verharrte auf ihrem Platz, zuletzt noch schwer angeschlagen durch den irrtümlichen Beschuss aus Zietens Geschützen.[155] Die Überlebenden des 92. Hochlandregimentes wiederum waren nicht weit über La Haye Sainte hinausgekommen, wo sie schließlich in unmittelbarer Nähe zu dem 24. Preußischen Infanterieregiment ihr Biwak aufschlugen.[156]

Allein der rechte Flügel Wellingtons verfügte noch über kampffähige Infanterie. Flankiert von den Kavalleriebrigaden Vivian und Vandeleur attackierten die Brigaden Maitland und Adam die vier noch intakten Bataillone der Alten Garde, die immer noch in der Senke zwischen Goumont und der Chaussee nach Charleroi verharrten. Die Berichte über die Effektivität dieser Attacken fallen recht widersprüchlich aus. Brigadekommandeur Sir Hussey Vivian brüstete sich, mit einem seiner Regimenter ein Karree der kaiserlichen Grade völlig zersprengt zu haben.[157] Nach anderen Berichten suchte sich die britische Kavallerie jedoch nach einigen wirksamen Salven der Franzosen rasch leichtere Ziele.[158]

Von Napoleon dort als Reserve zurückgelassen, vermochten die wenigen isolierten Bataillone der überall um sich greifenden Panik kaum noch Einhalt zu gebieten. Von einigen halbherzigen Gegenstößen der Kürassiere abgesehen, war die französische Kavallerie inzwischen zu schwach, um die Karrees der Garde noch wirksam schützen. So konnten Adams und Maitlands Gardisten, die sich zu breiten Schützenlinien formiert hatten und von der Artillerie mit Kanisterbeschuss unterstützt wurden, die langsam und immer noch geordnet zurückweichende Garde allmählich niederkämpfen. Jedes Mal, nachdem sie sich 50 Meter zurückgezogen hatten, hielten die Franzosen an, um ihre dezimierten Reihen wieder zu schließen.[159] Eine Aufforderung zur Kapitulation soll von Pierre Cambronne mit dem legendären „Merde" beantwortet worden sein.[160] Der General, der Napoleon noch im Jahr zuvor in dessen Exil nach Elba begleitet hatte, bestritt später energisch diese Äußerung. Berichte von Angehörigen der hannoverischen Landwehrbrigade Halkett bestätigen ihn.[161] Demnach soll Cambronne, mit einer Gesichtsverletzung vom Pferd gestürzt und von seinen Truppen zurückgelassen, von Oberst Hew Halkett selbst oder von einem Feldwebel des Osnabrücker Landwehrbataillons gefangen genommen worden sein. Der General überlebte das abendliche Gemetzel und wurde von den Bourbonen zunächst zum Tode verurteilt, ein Jahr später aber amnestiert.

An diesem Tag an fast allen Brennpunkten der Schlacht zu finden, hatte Marschall Ney zunächst versucht, noch einmal zwei Bataillone der Division Durette zum Stehen zu bringen. „Kommt und seht, wie ein Marschall von Frankreich stirbt!", rief er den Soldaten zu. Doch es war zu spät. Auch der legendäre „Rougouard" hatte keine Macht mehr über die Männer. Die Bataillone zerfielen beim ersten Nachsetzen des Gegners in Stücke, und wo noch eine militärische Ordnung eingehalten wurde, verlor sich bald in dem allgemeinen Tumult. Mit seinem pulvergeschwärzten Gesicht und seiner zerrissenen Uniform kaum noch zu erkennen, schritt Ney über das Schlachtfeld, auf dem ihm insgesamt fünf Pferde unter dem Sattel weggeschossen worden waren. Dem General d'Erlon, auf den er unterwegs traf, rief er zu, man würde sie beide hängen, falls sie dies hier überlebten. Schließlich erreichte der Marschall das Plateau von Rossomme und gelangte nicht weiter behelligt nach Genappe, wo ihm endlich ein Offizier sein Pferd überließ.[162] Von den ehemals neun Bataillonen der Alten und Mittleren Garde gelangten nur noch Reste der Karrees auf das Plateau von Belle Alliance, wo sie bald in der Flut der flüchtenden Franzosen aufgingen.[163]

Napoleon musste das Scheitern seines Elitekorps von einer kleinen Erhöhung am Rande des Obstgartens von La Haye Saint mitverfolgen. Hatte er anfangs noch gehofft, die Niederlage in Grenzen halten zu können, erkannte er jetzt, dass seine Armee völlig zerbrochen war. Statt sich hinter den Gardebataillonen zu sammeln, drohten die flüchtenden Massen auch die militärische Elite des Kaisers in den Untergang zu reißen. Napoleon befahl daher den am Feind verbliebenen Karrees der Garde den Rückzug und sprengte, von einigen berittenen Chasseurs eskortiert, in Richtung Rossomme, wo er sich in den Schutz eines der beiden dort zurückgelassenen Karrees der Alten Garde begab. Während die Reste seiner Armee in wilder Auflösung an ihnen vorbeiströmten, der feindlichen Kavallerie hilflos ausgeliefert, boten diese beiden Formationen, jeweils rechts und links der Chaussee aufgestellt, den Verfolgern noch unbeirrt die Stirn. Zwar ging den an ihren Flanken aufgefahrenen Zwölfpfündern der Garde bald die Munition aus und englische Husaren hieben die Bedienungen nieder. Doch zu den beiden Karrees hielten die Angreifer respektvolle Distanz, nachdem einige gut sitzende Salven der Franzosen ihre Reihen erheblich gelichtet hatten.[164]

Gegen 21.30 Uhr wurde klar, dass auch die Stellung bei Rossomme den Franzosen keinen Rückhalt bot. Inzwischen hatten Bülows Batterien von Plancenoit aus erneut die Chaussee unter Feuer genommen und die preußische Infanterie bedrohte jetzt bereits den Rücken der Franzosen. Napoleon befahl daher den beiden Gardebataillonen, im Karree auf Le Caillou auszuweichen. Dort hatte sich ein drittes Bataillon aus Gardejägern inzwischen mit Erfolg gegen zwei Kolonnen der 5. Preußischen Brigade gewehrt und die Angreifer in die angrenzenden Wälder zurückgetrieben. Napoleon lobte den Kommandeur wegen seiner Umsicht und Standfestigkeit und befahl ihm, sich den beiden anderen Karrees anzuschließen. Fast unangefochten gelangte dieser bescheidene Rest einer Armee, die am Morgen noch die am meisten gefürchtete Streitmacht Europas gewesen war, nach Genappe und über die Dyle.

DIE CHAUSSEE SAH WIE EIN GROSSER SCHIFFBRUCH AUS

„Mit dem Rückzug des Feindes ging es noch so lange erträglich, bis das Dorf Plancenoit in seinem Rücken, das die Garden verteidigten, nach mehreren abgeschlagenen Angriffen und vielem Blutvergießen endlich mit Sturm genommen war. Nun wurde aus dem Rückzug eine Flucht, die bald das ganze französische Heer ergriff und immer wilder und wilder alles mit sich fort riss. Es war halb neun Uhr. Der Feldmarschall versammelte jetzt die höheren Offiziere und befahl, dass der letzte Hauch von Mensch und Pferd zur Verfolgung aufgeboten werden sollte. Die Spitze der Armee beschleunigte ihre Schritte. Rastlos verfolgt, geriet das französische Heer bald in eine völlige Auflösung. Die Chaussee sah wie ein großer Schiffbruch aus. Sie war mit unzähligen Geschützen, Pulverwagen,

Letzter Moment der Schlacht von Waterloo,. Kolorierter Kupferstich nach 1815.

Fahrzeugen, Gewehren und Trümmern aller Art wie besät, aus mehr als neun Biwaks wurden diejenigen, die sich einige Ruhe hatten gönnen wollen und keine so schnelle Verfolgung erwartet hatten, vertrieben; in einigen Dörfern versuchten sie zu widerstehen, doch sowie sie die Trommeln und Flügelhörner hörten, flohen sie und warfen sich in die Häuser, wo sie niedergemacht oder gefangen wurden. Der Mond schien hell und begünstigte die Verfolgung. In Genappe hatte sich der Feind mit Kanonen, umgeworfenen Munitionswagen und Fahrzeugen verbarrikadiert; als wir uns näherten, hörten wir plötzlich ein Lärmen und Fahren im Ort und erhielten zugleich vom Eingang her ein starkes Gewehrfeuer; einige Kanonenschüsse, ein Hurrah und die Stadt war unser. Hier wurde unter vielen Equipagen Napoleons Wagen genommen, den er soeben erst verlassen hatte, um sich zu Pferde zu werfen und in welchem er in der Eile seinen Degen zurückgelassen und beim Herausspringen seinen Hut eingebüßt hatte."

Armeebericht der Preußischen Armee vom Niederrhein. Aus: Pertz/Delbrück,
Das Leben des Feldmarschalls August Graf Neidhardt von Gneisenau, Bd. 4, S. 708f.

14. Zurück über die Grenze

Die Taverne „La Belle Alliance" war der Zielpunkt von Wellingtons improvisiertem Vormarsch, der sich mehr der Magnetwirkung des französischen Zusammenbruchs als der eigenen Stärke verdankte.[165] So wie das Schwenken seines Hutes die Wende der Schlacht markiert hatte, trug auch die Begegnung mit Blücher an jenem Ort, von dem aus Napoleon kurz zuvor noch seine Attacken gelenkt hatte, starke symbolhafte Züge. Die Umarmung der beiden siegreichen Feldherren inmitten ihrer erschöpften, aber stolzen Kämpfer, das spontane Anstimmen feierlicher Lieder, die den nunmehr rasch verebbenden Gefechtslärm übertönten, vermittelten das trügerische Bild einer innigen Eintracht der Verbündeten.[166]

Schon im Augenblick des gemeinsamen Sieges aber begann auf beiden Seiten die Geschichtspolitik. So widersprach der Herzog dem spontanen Vorschlag Blüchers, die glücklich gewonnene Schlacht nach dem Ort ihres Zusammentreffens zu benennen.[167] Nichts hätte aus Wellingtons Sicht die Geschehnisse des zurückliegenden Tages mehr auf den Kopf gestellt, als eine Namensgebung, die das Gemeinsame des Sieges betonte. Er allein hatte dem bis dahin größten Feldherrn der Geschichte fast zehn Stunden die Stirn geboten und schließlich seine Alte Garde geschlagen.[168] Die Preußen hatten dazu allenfalls Handlangerdienste geleistet und mochten dies jetzt auch weiterhin tun, indem sie Napoleons besiegte Armee durch die hereinbrechende Nacht verfolgten.

Während der ebenfalls bei Belle Alliance anwesende Gneisenau rasch ein Korps von einigen Hundert Reitern, Füsilieren des 15. Regiments und ein paar Geschützen der berittenen Artillerie sammelte, um den fliehenden Franzosen hinterherzujagen, begab sich Wellington nach kurzer Absprache mit Blücher gegen 22 Uhr in sein Quartier. Dort verfasste er noch in der Nacht seine berühmte Depesche an Earl Bathurst, die ihn als den wahren Sieger über Napoleon präsentierte und zugleich „Waterloo" als zukünftigen Namen der soeben gewonnenen Schacht vorgab.[169]

Das Zusammentreffen Blüchers und Wellingtons nach der Schlacht. Aus „Historic, Military, and Naval Anecdotes of particular incidents which occurred to the armies of Great Britain and her allies in the last …, London 1819.

Derweil wälzten sich die Reste der französischen Armee in der Dunkelheit auf der Charleroi-Chaussee nach Süden. Außer den drei Bataillonen der Alten Garde, in deren Schutz Napoleon bis Genappe gelangt war, schienen bis hierhin auch die Divisionen des Reilleschen Korps noch halbwegs intakt. Die Hoffnungen des Kaisers erfüllten sich jedoch nicht, in dem etwa sechs Kilometer südlich des Schlachtfeldes liegenden Städtchen noch einmal Ordnung in den Rückzug zu bringen und irgendeine Form von Widerstand zu organisieren. Tatsächlich schien der letzte Zusammenhalt der Truppe erst jetzt in ein vollkommenes Chaos umzuschlagen. Ohne zu wissen, dass die Dyle auch problemlos durchwatet werden konnte, stauten sich in den engen Gassen von Genappe die Reste von Bataillonen oder

Batterien, die alle zur Brücke strebten. Fuhrwerke oder Geschütze blockierten den Weg und in einem allgemeinen Hauen und Stechen versuchte bald jeder auf eigene Faust, sich seinen Weg zu dem scheinbar rettenden Übergang zu bahnen. Doch schon waren ihnen die preußischen Ulanen und Husaren dicht auf den Fersen. Mit einer Batterie ihrer reitenden Artillerie zerschossen sie die wenigen Barrikaden aus umgestürzten Fahrzeugen und Lafetten, welche die Franzosen am Ortsrand errichtet hatten. Der Widerstand der wenigen organisierten Kräfte war rasch gebrochen und General von Röders Reiter konnten in die Stadt eindringen, wo sie auf alles hieben und stachen, was ihnen vor die Hufe geriet. 2000 Gefangene und 78 Kanonen fielen in kurzer Frist in die Hände der Verfolger.[170] Hier oder kurz darauf fiel auch General Lobau zusammen mit dem bekannten Militärarzt Dr. Dominique Larrey in die Hände der Preußen. Letzterer musste wegen seiner angeblichen Ähnlichkeit mit Napoleon sogar um sein Leben fürchten.[171] Dem Kaiser gelang zu Pferde mit knapper Not die Flucht. Die für ihn bereitstehende Kutsche mit seiner persönlichen Ausstattung, seinem Hut, seinem Degen und Diamanten im Wert von angeblich 1 Mio. Franc fiel in die Hände der Preußen.[172] Am nächsten Tag präsentierte sich Blücher in kindlichem Stolz mit Napoleons Kopfbedeckung und Degen und fragte scherzend seinen Schwager, den Major Colomb, was er von seiner neuen Aufmachung halte.[173] Die erbeuteten Diamanten wurden der preußischen Staatskasse zugeführt

Auch südlich Genappe gaben die Verfolger keine Ruhe. Wo sich französische Gruppen bereits in Sicherheit wähnten und sich zum Biwak niedergelassen hatten, wurden sie durch Gneisenaus Kavallerie immer wieder aufgeschreckt. Der General hatte einen Trommler auf ein Packpferd gesetzt, dessen Schläge nunmehr den Gegnern glauben machte, sie würden auch von der Infanterie angegriffen. In dieser atemlosen Verfolgung verflüchtigten sich die letzten Reste von Organisation und Zusammenhalt. Nachdem bereits in Genappe die Mehrzahl der Artillerie und fast sämtliche Wagen verloren gegangen waren, begannen nun auch einzelne Soldaten ihre Waffen und Ausrüstungen fortzuschmeißen. Kaum jemand gehorchte noch den Offizieren. Selbst jene, die den Rückzug von Mos-

kau überlebt hatten, erinnerten sich nicht, jemals ein solches Chaos gesehen zu haben.[174] Erst in den frühen Morgenstunden kurz hinter Frasnes stellte Gneisenau, der jetzt nur noch wenige völlig erschöpfte Reiter bei sich hatte, seine Verfolgung ein. Es war nach seinen eigenen Worten die „schönste Nacht seines Lebens".[175] Nicht weit voraus durchquerten viele französische Soldaten, nach einer Flucht über fast 50 Kilometern, noch vor Morgengrauen die Sambre. Nur vier Tage zuvor hatten sie den Fluss noch so siegesgewiss überschritten. Auf kaum 40 000 Franzosen, zum Teil ohne Waffen und nur noch mit 27 Geschützen schätzte der preußische General die Reste der *Armée du Nord*.[176]

Von einer Handvoll Chasseurs zu Pferde begleitet, gelangte Napoleon ebenfalls über die Grenze und war am Morgen in Philippeville.[177] Dort trafen kurz darauf auch Soult, Reille und Drouot ein. Retten konnten sich auch die drei letzten Gardebataillone, die, von den Preußen nicht weiter gestört, Genappe umgangen hatten und danach ungehindert die Grenze überschritten. 4000 bis 5000 Mann aus allen Formationen der Garde sollen sich vier Tage später bei Soissons wieder gesammelt haben. [178]

Von Philippeville aus begann der Kaiser sofort, in alle Richtungen Befehle zu senden, die Versprengten mussten wieder gesammelt und die Festungen verproviantiert werden. Nicht mehr als 2600 Soldaten waren in der Stadt verfügbar, in Avesnes waren es noch einmal 6000.[179] Wenigstens 30 000 Soldaten bewegten sich noch irgendwo im Grenzgebiet, hielten sich in den Dörfern versteckt oder versuchten auf eigene Faust, sich in ihre Heimat durchzuschlagen.

Einmal mehr setzte Napoleon seine Hoffnungen auf Grouchy. Noch von Quatre Bras aus hatte Napoleon ihm einen Offizier nach Wawre geschickt, mit dem Befehl, sich sofort über Namur zurückzuziehen. Gelang es dem Marschall mit seinen beiden Korps der Gefangenschaft zu entgehen, könnte er schon in drei Tagen wieder 50 000 Soldaten an der Grenze zusammen haben. Noch am selben Morgen schrieb der Kaiser an seinen Bruder Joseph in Paris, der die Deputierten erst einmal ruhig halten sollte. „Alles ist noch keineswegs verloren", begann der wirre Brief voll abenteuerlicher Ideen, von denen sein Empfänger genau wusste, dass sich keine einzige davon jemals realisieren ließ. Aus den Nationalgarden und den Truppen in den Depots wollte Napoleon noch einmal eine Armee von 300 000 Mann bilden und die Artillerie sogar mit den Kutschpferden der Reichen bespannen. Selbst die Gewehre der Royalisten sollten eingezogen werden. Dass er zuletzt noch die verlorene Schlacht zu einem „schrecklichen Scharmützel" bagatellisierte, zeigte nur, wie sehr ihm der Realitätssinn bereits abhandengekommen war.[180]

Bereits kurz nach Mittag reiste Napoleon weiter, zunächst in Richtung Laon. Er musste so rasch wie möglich nach Paris, wo sich die Zukunft seines Kaisertums entschied. Noch einmal durften hinter seinem Rücken keine politischen Entscheidungen fallen. Das Sammeln und Ordnen der versprengten Truppen konnte er daher für einige Tage getrost Soult überlassen.

Während der Kaiser in Philippeville wieder neue Hoffnung fasste, hatte sein in der Nacht abgeschickter Melder gegen 10.30 Uhr Grouchy vor Wawre die Nachricht von der Niederlage und dem Rückzug der Hauptarmee überbracht. Der Offizier führte keine schriftliche Meldung mit sich und gab, noch erschüttert von den gestrigen Ereignissen und völlig erschöpft von seinem langen Ritt, zunächst nur einen konfusen Bericht, aus dem aber schließlich die Katastrophe des Vortages deutlich wurde.[181] Bis zu diesem Zeitpunkt hatten sich Grouchys Operationen auf dem linken Ufer der Dyle durchaus erfolgreich entwickelt. Die Franzosen hatten ihren Brückenkopf bei Limale ausgeweitet und damit Thielmanns Brigaden in Wawre ausmanövriert. Die Preußen hatten schon kurz nach Mitternacht von Napoleons Niederlage erfahren und waren daher am Morgen zunächst aus Wawre nach Norden abgezogen. Thielmann wusste inzwischen auch, dass bereits Pirchs II. Preußisches Armeekorps von Plancenoit her unterwegs war, um dem Gegner den Rückzug zur Sambre abzuschneiden.[182] Eine Bewegung, mit der Grouchy jetzt rechnen musste, auch wenn er die Details nicht kannte.

Hatte er an den beiden Tagen zuvor bei der Verfolgung der Preußen noch viel Zeit vergeudet, so handelte er jetzt erstaunlich schnell und besonnen. Sofort rief er die Generale Gérard und Vandamme zu sich, unterrichtete sie über die neue Lage und rechtfertigte noch einmal seine gestrigen Entscheidungen. Nach kurzer Debatte über die noch vorhandenen Optionen fiel der Entschluss für den Rückzug über Namur und Dinant. Vandammes Vorschlag, auf Brüssel zu marschieren, dort die Gefangenen zu befreien und auf einer westlichen Route nach Frankreich zurückzukehren, war Grouchy allzu riskant erschienen.[183]

Exelmans Kavallerie sollte nun so schnell wie möglich aufbrechen, um die Sambreübergänge bei Namur zu sichern, während Gérards IV. Korps über Limale zurück nach Gembloux marschierte, gefolgt von Vandamme, der zunächst in Wawre den Rückzug bis zum Nachmittag decken sollte. Erst am Abend bemerkte Thielmann, dass die Franzosen ihm nicht mehr auf den Fersen waren. Pajols Kavallerie hatte Grouchys Rückzug geschickt verschleiert. Das Absetzen vom Feind war somit fast ohne einen einzigen Schuss erfolgt und um Mitternacht hatte der Marschall bereits alle seine Truppen ungehindert im Raum Gembloux versammelt. Die Franzosen profitierten vollkommen von der berechtigten Vorsicht der Preußen. Beide Armeekorps waren für sich genommen deutlich schwächer und wären, wenn sie isoliert den Gegner angegriffen hätten, wohl übel zugerichtet worden. So gelangte zwar Pirch nach einem strapaziösen Nachtmarsch schon am Mittag des 19. Juni nach Mellery, das kaum zehn Kilometer von Gembloux entfernt lag. Dort glaubte er seinen erschöpften Männern erst einmal eine längere Ruhepause gönnen zu müssen, versäumte aber, mit seiner Kavallerie auf dem rechten Ufer der Dyle aufzuklären. Thielmann wiederum nahm die Verfolgung des Gegners sogar erst am folgenden Morgen auf.[184]

So gelang es zwar der preußischen Kavallerie, am 20. die Verfolgten noch im Vorfeld von Namur zu stellen, doch einmal mehr bewies Grouchy nun Führungsqualität, indem er persönlich an der Spitze seiner Kavallerie dem abgeschnittenen IV. Korps den Weg nach Namur freikämpfte. Sämtliche Geschütze, Fahrzeuge und Verwundete gelangten mit reger Unterstützung der Bevölkerung der Stadt über die Maas. General Teste sicherte mit 2000 Mann und acht Kanonen, die er auf den Festungswällen postiert hatte, das Übersetzen und wies mehrmals Angriffe des II. Preußischen Korps gegen Namur ab. Pirch verlor dabei fast 1500 Mann. In der Nacht erreichte Grouchys Avantgarde unangefochten Dinant und überquerte am nächsten Tag die Grenze. Ein schwieriger Rückzug von fast 60 Kilometern war in drei Tagen vollbracht. Angesichts der Schockwirkung, welche die Nachricht von der Niederlage des Kaisers in allen Rängen ausgelöst hatte, war dies eine umso bemerkenswertere Leistung. Am 26. Juni schloss Grouchy mit noch 30 000 Soldaten und knapp 50 Geschützen bei Laon zur Hauptarmee auf, die jetzt tatsächlich wieder eine Stärke von 50 000 Mann aufwies. Doch zu diesem Zeitpunkt hatte Napoleon schon abgedankt, Blücher und Wellington waren mit ihren Armeen über die Grenze zu Frankreich vorgestoßen, und der kurze Krieg des Kaiserreichs gegen ganz Europa befand sich in der Abwicklung. Am 7. Juli 1815 zogen die Preußen zum zweiten Mal innerhalb von nur 15 Monaten in die französische Hauptstadt ein.

15. Nach der Schlacht – Die Toten, die Verwundeten und die Geplünderten

Als Wellington sich am späten Abend des 18. Juni auf den Weg in sein Quartier nach Waterloo machte, ritt er beinahe einsam zurück über ein Schlachtfeld, auf dem er an diesem Tag den Gipfel seines militärischen Ruhmes erreicht hatte. Ein Triumphgefühl wollte jedoch nicht aufkommen angesichts der wohl 40 000 Toten, Sterbenden und Verwundeten, die nun da lagen, wo am Morgen noch wogendes Korn gestanden hatte.[185] Kaum ein Angehöriger seines Stabes hatte das Gemetzel des Tages unverletzt überstanden. Sir William Howe de Lancey, sein Quartiermeister-General, war von einer verirrten Kanonenkugel mit solcher Wucht vom Pferd geworfen worden, dass sein Körper noch einmal vom Boden abprallte. In einer Decke trug man den Verwundeten vom Schlachtfeld nach Mont St. Jean, wo er noch sechs Tage überlebte, aufopferungsvoll gepflegt von seiner Frau. Aus Antwerpen war sie direkt auf das Schlachtfeld gereist, sobald sie die Unglücksnachricht erhalten hatte.[186] Wellingtons Adjutanten und Neffen Lord Fitzroy Somerset war bei La Haye Sainte der rechte Arm zerschmettert worden, und noch eines der letzten französischen Kanistergeschosse – vielleicht war es auch ein preußisches – hatte dem stellvertretenden Befehlshaber Lord Uxbrigde, als er sich auf seinem Pferd unmittelbar neben dem Herzog befand, das rechte Knie zerschlagen.

VIERMAL VERWUNDET UND ZWEIFACH GEPLÜNDERT

„Die französische Artillerie nahm uns unter heftiges Feuer, vor allem mit Kanistergeschossen, die allerdings für jeden auf unserer Seite getroffenen Mann auch drei der eigenen Leute töteten.

In dem Durcheinander wurde ich sofort durch Treffer in beide Arme außer Gefecht gesetzt. Die wenigen Männer, die mir noch folgten, fielen einer nach dem anderen (den polnischen Ulanen) zum Opfer. Es wurde weder Pardon gegeben noch danach gefragt. Ich selbst wurde von meinem Pferd noch ein Stück vorangetragen, bis mich ein Hieb mit einem Säbel bewusstlos zu Boden warf. Nachdem ich wieder zu mir gekommen war, erhob ich mich ein wenig, um mich umzuschauen – ich glaube sogar, dass ich in diesem Moment noch in der Lage war, aufzustehen und wegzulaufen –, als mich ein Lanzenreiter passierte und mir mit den Worten: Wie, Du Hund bist noch nicht tot! seine Lanze in den Rücken bohrte. Mein Kopf kippte nach vorne und mein Mund füllte sich mit Blut. Ich bekam keine Luft mehr und dachte schon, jetzt sei es zu Ende. Nicht lange danach – es war mir zwar nicht möglich, die genaue Zeit anzugeben, aber es dürfte wohl weniger als zehn Minuten nach dem Angriff gewesen sein – erschien ein Tiralleur, um mich auszuplündern, und drohte, mich zu töten. Ich bedeutete ihm, dass er mich durchsuchen könne, und zeigte auf eine kleine Seitentasche, aus der er drei Dollar nahm, alles, was ich bei mir hatte. Er lockerte meinen Uniformrock und riss meine Weste auf, um mich dann in dieser unglücklichen Position liegen zu lassen. Er war noch nicht lange weg, da erschien ein anderer Franzose mit derselben Absicht. Da es mir gelang, ihn davon zu überzeugen, dass ich schon ausgeplündert worden sei, ließ er mich in Ruhe, wohl auch, weil jetzt ein Offizier mit anderen Soldaten erschien, zu denen der Tiralleur offenbar gehörte. Er hielt an und meinte zu mir, ich sei ziemlich schwer verwundet. Ich bejahte das und bat ihn, nach hinten gebracht zu werden. Er erwiderte, dass es gegen den Befehl sei, selbst die eigenen Leute in Sicherheit zu bringen, versicherte mir aber, dass er alles in seiner Macht stehende unternehmen würde, sobald die Schlacht gewonnen sei, was gewiss der Fall sein werde, da der Herzog tot sei und sechs britische Bataillone sich bereits ergeben hätten. Ich klagte über Durst und er hielt mir seine Cognacflasche an meine Lippen, befahl einem seiner Männer, mich auf den Rücken zu legen und mir einen Tornister unter den Kopf zu schieben. Dann verschwand er in den Kampf und ich werde wohl nie erfahren, wessen Großzügigkeit ich nunmehr verpflichtet war. Schließlich erschien ein anderer Tiralleur, kniete ab und feuerte direkt über mich hinweg. Während er viele Male lud und schoss, sprach er mit größter Freundlichkeit, zuletzt verschwand er und meinte noch zu mir: „Es wird Sie erfreuen, zu hören, dass wir uns zurückziehen. Guten Tag mein Freund."

Während die Schlacht in diesem Teil noch weitertobte, wurden viele der Verwundeten und Toten von weiteren Geschossen getroffen, die hier sehr dicht einschlugen. Als gegen Abend die Preußen erschienen und der Geschützdonner entlang ihrer und der britischen Linien anschwoll, je näher sie rückten, erschien mir dies wie das schönste Geräusch, das ich je vernommen hatte. Die Dämmerung war schon eingetreten, als zwei preußische Schwadronen, jede zu zwei Reihen formiert, in vollem Trab über mich ritten, wobei ich in übler Weise hin und her geworfen wurde. Welche Gefühle das Herannahen ihres Hufschlags bei mir auslöste, lässt sich wohl leicht vorstellen. Wäre es an ihrer Stelle ein Geschütz gewesen, so hätte das wohl mein Ende bedeutet.

Die Schlacht war nun beinahe vorbei oder entfernte sich wenigstens von der Stelle, wo ich lag. Plötzlich konnte ich das Schreien und Stöhnen der Verwundeten immer deutlicher vernehmen, das nun dem Rufen und Fluchen und dem ständigen „Vive l'Empereur" der Franzosen folgte. Hier und da trat auch schon eine Phase völliger Ruhe ein, die mir schlimmer erschien als der gesamte Lärm."

Dutzende von hohen Offizieren wie Charles Alten, der Kommandeur der 3. Division, oder John Halkett, einer seiner Brigadekommandeure, waren schwer verletzt. Von den beiden Kommandeuren der Königlich Deutschen Legion waren Oberst Ompteda gefallen und Oberst du Plat schwer verwundet worden.

Wellington dürfte auf seinem Rückweg auch an jener Stelle direkt neben der Chaussee vorbeigeritten sein, an der sein alter Kampfgefährte aus dem spanischen Krieg, Generalmajor Thomas Picton, etwa acht Stunden zuvor tödlich verwundet worden war. Und irgendwo in der Dunkelheit östlich der Chaussee lag immer noch der ungeborgene Leichnam von William Ponsonby, dem Kommandeur der schweren Kavalleriebrigade.

In seinem Bett in der Dorfgaststätte in Waterloo fand der Herzog schließlich ein weiteres Mitglied seines Stabes, den schwer verletzten Adjutanten Alexander Gordon. Der Militärarzt John Hume hatte ihm das zerschmetterte Bein amputiert. Doch der erst 29-jährige Oberst, ein jüngerer

Bruder des amtierenden Premierministers Lord Aberdeen, verstarb noch in derselben Nacht, während Wellington im Nebenraum seine berühmte Nachricht an Kriegsminister Bathurst verfasste.

Dagegen überlebten Lord Uxbrigde, der spätere Marquis of Anglesy, und Somerset die qualvolle Prozedur der Amputation und konnten trotz ihrer schweren Behinderungen ihre militärische Karriere in der britischen Armee fortsetzen. Beide stiegen zuletzt in den Rang eines Feldmarschalls auf, und Somerset starb 40 Jahre später als Oberbefehlshaber der britischen und französischen Streitkräfte auf der Krim.

Über ihre Verletzungen verbreiteten sich rasch Legenden und Geschichten, welche die Kaltblütigkeit der beiden Offiziere angesichts ihrer grausigen Verstümmelungen noch unterstrichen. Uxbrigdes amputiertes Bein wurde im Garten des Hauses, wo die Operation stattgefunden hatte, begraben und die Stelle sogar mit einer Inschrift versehen, die später zahllose Schlachtfeldtouristen anzog.[187] Dagegen blieb das Schicksal Tausender anderer namenloser Opfer der Schlacht fast im Dunkeln. Der belgische Historiker Jacques Logie zählte allein auf alliierter Seite 13 600 Verwundete, für die französische Armee gibt es nur Schätzungen. Fast jeder vierte Soldat Napoleons soll demnach bei Waterloo verwundet worden sein.[188] Auf beiden Seiten starben viele Verletzte noch in den folgenden Tagen an Schock, Wassermangel, Blutverlust oder Bauchfellentzündung, die oft durch Schmutz oder Kleiderreste in der Wunde entstand. So kamen etwa beim 32. Regiment der Brigade Kempt zu den 28 Gefallenen während der Schlacht noch 42 weitere Soldaten, die bis zum 28. Juni ihren Verletzungen erlagen.[189]

Andere Kampfunfähige wurden von den Siegern einfach getötet, wie die verwundeten Franzosen in Rossomme, denen preußische Infanteristen ihre Bajonette in den Leib rammten. Es war eine heiße Rache für die eigenen Kameraden, die kurz zuvor noch von der Garde in Plancenoit auf gleiche Weise umgebracht worden waren. Nur ein englischer Dragoner, über dessen Schicksal sich die Schlächter zunächst nicht einig wurden, entging dem Massaker, weil ein Stabsoffizier Wellingtons beherzt einschritt.[190]

Zwar hatten viele noch gehfähige Verwundete das Schlachtfeld bereits während der Kampfhandlungen verlassen, schwerere Fälle waren zunächst nach Mont St. Jean zurückgebracht worden, wo die Armee wie auch einzelne Divisionen außerhalb der Reichweite der feindliche Geschütze provisorische Lazarette eingerichtet hatten. Auf den Massenanfall von Verwundeten waren die Armeen der napoleonischen Zeit auch nach zwei Dekaden fast ununterbrochener Kriege nur unzulänglich vorbereitet. So verfügte jedes britische Bataillon nur über einen einzigen Feldchirurgen und zwei Gehilfen, sodass bei einem Ausfall eines Drittels der Männer auf einen Arzt fast 200 Verwundete kamen. Die Ausstattung mit Transportmitteln war noch unbefriedigender. Auch Sanitäter waren nicht vorhanden, sodass während der Schlacht die Regimentsmusiker zum Bergen und Abtransport der Verletzten herangezogen wurden. Obwohl darüber hinaus auch viele Soldaten aus der Schützenlinie gern die Gelegenheit ergriffen, Verletzte nach hinten zu schleppen, lagen viele Schwerverwundete auch bei Einbruch der Nacht noch dort, wo sie getroffen worden waren oder sich hingeschleppt hatten.

Nach dem Abflauen der Kämpfe biwakierten die unversehrten Soldaten inmitten des schaurigen Gewimmels aus stöhnenden Verwundeten und schnaubenden Pferden, denen ihre Eingeweide aus der Bauchhöhle hingen. Auch die Überlebenden von Hauptmann Mercers berittener Batterie hatten sich, nachdem sie noch gegen Ende der Schlacht irrtümlich von der Artillerie der 1. Preußischen Brigade beschossen worden waren, etwa im Bereich des östlichen Ohain-Weges zur Nacht eingerichtet. Zwar waren die Soldaten nach zehnstündigem Kampf erschöpft, fast taub und litten schrecklichen Durst. Doch es kam weder dem Batteriechef noch seinen beiden überlebenden Offizieren in den Sinn, die Verletzten in ihrer Umgebung zu bergen oder zu versorgen, obwohl die Szenerie in der klaren Nacht gut einsehbar war. Mit einer Mischung aus Indifferenz und Melancholie beschreibt Mercer in seinem Tagebuch das Hinscheiden der Unglücklichen: „Hier und dort richteten sich noch einige arme Teufel inmitten der zahllosen Toten auf und versuchten verzweifelt den Strom zu stoppen, mit dem ihr Leben nun rasch verebbte. Viele von ihnen, die ich so gesehen hatte, lagen am Morgen schon steif und still, genau wie jene, die schon vor ihnen gestorben waren."[191] Mercer erwähnt nicht, ob es sich bei den Sterbenden um Engländer, Niederländer oder Franzosen handelte. Jedenfalls hatten Letztere die geringsten Chancen, ihre Verwundungen zu überleben oder wenigstens eine Form medizinischer Behandlung zu erhalten.

Die erste Nacht nach der Schlacht gehörte den Plünderern. Briten wie Preußen sahen darin nichts Verwerfliches. Es war ein altes Recht und man scheute sich auch nicht, die noch Lebenden zu berauben, von denen einige, wie der Oberst Frederick Ponsonby, noch Glück hatten, dabei nicht getötet worden zu sein. Der Kommandeur der 12. Leichten Dragoner hatte in der Schlacht vier Wunden erhalten und war nacheinander von Franzosen und Preußen ausgeplündert worden, ehe ihn englische Soldaten entdeckten und in Sicherheit brachten.[192]

Schließlich kümmerten sich die Bewohner der umliegenden Gemeinden um die größtenteils schon ausgeplünderten Verletzten auf dem Schlachtfeld. Noch vier Tage nach der Schlacht stießen sie auf überlebende Verwundete. Keine der beteiligten Armeen war wirklich auf einen derartigen Massenanfall an Verletzten eingestellt und die Heranziehung von Zivilpersonen zur humanitären Hilfe und Beseitigung der Schäden war übliche Praxis.

Wer von den Verletzten, gleich welcher Nationalität, am Ende doch noch in ein Lazarett gelangte, war längst nicht am Ende seines Leidensweges angekommen. Schon der Transport auf den oft nur einachsigen Karren, die aus den umliegenden Dörfern und Höfen beschafft worden waren, bedeutete für viele eine Tortur. Zudem gab es keine Schmerzmittel oder keimfreies Operationsbesteck, von differenzierten Behandlungsmethoden ganz zu schweigen. Selbst der klassische Aderlass war noch nicht aus der Mode gekommen. Bei Knochen- oder Arterienverletzungen amputierten die wenigen überlasteten Ärzte einfach die betroffenen Gliedmaßen. Rechtzeitig ausgeführt war dies tatsächlich eine wirksame Methode, das Leben der Betroffenen zu retten. Eine Betäubung fand nicht statt. Gleichwohl drängten sich viele Verwundete zu dieser martialischen Prozedur, die sie allein vielleicht noch vor Siechtum und Tod retten würde, und bewiesen dabei erstaunlichen Gleichmut. Lord Somerset besaß nach der Tortur sogar die Geistesgegenwart, von dem Finger seines frisch amputierten Armes noch den Ehering abzuziehen, und Lord Uxbrigde kommentierte gleichmütig die Abtrennung seines Beines mit der Bemerkung, mit 47 Jahren sei es nun auch an der Zeit, sein bisheriges Leben als „Beau" abzuschließen und Jüngeren das Feld zu überlassen.[193] Andere verwundete Offiziere, wie etwa Hauptmann Garland vom 73. Regiment, dem eine Musketenkugel das Bein gebrochen hatte, lehnten dagegen eine Amputation ab, weniger aus Angst vor den Schmerzen als aus Sorge, danach nicht mehr als Offizier dienen zu können. Tatsächlich überstand er die wochenlange komplizierte Behandlung, bei der ihm nur Teile des verletzten Knochens entfernt wurden, und konnte Brüssel als letzter verwundeter Offizier verlassen.[194]

Die Militärärzte arbeiteten noch tagelang vom frühen Morgen bis in die tiefe Nacht. Inzwischen hatte die Armee auch zivile Ärzte zum Einsatz herangezogen, da sie ihre eigenen Regimentsärzte mit über die Grenze nach Frankreich genommen hatte. In Brüssel gab es inzwischen auch ein Lazarett für die Franzosen, in dem Dr. John Bell, ein aus England angereister Arzt, noch am 1. Juli die abscheulichsten Verwundungen sah, die dort immer noch auf eine Behandlung warteten:

EINE DEGENKLINGE WAR IHM DURCH RÜCKEN UND OBERSCHENKEL IN SEINEN SATTEL GEDRUNGEN

„Ich fand heraus, dass die interessantesten Fälle mit den schrecklichsten Verletzungen und noch ganz ohne irgendwelche Versorgung im Franzosenlazarett zu finden waren. Das Lazarett war überhaupt erst im Entstehen. Viele dieser armen Teufel wurden jetzt erst aus den Wäldern, wo man sie gefunden hatte, hierher gebracht. Es ist beinahe unmöglich, von dem menschlichen Elend, das ich dauernd vor Augen hatte, eine Beschreibung zu geben.

Morgens um 6 Uhr ergriff ich das Messer und arbeitete ununterbrochen bis abends um 7 Uhr. So auch am folgenden und am dritten Tag. Von der sonst üblichen Sorgfalt bei chirurgischen Operationen konnte keine Rede sein. Denn während ich noch einem Mann den Oberschenkel abschnitt, lagen daneben schon 13 andere, von denen mich jeder drängte, ihn als nächstes dranzunehmen. Einige flehten mich an, während andere mich an mein Versprechen erinnerten und wieder andere mich einfach nur verfluchten.

Es war sonderbar zu fühlen, wie mein Hemd steif von all dem Blut wurde und meine Arme allmählich kraftlos wurden, sodass ich kaum noch das Messer führen konnte. Noch befremdlicher erschien es mir jedoch, dass ich unter all dieser Vielfalt von Leiden vollkommen ruhig blieb.

Auch ein Kürassieroffizier wurde schließlich zu mir geführt. Eine Degenklinge steckte ihm im Rücken, war durch seinen Oberschenkel gegangen, hatte ihn an den Sattel geheftet und war noch durch dessen Holz und Leder in das Pferd eingedrungen. Erst hier im Lazarett konnte er aus seiner misslichen Lage befreit werden.

Nach der ersten Versorgung wurden die Verletzten in verschiedene Richtungen weitertransportiert. Die Preußen kamen zunächst in die Lazarette von Namur, Löwen, Lüttich und Maastricht, die Briten wurden verteilt auf Antwerpen, Gent, Brügge und Ostende, während andere auch nach Nivelles gebracht wurden. Das völlig überlastete Brüssel diente in diesen ersten Tagen nur als Zwischenstation. Außer dem Militärlazarett, vormals ein Jesuitenkolleg, nahmen hier auch die Hospitäler von Saint Pierre und Saint Jean sowie die Kaserne Verwundete auf. Ebenso wurden die Abtei von Cambre, die Kirche von Béguinage, das Kloster der Augustiner, die Kirche von Madelaine, die Münze und sogar das Varieté Theater zu provisorischen Lazaretten. Zum selben Zweck errichtete man auch Hütten an der Innenseite des Stadtwalles.

Auch viele Familien gewährten den Verwundeten Unterkunft, oft jenen Soldaten, die noch vor Beginn des Feldzuges bei ihnen einquartiert gewesen waren. In einer großen Welle von Solidarität sammelten die Bürger Leinen, Scharpie, Decken und Bettzeug. Ganz Belgien, so stand es dieser Tage in einer Zeitung zu lesen, war jetzt die ‚fürsorgliche Schwester des kriegsgeplagten Europas‘.“

John Bell, britischer Assistenzmilitärarzt. Aus: Brett-James, The Hundred Days, S. 201.

Bestattungen nach der Schlacht von Waterloo. Kupferstich von James Rouse.

Noch drängender als die Bergung der Verwundeten war allerdings die Bestattung der knapp 12 000 Toten auf dem Schlachtfeld. Auch diese schaurige Aufgabe blieb zum größten Teil den Bewohnern der umliegenden Gemeinden überlassen. Eine Identifizierung der Leichen war in den meisten Fällen nicht mehr möglich, da viele noch in der Nacht bis auf die nackte Haut ausgeplündert worden waren. So kamen viele Gefallene in ein Massengrab, andere wurden mehr schlecht als recht verscharrt, sodass schon der nächste Regen Teile ihrer Körper wieder zum Vorschein brachte. Auf dem bis auf die Grundmauern zerstörten Gut Goumont wurden die Leichen beider Parteien, wohl an die 2000, auf einem großen Holzstoß verbrannt, eine Prozedur, die sich über Tage hinzog und einen entsetzlichen Gestank verbreitete.[195]

Noch Wochen nach der Schlacht streiften Bewohner aus den umliegenden Ortschaften über die Felder, auf der Suche nach verwertbaren Gegenständen, die sich den Schlachtfeldtouristen vor allem aus Großbritannien als Souvenir verkaufen ließen. Selbst ein Jahr später, im April 1816, musste der Bürgermeister von Ohain die Gendarmerie anfordern, um das Ausgraben der Toten und deren Plünderung zu unterbinden.[196] Erstmals fanden auch die Schäden und Verluste der Zivilbevölkerung offiziell Berücksichtigung. Am 1. Juli 1815 erließ König Wilhelm I. der Niederlande ein Dekret, dass die Bewohner der Regionen von Waterloo und Fleurus nicht allein die Verluste zu tragen hätten, die zum Wohle des Königreichs und ganz Europas entstanden seien. Doch angesichts der völlig zerstörten Ortschaften von Ligny, St. Amand und Plancenoit erscheint die bewilligte Summe von 400 000 Francs, ergänzt um 50 000 Francs aus der königlichen Privatschatulle, doch eher bescheiden.[197]

ANALYSE

16. Das Patt der Fehler und Versäumnisse

Obwohl während des Feldzugs von 1815 die drei renommiertesten Feldherren ihrer Epoche an der Spitze der streitenden Armeen gestanden hatten, erscheint die Liste ihrer Fehlgriffe und Versäumnisse doch außergewöhnlich lang. So stellte sich etwa Blücher am 16. Juni bei Ligny der französischen Hauptarmee zur Schlacht, obwohl ihm wegen Gneisenaus unklarer Befehlsgebung das gesamte Korps Bülow noch fehlte. Zudem platzierte er Thielmanns Brigaden derart unglücklich auf dem linken Flügel, dass sie ihm während der Schlacht kaum noch nützlich sein konnten. Insgesamt war die taktische Führung auf preußischer Seite am 16. Juni alles andere als eine Glanzleistung des bisher so bewährten Feldherrengespanns Blücher und Gneisenau. Selbst preußische Historiker räumten dies später vorbehaltlos ein.[1]

Wellington wiederum verschlief den gesamten ersten Feldzugstag und versuchte auch noch seine peinlichen Versäumnisse mit einer glatten Falschmeldung an seine preußischen Verbündeten zu kaschieren. Am Abend der Schlacht von Quatre Bras kehrte er unbekümmert in sein Quartier nach Genappe zurück und unternahm keinen Versuch, noch in der Nacht mit Blücher Verbindung aufzunehmen. Stundenlang verharrte er am nächsten Vormittag ohne jede Nachricht über den Ausgang der Schlacht mit kaum der Hälfte seiner Armee in seinen alten Stellungen, ohne zu wissen, dass er nunmehr fast der gesamten Streitmacht Napoleons isoliert gegenüberstand. Bei Waterloo schließlich unterließ er es, ausgerechnet seine extrem wichtige zentrale Position La Haye Sainte mit ausreichend starken Kräften zu besetzen. Gerade die Einnahme dieses Gehöfts gegen Ende der Schlacht drohte aber seine gesamte Stellung unhaltbar zu machen. Zudem war die Munitionsausstattung seiner Artillerie, obwohl seine Armee nur 15 Kilometer entfernt von ihrer Brüsseler Basis kämpfte, während der Schlacht offenbar so unzulänglich, dass er seinen Kanonieren sogar verbieten musste, die auf kürzeste Distanz feuernden französischen Batterien zu bekämpfen.

Übertroffen wurden die beiden verbündeten Heerführer in ihren operativen Missgriffen[2] allerdings noch von Napoleon selbst, der in einem raschen Wechsel aus prahlerischer Selbstüberschätzung und lähmender Lethargie scheinbar mehr als einmal die Chance verpasste, den Feldzug zu einem glücklichen Ende zu bringen. So erkannte der Korse am 17. Juni viel zu spät die einmalige Gelegenheit, Wellingtons isolierte Streitmacht bei Quatre Bras zu zerschlagen. Ebenso versäumte er es nur einen Tag später, Grouchy mit dem rechten Flügel frühzeitig wieder an die Hauptarmee zu binden. Der karge Nachrichtenfluss zwischen den beiden kaum 20 Kilometer voneinander entfernt agierenden Heeresteilen an den zwei entscheidenden Tagen des Feldzugs war fraglos ein Tiefpunkt des militärischen Meldewesens selbst unter vormodernen Bedingungen.

In sämtlichen Darstellungen über die Schlachten des Jahres 1815 haben die Worte „hätte" und „wenn" seit jeher einen prominenten Platz eingenommen. Napoleon selbst hatte in St. Helena den langen Reigen der Klagen und Schuldzuweisungen über widrige Umstände oder unzulängliche Untergebene eröffnet. Dem amerikanischen Militärhistoriker Jac Weller verursachten derartige Argumentationen, sobald er nur in der überbordenden Waterloo-Literatur darauf stieß, ein nervöses Zucken im Gesicht, so als hätte er zum ersten Mal einen scharfen Schuss mit einer Muskete abgefeuert.[3]

Doch offenbar waren die vielen angeblichen oder tatsächlichen Versäumnisse und Widrigkeiten für den Verlauf des Feldzugs von 1815 weniger gravierend, als es auf den ersten Blick erscheinen mag, wurden doch Napoleons Missgriffe, wie es in jedem Krieg üblich ist, durch die Irrtümer seiner Gegner annähernd ausgeglichen. Auch wenn die Führungsfehler beider Seiten in ihrer Häufung am Ende eines ausgeprägt kriegerischen Vierteljahrhunderts kaum zu erwarten gewesen waren, so spielten sie im Feldzug von 1815 nicht annähernd die Rolle, die Historiker ihnen bisher zugedacht hatten.

Maßgebender für den Erfolg der Verbündeten waren in dem blutigen Epilog der Napoleonischen Ära der Elan und die Initiative der mittleren Führungsebene und das kämpferische Geschick der gewöhnlichen Soldaten. War es doch allein den niederländischen Generälen Perponcher und Constant de Rebècque zu verdanken, dass entgegen dem Befehl Wellingtons noch in der Nacht zum 16. Juni wenigstens eine Division die wichtige Straßenkreuzung Quatre Bras besetzte, und es war Wellingtons Stellvertreter, Lord Uxbridge, der seiner Kavalleriereserve bei Waterloo exakt im richtigen Moment befahl, d'Erlons Kolonnen vor ihrem Durchbruch anzugreifen. Die Generale Vivian und Vandeleur wiederum verstärkten mit ihren Kavalleriebrigaden offenbar aus eigenem Entschluss gegen Ende der Schlacht das ausgeblutete Zentrum von Wellingtons Armee.

Auf preußischer Seite war es General Zieten, der am Abend des 18. Juni Wellingtons linken Flügel direkt unterstütze, obwohl ihm ein ausdrücklicher Befehl Blüchers vorlag, mit seiner Avantgarde sofort nach Plancenoit zu marschieren. Mit seiner mutigen Entscheidung hatte er somit nicht nur wesentlich zum siegreichen Ausgang der Schlacht beigetragen, sondern sich zugleich auch in die erstaunlich lange Reihe ungehorsamer preußischer Generale eingefügt.

Und schließlich war es der Entschluss des britischen Generals Sir Frederick Adam, mit einer riskanten Schwenkung seines 52. Regiments der französischen Garde die Flanke abzugewinnen und damit ihren Angriff endgültig zu stoppen. An Feuerkraft und Disziplin übertrafen vor allem die britischen Brigaden ihre Widersacher deutlich. Die Marschleistungen der preußischen Regimenter wiederum stellten die ihrer französischen Gegner bei Weitem in den Schatten. Hungrig und erschöpft marschierten und fochten Blüchers Truppen am 18. Juni vom Morgengrauen bis zum späten Abend, während bald Dutzende von zusammengebrochenen Kameraden ihren Weg säumten und es sogar zu Suizidfällen kam.

Dagegen überrascht die Betulichkeit der Franzosen gerade im Vergleich zu dem Tempo der früheren Feldzüge des Kaisers. Grouchys Bummelei am Morgen des 18. Juni ist nur das extremste Beispiel der insgesamt bescheidenen französischen Marschleistungen während der gesamten viertägigen Offensive gegen die beiden alliierten Armeen. Schon am ersten Tag des Feldzugs scheiterte General Gérard daran, mit seinem ganzen Korps die Sambre zu überqueren, und verfehlte damit auch deutlich sein Tagesziel.

Einen Tag später traf General d'Erlons Armeekorps erst am späten Nachmittag aus Charleroi in Frasnes ein, eine Entfernung von nur 15 Kilometern auf einer immerhin befestigten Chaussee, und Reilles Divisionen, die in Genappe biwakiert hatten, waren am 18. Juni nicht vor 9 Uhr bei Belle Alliance. Die bekannte Vorliebe der Franzosen, vor Marschbeginn noch aufwendig ihre Verpflegung zu kochen, provozierte bei Quatre Bras sogar schon den Spott der Engländer.[4]

Gravierender aber für den Ausgang des gesamten Feldzugs war das eigentümliche taktische Ungeschick der französischen Soldaten und ihrer unmittelbaren Führer, deren Einfallsreichtum und Eigeninitiative seit Beginn der Revolutionskriege jeden ihrer Gegner so oft düpiert hatten. Bei Jena 1806 hatten die Soldaten der *Grande Armée* noch in der Nacht vor der Schlacht alle ihre Geschütze durch einen steilen Hohlweg auf den Landgrafenberg gewuchtet. Im Feldzug von 1815 schien jedoch von der gewohnten Wendigkeit kaum noch etwas übrig zu sein. Wiederholt ließen französische Generale die einfachsten militärischen Grundsätze außer Acht. Geradezu blindwütig griffen am 16. Juni Reilles Divisionen die Preußen in Ligny an und zeigten sich ebenso wenig imstande, ihre Taktik zu ändern, wie zwei Tage später Jeromes Brigaden vor den Mauern von Gut Goumont. Die Franzosen beherrschten das Gefecht der verbundenen Waffen nicht mehr. Doch geistlose Tapferkeit konnte kein militärisches Geschick ersetzen. Nicht weniger als 13 Mal ließ Vandamme seine Divisionen in Wawre ohne jeden Erfolg gegen die preußischen Stellungen oberhalb der Dyle-Brücken anrennen. Mindestens vier Mal führte Ney die gesamte französische Kavallerie gegen Wellingtons Karrees auf dem Plateau, obwohl schon der erste fehlgeschlagene Versuch ihn zu einem Umdenken hätte veranlassen müssen. Stundenlang umschwirrten seine Reiter beinahe hilflos auf ihren allmählich zu Tode erschöpften Pferden die gegnerischen Formationen, ohne dass ihnen ein wirksames Mittel gegen die Karrees eingefallen wäre. Kein Franzose kam etwa auf die Idee, die inzwischen verlassenen britischen Geschütze abzuschleppen oder wenigstens die Zündkanäle zu vernageln. Selbst dem scheinbar so bedrängten Gegner entging nicht die auffallende Scheu seiner Feinde, mit letzter Konsequenz den Einbruch zu erzwingen, und in einigen britischen Einheiten schimpften die Soldaten bereits voller Mitleid auf diese „verdammten Idioten", die von ihren zwecklosen Versuchen einfach nicht ablassen wollten.

Ohne Zweifel bewiesen die Franzosen hier wie auch bei anderen Gelegenheiten eine bemerkenswerte Opferbereitschaft, aber es schien ihnen dabei paradoxerweise der letzte entscheidende Wille zum Erfolg zu fehlen. Unerschrocken marschierte die Garde am frühen Abend des 18. Juni in ihr letztes Gefecht, überwand in gewohntem stoischen Gleichmut den Geschosshagel von Wellingtons Artillerie, doch gegen das überraschende und präzise Feuer der britischen Schützenlinien hatte auch Napoleons Elite kein Rezept. Gerade in dieser Krisensituation hätte sie ihre militärische Ausnahmeposition unter Beweis stellen können und müssen. Unfähig dazu, rasch eine geeignete Formation zu bilden und ihre kritische Lage taktisch zu meistern, entglitt die so ruhmreiche Garde ihren Offizieren und wich nach kurzem Kampf einfach zurück.

Über die Ursachen des wiederholten französischen Versagens vor allem auf der taktischen Ebene kann nur spekuliert werden. Doch gerade auf dem Feldzug des Jahres 1815 schien die französische Armee mehr denn je vom Mythos des Kaisers besessen. Napoleons beispielloser Siegeszug durch Frankreich in nur drei Wochen hatte den Glauben der Soldaten an seine Unbesiegbarkeit offenbar über jedes gesunde Maß gesteigert. Reichte es nicht aus, dem Gegner entschlossen entgegenzumarschieren, um seine Formationen auseinanderbrechen zu lassen? Das begeisterte „Es lebe der Kaiser" bei jeder Gelegenheit schien wie eine immer wieder aufgefrischte Droge zu wirken und enthielt fraglos auch religiöse Untertöne.[5]

Frankreichs Soldaten marschierten, kämpften und starben 1815 im grenzenlosen Vertrauen auf das militärische Genie des Korsen. Dessen Magie allein sollte den Sieg erzwingen. Doch als Napoleons Garde schließlich vor allen Augen scheiterte und sich bald darauf auch seine Versicherung, Grouchy sei endlich eingetroffen, als glatte Täuschung erwies, brachen nach fast neunstündigem Kampf alle Dämme.

So waren es keineswegs seine großen Entscheidungen und Unterlassungen, die den Korsen auf seinem letzten Feldzug zu Fall brachten. Die bis heute geführte Debatte darüber folgt immer noch den Erklärungsversuchen des Kaisers auf St. Helena sowie seiner Apologeten und stellt wie so oft die wenigen Hauptfiguren in den Vordergrund des Geschehens. Sie ignoriert jedoch das Patt der Irrtümer auf höchster Ebene und übergeht damit die tausendfachen, verbissen ausgetragenen Konfrontationen zwischen einzelnen Soldaten, Kompanien oder Bataillonen. Gerade in der Summe dieser Aktionen en détail erwiesen sich aber die Verbündeten ihren französischen Gegnern als überlegen, deren Offiziere und Mannschaften es nicht schafften, ihre alten militärischen Qualitäten noch einmal abzurufen. Ohne Frage war Napoleon auch 1815 der große Beschwörer seiner Soldaten, aber über ihre Begeisterung schienen sie ihr soldatisches Handwerk vergessen zu haben. Ihre Gegner marschierten und kämpften aus vielfältigen Beweggründen schneller und härter und waren daher erfolgreicher. Der 1815 noch einmal so heftig aufflackernde Napoleonmythos könnte daher auch der tiefere Grund für die endgültige Niederlage des Korsen gewesen sein.

17. Biografische Epiloge

Nach einem nur kurzen Halt in Laon traf Napoleon am 21. Juni gegen 5 Uhr morgens wieder in der Hauptstadt ein. Nachrichten von seiner Niederlage machten bereits die Runde und so war die Stimmung in der Abgeordnetenkammer sehr kühl, zumal Polizeiminister Fouché verbreiten ließ, dass der Kaiser das einzige Hindernis für einen raschen Waffenstillstand sei. Entschlossenes Handeln hätte die Lage vielleicht noch wenden können, aber Napoleon schreckte vor der Verhaftung der einflussreichsten Opponenten zurück. Damit verlor er auch die Unterstützung seiner letzten Verbündeten wie Kriegsminister Davout. Der Korse schien plötzlich wie gelähmt von dem breiten Widerstand, mit dem er doch gerechnet hatte und dankte nur einen Tag später, am 22. Juni 1815, zum zweiten Mal ab. Auch seine Hoffnung auf eine Regentschaft im Namen seines vierjährigen Sohnes zerplatzte schnell. Die Kammer ernannte stattdessen eine fünfköpfige Regierungskommission mit Fouché an der Spitze, die mit den auf Paris marschierenden Alliierten einen Waffenstillstand vereinbaren sollte. Napoleon wurde aufgefordert, Paris so schnell wie möglich zu verlassen. Der abgedankte Kaiser begab sich zunächst nach Malmaison, dem kleinen Schloss der im Vorjahr verstorbenen Exkaiserin Josephine. Auf die Nachricht, dass preußische Truppen bereits in der Nähe seien, brach er am 29. Juni endgültig in Richtung Rochefort auf. Er habe auf eine gemeinsame Anstrengung gehofft und auf die Unterstützung aller, die an der Macht seien, ließ er verlautbaren, und opfere sich nun dem Hass der Feinde Frankreichs. In der Hafenstadt an der Biscaya warteten zwei Fregatten der französischen Marine, die Napoleon nach Amerika bringen sollten. An seinem Ziel angekommen ließ er jedoch beinahe untätig fast 14 Tage verstreichen, während die Briten immer mehr Schiffe vor Rochefort zusammenzogen. Ein Entkommen war jetzt praktisch unmöglich und inzwischen hatte auch die provisorische Regierung in Paris vor den Alliierten kapituliert. Napoleon sah keine andere Lösung mehr, als sich an den britischen Prinzregenten zu wenden und um politisches Asyl in England zu bitten. Am 15. Juli begab er sich an Bord des Kriegsschiffes Bellerophon, das ihn zunächst nach Plymouth brachte. In England wurde ihm dann aber eröffnet, dass er den Rest seines Lebens in Verbannung auf der Vulkaninsel St. Helena im Südatlantik verbringen musste. Sein flammendes Protestschreiben, die übliche Mischung aus Schmeicheleien und Drohungen, änderte nichts an dem Beschluss des Prinzregenten.[6] Am 18. Oktober 1815 erreichte Napoleon mit wenigen Begleitern, darunter sein Leibarzt sowie die Generale Gaspard Gourgaud und Charles de Montholon, seinen neuen Bestimmungsort am Ende der Welt.

Weitab von Frankreich und den Plätzen seines Ruhms machte ihn das Exil schließlich zu einer tragischen Figur, die einzig den widrigen Umständen und der Übermacht der europäischen Monarchen erlegen sei. Er könne den Verlust der Schlacht bei Waterloo nicht begreifen, bemerkte er am 30. Oktober 1815 zu General Gourgaud. Es sei nicht um seinetwillen, es ist wegen des unglücklichen Frankreichs. „Das Schicksal hat es gewollt, dass ich sie verlor."[7] Als er am 5. Mai 1821 schließlich einem Krebsleiden erlag, war die Napoleon-Legende bereits vollendet und der Grundstein für das Zweite Kaiserreich seines Neffen Louis Bonaparte gesetzt.

Mit seinem Sieg bei Waterloo hatte der Herzog von Wellington zweifellos den Höhepunkt seines Ruhms erreicht. Doch der Feldherr nahm die allgemeine Verehrung mit nüchterner Gelassenheit auf: Er hoffe bei

Gott, dass er seine letzte Schlacht geschlagen habe. Immer nur kämpfen zu müssen sei ein übles Los. Selbst im Moment des Sieges habe er sich hundeelend gefühlt, bekannte er gegenüber Lady Frances Shelly, einer engen Freundin aus der britischen Kolonie in Brüssel. Allerdings dürfte Wellington eine Entscheidung des britischen Parlaments durchaus nicht unwillkommen gewesen sein. Für seine militärischen Verdienste bewilligten ihm die Abgeordneten den Kauf des Landsitzes Stratfield Saye in Hampshire und dazu die beachtliche Summe von 200 000 Pfund zu dessen Instandsetzung. Insgesamt noch zwölf weitere europäische Monarchen, darunter Friedrich Wilhelm III. von Preußen, ernannten den Herzog in den folgenden Jahren zum Feldmarschall ihrer Armeen. Als Oberbefehlshaber der alliierten Besatzungsstreitmacht in Frankreich übernahm Wellington auch den Vorsitz über die Kommission, die für die Rückerstattung sämtlicher von Frankreich in den zurückliegenden 20 Jahren geraubten Kunstgegenstände zuständig war und alle anderen Kriegsschäden regulieren sollten, die französische Truppen in ganz Europa angerichtet hatten. 700 Mio. Francs wurden Frankreich im Zweiten Pariser Frieden zu diesem Zweck auferlegt. Ein Jahr zuvor hatten die Alliierten Paris noch von Kriegsentschädigungen verschont. 50 Mio. davon wurden zu gleichen Teilen auf Preußen und Großbritannien aufgeteilt.

Da ihm einflussreiche Militärs wie der Herzog von York immer noch kritisch gegenüberstanden, konnte Wellington erst nach dessen Tod im Jahre 1827 zum Oberbefehlshaber aller britischen Streitkräfte aufsteigen. Doch nur ein Jahr später gab der immer noch höchst populäre Herzog seine militärischen Ämter wieder auf und trat an die Spitze einer Tory-Regierung. Als britischer Premierminister war er ein überzeugter Gegner der Wahlrechtsreform, was seiner Beliebtheit zwischenzeitlich deutlich schadete. Auch sein Eintreten für das Wahlrecht von Katholiken verschaffte ihm nur wenige Freunde. Mehrfach wurde sein Londoner Haus von aufgebrachten Demonstranten mit Steinen beworfen und seine Gegenmaßnahme, seine Fenster mit Metallplatten zu schützen, brachte ihm den Namen „Eiserner Herzog" ein.

Im Alter von 77 Jahren schied Wellington 1846 aus allen politischen Ämtern aus und verbrachte die letzten sechs Jahre seines Lebens auf seinem Landsitz Walmer Castle, wo er am 14. Februar 1852 dann verstarb. Memoiren oder eine Darstellung seiner Feldzüge hat er nie verfasst. Wenn es Geschichte sein soll, so hatte er einmal seine schriftstellerische Zurückhaltung bekräftigt, müsse es die volle Wahrheit sein. Doch wenn eine wahre Geschichte über Waterloo jemals verfasst würde, was geschähe dann mit dem guten Ruf all jener, die sich Ruhm erworben hatten und ihn wegen ihrer Tapferkeit auch verdienten?[8] Seinen eigenen Ruhm schmälerte diese gleichermaßen noble wie weise Zurückhaltung nicht im Geringsten. Das Viktorianische England ehrte seine militärische Ikone mit einem eindrucksvollen Staatsbegräbnis und einer prunkvollen Ruhestätte in St. Paul.

Blüchers zweiter Einzug in die Hauptstadt des verhassten Feindes nach dem Waffenstillstand vom 3. Juli 1815 verlief nicht so glanzvoll wie erhofft. Wellington befürchtete Unruhen unter den Parisern und drängte auf eine Minimallösung. Blücher lenkte schließlich ein. Statt der gesamten preußischen Armee zog vier Tage später nur das Korps Zieten in die Hauptstadt ein. Getrübt war somit nicht nur der preußische Triumph, auch die bisherige Eintracht mit dem Herzog begann Risse zu zeigen. Daran war Blücher nicht unschuldig. Sein manisch verfolgter Wunsch, Napoleon zu fangen und vor ein Peleton zu stellen, irritierte Wellington ebenso wie der preußische Plan, die Jena-Brücke in die Luft zu sprengen. Der Herzog sprach sogar von einem „Akt der Barbarei". Mehr und mehr schien der frühere Elan des „Marschalls Vorwärts" einem auffälligen Hang zu radikalen Reden Platz zu machen. Falls die Pariser den Tyrannen nicht getötet hätten, bevor er dort einträfe, werde er alle Pariser töten, hatte der 73-Jährige schon Ende Juni seiner Frau in Berlin geschrieben. Sie seien nichts anderes als ein verräterisches Pack.[9]

Auch gut gemeinte Ratschläge konnten ihn nicht davon abbringen, seine Rachegelüste an der *Pons d'Iena* auszulassen. Der aus Wien zurückgekehrte Talleyrand versuchte ebenfalls mit allen Mitteln, Blücher zu stoppen. Der Feldmarschall ließ ihn nur wissen, dass er die Brücke in jedem Fall sprengen werde und es ihn durchaus freuen würde, wenn der Außenminister zuvor darauf Platz nähme.

Tatsächlich zündeten preußische Pioniere am 10. Juli ihre Sprengladungen. Doch das scheinbare Symbol der Schande Preußens überstand den Anschlag fast unbeschadet. Ein weiterer Versuch unterblieb. Blücher fühlte sich müde, was gewiss den Strapazen des Feldzugs zu verdanken war, mehr noch aber den ständigen Versuchen der Alliierten, sich schützend vor Frankreich zu stellen. Geringfügige Grenzkorrekturen und die Rückführung aller in Europa geraubten Kunstschätze konnten ihn nicht darüber hinwegtäuschen, dass Frankreich auch nach dem Zweiten Pariser Frieden weiterhin als Großmacht gleichberechtigter Teil des neuen europäischen Staatenkonzerts sein würde. Blücher tobte. Er habe 26 000 tapfere Männer nur für die Rückkehr des französischen Königs geopfert, klage er am 30. August in einem Brief an seine Frau. „Ich werde nie mehr kämpfen, ich habe genug davon." Ende Oktober 1815 erhielt er endlich vom König die Erlaubnis, nach Berlin zurückzukehren. Am 31. Oktober verabschiedete er sich von seiner Armee mit gewohnt bewegenden Worten und erreichte über Namur den Rhein bei Koblenz. Dort feierte er am 16. Dezember seinen 73sten Geburtstag. Im Januar 1816 reiste er von Berlin auf sein schlesisches Gut bei Krieblowitz, wo er die letzten vier Jahre seines Lebens fern von der Politik verbrachte und sich mit wachsendem Enthusiasmus als Landwirt betätigte. Zu einer literarischen Verarbeitung seiner Soldatenzeit, die immerhin seit dem Siebenjährigen Krieg fast sechs Jahrzehnte ausgefüllt hatte, konnte er sich nicht entschließen.

Dabei mag inzwischen auch eine authentische Abscheu vor dem Bluthandwerk eine Rolle gespielt haben. So beschwor er im böhmischen Karlsbad anlässlich des ersten Jahrestages von Waterloo die Zerstörungen und Leiden des Krieges herauf und erklärte frei heraus, dass Schande über alle Souveräne und Nationen kommen möge, die noch einmal einen ungerechtfertigten Krieg aus purem Ehrgeiz beginnen sollten[10] Als Anfang September 1819 Manöver in der Nähe seines Guts stattfanden, störte er sich nicht an dem Geschützfeuer und meinte zu dem anwesenden Graf von Nostitz, seinem langjährigen Adjutanten lediglich: Meine Soldaten haben von mir viel gelernt. Nun müssen sie von mir auch noch lernen, wie man friedlich stirbt. Als Friedrich Wilhelm III. ihn am 6. September besuchte, war er schon bettlägerig. Einen im Herbst geplanten Jagdaufenthalt auf den Gütern des österreichischen Generals Karl Philipp Fürst von Schwarzenberg hatte er bereits absagen müssen.

Nur eine Woche später war der nach Helmuth von Moltke wohl erfolgreichste preußische Heerführer tot. Wenn ihm auch eine literarische Bildung gefehlt hatte, die viele andere hochrangige Soldaten seiner Zeit dagegen besaßen, so übertraf er sie doch alle in der Klarheit seines militärischen Urteils, das er stets mit einem unbändigen Willen umzusetzen trachtete. Bestattet wurde Blücher in einem kleinen Mausoleum auf seinem Gut Krieblowitz. 1945 plünderte die Rote Armee seine Grabstätte. Sein Leichnam ist seitdem verschwunden. Zum Glück nie verliehen werden musste der „Blücherorden", den das Ostberliner Regime für besonders tapfere Soldaten der Nationalen Volksarmee (NVA) in einem Dritten Weltkrieg vorgesehen hatte.[11]

Nur wenige Stunden später als Napoleon war Michael Ney am 21. Juni 1815 in Paris eingetroffen. Niemand nahm Anstoß daran, dass der Marschall damit strenggenommen zum Deserteur geworden war. Polizeiminister Fouché begrüßte es sogar sehr, dass ihm der Geflohene einen detaillierten Bericht von der verlorenen Schlacht ablieferte, der erheblich von der beschönigenden Darstellung des Kaisers im Moniteur abwich. Neys Version machte dann auch schnell die Runde und trug ganz im Sinne Fouchés dazu bei, die Stimmung in der Abgeordnetenkammer gegen Napoleon zu wenden. Für sein Handeln hatte der Marschall zwei Motive. Napoleon hatte nicht nur die Lage der *Armée du Nord* viel zu günstig geschildert. Um sich selbst reinzuwaschen, war er auch nicht davor zurückgeschreckt, die Niederlage seinen Untergebenen und vor allem Ney anzulasten. Für den Marschall war sein Handeln eine Frage der Ehre. Paris sollte erfahren, dass der Krieg verloren und Napoleon alles andere als der große Retter der Nation war. Fouché wusste es dem Marschall zu danken und stellte ihm aus eigenem Antrieb einen falschen Pass aus. Die bevorstehende Rückkehr des Königs sollte nicht mit unnötiger Rachejustiz belastet werden. Doch Ney ließ sich nur widerwillig zur Flucht bewegen, ins Exil wollte er nicht gehen. Stattdessen verbarg er sich unter falschem Namen in einem südfranzösischen Schloss, wo er schließlich, da er sämtliche Vorsichtsmaßnahmen außer Acht gelassen hatte, schon am 3. August entdeckt und festgenommen wurde. Nach dreimonatiger Haft wurde ihm in Paris der Prozess wegen Hochverrats gemacht. Das schließlich verhängte Todesurteil war ein klarer Akt politischer Justiz und zudem ein Verstoß gegen das Waffenstillstandsabkommen vom 3. Juli, das alle Unterstützer Napoleons in Armee und Regierung zu schützen versprach. Bei seiner Erschießung in den Jardins du Luxembourg am 7. Dezember 1815 zeigte Ney sich so unerschrocken wie in den Dutzenden von Schlachten, an denen er im Laufe eines Vierteljahrhunderts teilgenommen hatte. Den Soldaten des Peletons befahl er, auf sein Herz zu zielen. „Wartet auf den Befehl. Es wird mein letzter an euch sein." Elf Kugeln hatten ihn niedergestreckt, eine zwölfte steckte weit über dem Ziel in der Wand.[12] Außer General La Bédoyère war Ney der einzige von insgesamt 19 per königlichem Erlass geächteten Offizieren, die vor einem Erschießungskommando endeten. Männer wie Grouchy, Soult und Cambronne hatten sich rechtzeitig der Rachejustiz entzogen und kehrten zum Teil erst nach der Julirevolution von 1830 nach Frankreich zurück. Genau 38 Jahre nach Neys Exekution weihte Kaiser Napoleon III. unweit der Stelle, an der er den Tod gefunden hatte, in Anwesenheit seiner Witwe und dreier noch lebender Söhne ein Denkmal des Marschalls ein, das heute noch unversehrt dort steht.[13]

„Wir sind in der Gefahr einen neuen Utrechter Frieden zu schließen", schrieb August Graf Neidhardt von Gneisenau am 17. August 1815 an Ernst Moritz Arndt. „England ist in unbegreiflich schlechten Gesinnungen und mit seinem Willen soll Frankreich kein Leid geschehen. Nicht Land, höchstens etwas Kontribution soll man von ihm nehmen."[14]

Wie für seinen Weggenossen Blücher war die Schlacht von Waterloo der Höhepunkt in Gneisenaus militärischer Laufbahn und wie der greise Marschall fühlte er sich von den Diplomaten um den Sieg betrogen. König

Friedrich Wilhelm III. ernannte ihn zwar noch zum General der Infanterie und übertrug dem 55-Jährigen das Generalkommando am Rhein, aus dem später das VIII. Armeekorps mit Sitz in Koblenz hervorging. Doch bald schon machte in Berlin das Wort von „Wallensteins Lager am Rhein" die Runde. Gneisenau wusste zu genau, dass er in konservativen Kreisen, die in Preußen nun wieder Oberwasser hatten, als Jakobiner und Aufwiegler galt, der enge Kontakte zu liberalen Persönlichkeiten unterhielt. Um den anhaltenden Verleumdungen den Boden zu entziehen, entschloss er sich im Mai 1816, seinen Abschied einzureichen und sich zunächst ins Privatleben zurückzuziehen. Allein der Krieg gegen Napoleon hatte ihn großgemacht, seine Karriere vor 1806 war bescheiden verlaufen, die Jahre nach 1816 waren nur ein Epilog. Die politischen Verdächtigungen hielten jedoch an. Zeitweise fahndete die preußische Polizei bei sogenannten Staatsfeinden sogar nach seinen Briefen.[15] Immerhin beförderte der König Gneisenau anlässlich des zehnten Jahrestages von Waterloo zum Generalfeldmarschall, womit er der ranghöchste Soldat der preußischen Armee war. Im Revolutionsjahr 1830 erhielt Gneisenau schließlich sein letztes Kommando. Er wurde zum Oberbefehlshaber einer Observationsarmee ernannt, die im Osten Grenzüberschreitungen polnischer Freiheitskämpfer verhindern sollte. Es kam jedoch nicht zu Kampfhandlungen, dafür trat mit der Cholera ein viel gefährlicherer Gegner auf, dem Gneisenau am 23. August 1831 in Posen dann auch erlag. Seither haben fast sämtliche Regierungen und Regime auf deutschem Boden seinen Namen verwendet oder gar missbraucht. Zwei deutsche Großkampfschiffe wurden nach Gneisenau benannt. Das Dritte Reich setzte ihm sogar noch 1945 ein fragwürdiges filmisches Denkmal mit Veit Harlans Durchhaltestreifen „Kolberg", während ihn später wiederum Bundeswehr und NVA gleichermaßen als preußischen Reformer für ihre Traditionspolitik vereinnahmten. Die Grafen Claus und Berthold Schenk von Stauffenberg waren seine Urenkel.

18. Vier Dekaden ohne Großmachtkonflikte – Die neue europäische Ordnung 1815–1854

Es sei eine höchst achtbare Charakteristik des in diesem Zeitalter vorherrschenden Geistes, dass Gewalt und Kriegführung unter den zivilisierten Staaten mit stetig zunehmender Abneigung betrachtet werden. Selbst jene Staatsmänner, die den Appell an die Gewalt der Waffen in internationalen Konflikten gelegentlich als unvermeidbar ansehen, verabscheuten militärische Gewalt doch als eine beklagenswerte Notmaßnahme, die erst in Kraft treten dürfe, wenn alle anderen Möglichkeiten der Suche nach einer friedlichen Lösung vollkommen ausgeschöpft seien.

So leitete der britische Historiker und Jurist Sir Edward Creasy 1851 seine populäre Anthologie von 15 großen Schlachten ein, die seiner Auffassung nach von entscheidender Bedeutung für die Weltgeschichte gewesen waren und von denen die Schlacht von Waterloo den eindrucksvollen Abschluss bildete.[16]

Im Jahr der großen Londoner Weltausstellung konnten Großbritannien und das übrige Europa stolz auf eine inzwischen fast vier Dekaden anhaltende Friedensepoche zurückblicken, in der es zwar mehrfach zu militärischen Interventionen der Großmächte etwa in Belgien, in Polen oder zuletzt in Ungarn gekommen war, große Kriege wie vor 1815 jedoch vermieden werden konnten. Die Initiatoren der Great Exhibition wie etwa der Liberale Sir Richard Cobden glaubten sogar, dass nunmehr die Triumphe der wirtschaftlichen Schaffenskraft die alten Triumphe der Waffen verdrängt hätten.

Im Lichte einer damals verbreiteten Sichtweise bedeutete Waterloo nicht nur den entscheidenden Sieg über den notorischen Usurpator, Tyrannen und Friedensstörer Bonaparte. Mit ihm schien auch die historische Schwelle zu einem völlig neuen Zeitalter der Zivilisierung und des internationalen Handels unter dem Dach der „Pax Britannica" überschritten worden zu sein.

Zwar ging diese Periode eines allgemeinen Friedens in Europa schon drei Jahre später durch die Kriegserklärungen Großbritanniens und Frankreichs an Russland vorerst zu Ende, doch markierten die 39 Jahre zwischen dem Wiener Kongress und dem Kampf der Westmächte auf der fernen Krim bereits einen unübersehbaren Paradigmenwechsel in der internationalen Politik.

Aus den beiden letzten Koalitionen gegen Napoleon hatte sich auf europäischer Bühne erstmals eine Zusammenarbeit der maßgeblichen Politiker entwickelt, die weit über die konventionelle Bündnispolitik des Ancien Régime und seiner leitenden Idee eines Mächtegleichgewichts hinausging. Sie trug bereits deutliche Zeichen einer Institutionalisierung internationaler Politik, woran später Völkerbund und Vereinte Nationen anzuknüpfen versuchten.

Als im Herbst 1815 die wichtigsten Monarchen Europas und ihre leitenden Minister Paris endgültig den Rücken kehrten, um in ihre Hauptstädte zurückzukehren, lag eine gut zweijährige Phase hinter ihnen, in der sie sich, wie kaum sonst eine Generation europäischer Herrscher und Diplomaten, beinahe täglich gesehen hatten, um fern von den Einflüssen der heimischen Höfe über elementare Fragen der Kriegführung und der Neuordnung Europas zu beraten. Über Dresden, Leipzig, Frankfurt, Chaumont, Paris, Wien und schließlich noch einmal Paris war die politische Elite Europas, von gelegentlichen Abstechern abgesehen, seit dem Herbst 1813 auf oft engstem Raum zusammengewesen. Hatte bis dahin diplomatische Post gewöhnlich Wochen gebraucht, um ihre Adressaten zu erreichen, so verlief der Austausch von Ideen und der Ausgleich von Interessen in diesen zwei Jahren unmittelbarer, intensiver und damit effektiver. Für ihre Zeit hatte die politische Klasse Europas einen einzigartigen Kommunikationsraum gebildet, der zwar keineswegs frei von heftigen Meinungsverschiedenheiten war, gleichwohl aber auf alle Beteiligten einen unübersehbaren Zwang zur Kompromissfindung ausübte. Der Raum für politische Alleingänge war plötzlich erheblich geschrumpft, die heimischen Höfe, wo man oft unversöhnlichere Positionen vertrat, waren weit weg. So hatte Zar Alexander I. in der umstrittenen Frage nach der Zukunft Polens und Sachsens schließlich einer einvernehmlichen Lösung zugestimmt, noch ehe die Nachricht von der Flucht Napoleons am 7. März

1815 in Wien eingetroffen war. Napoleon hatte auf Elba die Bedeutung der ihm zugetragenen Streitigkeiten keineswegs falsch eingeschätzt, wohl aber das Potenzial des Kongresses, Lösungen für sie zu finden.

Jenseits des diplomatischen Geschachers um Rechte und Territorien hatten Monarchen und Minister in diesen zwei Jahren auch eine gemeinsame Verantwortung für Europa entwickelt, das allerdings ein Europa im Geiste der antirevolutionären Restauration sein sollte. Am weitesten auf diesem Weg ging noch der russische Zar, der seinem Lieblingsprojekt einer „Heiligen Allianz" der europäischen Mächte die Idee einer europäischen Monarchenfamilie zugrunde legte. Sie sollte ausschließlich nach christlichen Prinzipien handeln, was das Recht auf antirevolutionäre Interventionen ausdrücklich einschloss. Auch wenn dieses Vertragswerk von Politikern wie Robert Stewart, Lord Castlereagh als ein „Werk von sublimem Mystizismus und völligem Unsinn" abgetan wurde [17] und seine Regierung es ablehnte, der Allianz beizutreten, blieb die Bereitschaft aller fünf Großmächte zum gemeinsamen Handeln im Rahmen des Wiener Systems auch nach 1815 bestehen.

Die Heilige Allianz zwischen Russland, Österreich und Preußen bildete neben der „Pax Britannica" die zweite Säule des Wiener Systems, das der amerikanische Historiker Paul W. Schroeder als eine „milde Hegemonie" bezeichnet hat. [18] Bis 1822 trafen sich die Teilnehmer des Wiener Kongresses oder ihre Nachfolger noch insgesamt vier Mal zu großen Konferenzen, zuletzt in Genua, wo man einvernehmlich beschloss, Frankreich mit der militärischen Intervention in den Spanischen Bürgerkrieg zu beauftragen. Selbst als nach dem Aufstand von 1830 in den südlichen Niederlanden mit Belgien ein völlig neuer Staat entstand, handelten die Großmächte in enger Abstimmung und bewiesen so in einer ungewöhnlichen Krisenlage das Funktionieren des Wiener Systems. Auch 18 Jahre später, als schließlich die lange befürchtete Revolution Europa erschütterte, verhinderte es den Ausbruch eines europäischen Krieges gegen Russland, vor dem die deutsche Nationalbewegung nicht zurückgeschreckt wäre. Der österreichische Publizist und Vertraute Metternichs Friedrich Gentz hatte das Wiener System schon im Jahre 1818, als Frankreich in seine Reihen aufgenommen worden war, ein „beispielloses Phänomen der Weltgeschichte" genannt, was aber seiner Ansicht nach auch erforderte, dass sich die kleineren Staaten stillschweigend den großen vorherrschenden Mächten unterwarfen.[19] Gewiss waren die alten Gegensätze zwischen Großbritannien und Frankreich oder zwischen Preußen und Österreich nach dem Wiener Kongress nicht plötzlich verschwunden, doch es gab auch dann noch unübersehbar auf allen Seiten die Bereitschaft, länger als bisher auf die diplomatische Karte zu setzen, als die Protagonisten des Wiener Systems schon längst die politische Bühne verlassen hatten. So hatten im Herbst 1850 Berlin und Wien im Streit um das Erfurter Unionsparlament zwar schon ihre Armeen an der böhmischen Grenze aufmarschieren lassen, dann aber doch noch in Olmütz einen Kompromiss gefunden, der die Rückkehr Preußens in den Deutschen Bund vorsah. Berlin nahm wieder seine Rolle als Juniorpartner gegenüber Österreich ein, verweigerte sich aber mit Erfolg dem habsburgischen Plan, das gesamte Staatsgebiet der Donaumonarchie in den Bund einzubringen. Im Londoner Protokoll wiederum fanden sich 1852 alle Mächte des Kongresssystems noch einmal zusammen, um den status quo ante in der Frage der sogenannten Elbherzogtümer zu besiegeln. Der dänische Monarch durfte die beiden hauptsächlich von Deutschen bevölkerten Herzogtümer weiterhin in Personalunion regieren.

Umstritten ist nach wie vor, weshalb das Wiener System schließlich doch spätestens mit dem Eintritt der beiden Westmächte in den Krimkrieg 1854 gescheitert ist. Eine Erklärung könnte lauten, dass Kongressmächte wie Großbritannien oder Russland ihre Macht außerhalb Europas kontinuierlich ausgeweitet hatten, Konflikte also exportierten, was aber wegen der indischen Frage und der Problematik der sicheren Seeweg im Mittelmeer zu einer direkten Konfrontation der beiden Supermächte des 19. Jahrhunderts führen musste. Eine andere Erklärung läge darin, dass Mächte wie Preußen aufgrund ihres wachsenden industriellen und militärischen Potenzials sich nicht mehr mit der Rolle des Juniorpartners innerhalb der Heiligen Allianz abfinden mochten. Hinzu kam, dass sich Österreich und Russland, die beiden anderen Partner dieser Triade, seit dem Krimkrieg unwiderruflich entzweit hatten und zu Rivalen auf dem

Denkmal der Preußen in Plancenoit.

Balkan geworden waren. Zwar lebte das Wiener System formal auch nach dem Pariser Friedensschluss von 1856, der den Krimkrieg beendete, fort. Doch die Bereitschaft von Politikern wie Bismarck oder Napoleon III., unilaterale Wege zu gehen, nahm deutlich zu. Ironischerweise verließ ausgerechnet die Habsburgermonarchie, als sie 1908 Bosnien-Herzegowina staatsrechtlich annektierte und schließlich sogar in der Julikrise von 1914 einen energischen Kriegskurs beschritt, eindeutig den Weg der europäischen Konferenzdiplomatie. Damit aber hatte es, ungeachtet seiner militärischen Schwäche, den wohl tragenden Pfeiler seiner Existenz selbst zum Einsturz gebracht. Mit dem Ersten Weltkrieg gingen das Wiener System und seine alte Mächtepentarchie endgültig unter. Doch eines seiner Elemente hat sich bis in unsere Tage gehalten: England und Frankreich, die beiden Erbfeinde seit den Tagen des Hundertjährigen Krieges und Rivalen in unzähligen Konflikten, haben seit Waterloo nie wieder gegeneinander gefochten.

19. Waterloo in der Geschichte – Der Weg zu einem europäischen Erinnerungsort

Fährt man auf der Route National Nr. 5 von Genappe in Richtung Brüssel, öffnet sich nach wenigen Kilometern, während die Straße leicht nach rechts auf La Belle Alliance abknickt, linker Hand das Gelände und gibt den Blick nach Norden frei auf eine weite baumlose Ebene, deren gegenüberliegendes Ende eine kegelförmige Erhebung beherrscht. Die 45 Meter hohe Erdaufschüttung mit ihrem markanten Löwendenkmal auf der Spitze wurde von der niederländischen Regierung in den Jahren 1824–1826 angeblich genau auf der Stelle errichtet, wo Prinz Wilhelm von Oranien am 18. Juni 1815 kurz vor Ende der Schlacht an seiner Schulter verletzt worden war. Abgesehen von der Abtragung des Ohain-Hohlwegs in seinem rechten Teil ist dieser künstliche Hügel tatsächlich eine der wenigen signifikanten Veränderungen, von denen das Schlachtfeld von Waterloo in den letzten beiden Jahrhunderten betroffen war.

Seine außergewöhnliche Belassenheit verdankt es einem erstaunlichen Gesetz der belgischen Regierung vom März 1914, das die Bebauung oder die bauliche Veränderung von Gebäuden, ja sogar das Pflanzen von Bäumen in einem bestimmten Areal untersagt, das im Westen von der Autobahn nach Nivelles begrenzt wird, im Osten wiederum von einer Linie, die von La Belle Alliance nach Papelotte führt und das Gut Frischermont einbezieht. Nördlich des alten Ohain-Wegs reicht die geschützte Zone bis an das Farmhaus Mont St. Jean heran. Keine Berücksichtigung fand damals allerdings der östliche Teil des Schlachtfelds mit Plancenoit, wo die Preußen gekämpft hatten.[20]

Beinahe ebenso unverändert wie das 200 Jahre alte Schlachtfeld ist seither auch die westeuropäische Staatenwelt, die aus der endgültigen Niederlage Napoleons hervorging. Die Grenzen des Wiener Kongress von 1815 haben unter Berücksichtigung der 15 Jahre später vollzogenen Teilung der Niederlande auch nach zwei Weltkriegen und trotz aller Veränderungsversuche

Schon bald nach der Schlacht reisten Touristen zum Schlachtfeld und besichtigten die Monumente.

immer noch Bestand. Frankreich, Belgien, Luxemburg und Deutschland – oder damals Preußen – bildeten für wenigstens ein Jahrhundert einen politisch außergewöhnlich stabilen Raum, der sogar die Verwerfungen des 20. Jahrhunderts überstand. Inzwischen werden die damals gezogenen Grenzen von keiner ernstzunehmenden politischen Kraft noch infrage gestellt. Die Schlacht von Waterloo erscheint somit im Rückblick als einer der Marksteine auf dem Weg zum heutigen Europa. Jedenfalls ermöglichte der gemeinsame Sieg der alliierten Armeen den Vertretern der Großmächte in Wien die Fortsetzung ihrer gewaltigen Aufgabe, den Kontinent neu zu ordnen. Dass dabei zuletzt auch das 1815 zum zweiten Mal geschlagene Frankreich einbezogen wurde, unterscheidet sie von ihren Nachfolgern, die ein Jahrhundert später in Paris vor derselben Aufgabe stehen sollten.

Doch bis das Gelände zwischen La Belle Alliance und Löwendenkmal zum gemeinsamen Erinnerungsort aller an der Schlacht beteiligten Nationen werden konnte, der inzwischen alljährlich Tausende sogenannter Reenactors und Hunderttausende von Besuchern aus ganz Europa anzieht, gingen Sieger und Besiegte höchst eigene Wege in der Bewältigung der Schlacht und ihrer Folgen.

Am wenigsten gebrochen war die Erinnerung im Vereinigten Königreich. Weder die Namensgebung der Schlacht noch ihre Deutung unterlagen dem geringsten Zweifel. Waterloo war Wellingtons Sieg, durch den er Nelsons zehn Jahre zurückliegenden Triumph von Trafalgar vollendete.[21] So wie der Feldherr mit der charakteristischen Hakennase hatten auch seine Rotröcke an diesem Tag auf vorbildliche Art die alten britischen Tugenden der Standfestigkeit und Kaltblütigkeit einmal mehr unter Beweis gestellt, und es störte niemanden im Inselreich, wenn der Herzog selbst im Gespräch mit dem Parlamentsabgeordneten Edward Creevy einräumte, dass es tatsächlich eine verdammt knappe Angelegenheit gewesen war.[22]

Kaum war der Rauch der Schlacht verzogen, hatten sich schon die ersten britischen Besucher auf den verwüsteten Feldern südlich von Mont Saint Jean eingefunden. Monarchen und andere Prominente beeilten sich, die Schädelstätte mit ihrem Besuch zu würdigen, während Touristen mit handfesteren Absichten mit den Einheimischen eifrig um Fundstücke schacherten, die sie als Ikonen nach England zurückbrachten. Ein einzelner Anwohner soll damit sogar ein Vermögen von 40 000 Francs erworben haben.[23] Selbst der sogenannte Elmtree an der Kreuzung oberhalb von La Haye Sainte, an dem sich Wellington verschiedentlich während der Schlacht aufgehalten hatte, wurde 1818 von einem geschäftstüchtigen Briten gefällt und in dünne Scheiben zerlegt, für die sich im Inselreich dankbare Abnehmer fanden. Kein Autor im Königreich, der etwas auf sich hielt, konnte es sich erlauben, die Schlacht zu ignorieren. Dichter wie Walter Scott, George Gordon Noel, besser bekannt als Lord Byron, oder William Makepeace Thackeray machten sich auf den Weg nach Waterloo und erwiesen später der Schlacht ihre literarische Reverenz. Ihre Arbeiten inspirierten Maler wie Denis Dighton oder William Turner, die natürlich auch selbst zeitnah den Ort des Geschehens aufgesucht hatten. Währenddessen wurden in ganz Großbritannien Hunderte von Straßen nach dem

Feldherrn oder seinem größten Sieg umbenannt. Die prominentesten Fälle waren die Waterloo Bridge von 1817 und die spätere Waterloo Station, ab 1848 einer der größten Bahnhöfe Londons.

Ambivalenter fiel die Sicht auf die Schlacht aus innenpolitischer Perspektive aus. Für das Aufsehen erregende Massaker auf dem St. Peters Field bei Manchester vom 16. August 1819 hatte sich im Lande rasch der anspielungsreiche Name Peterloo durchgesetzt. Von etwa 60 000 Teilnehmern, die in der nordenglischen Industriemetropole für eine Wahlrechtsreform demonstriert hatten, waren an diesem Tage elf Menschen getötet und mindestens 400 verletzt worden. Waterloo galt somit nicht nur als Englands Sieg über Napoleons Armee, sondern auch als Überwindung der Revolution überhaupt, die immer auch Bürgerrechte für die breiten Massen gefordert hatte. Dasselbe Kavallerieregiment der 15. Husaren, dessen Reiter bei Waterloo noch französische Infanteristen niedergehauen hatten, war nun gewaltsam gegen die eigenen Bürger vorgegangen. Die Gräben der industriellen Revolution im Lande hatte dieser Gewaltakt zweifellos vertieft. Die sogenannte Chartistenbewegung hielt Großbritannien noch mehr als 30 Jahre in Atem und brachte das Inselreich wiederholt an den Rand des Bürgerkriegs.

Nicht minder euphorisch fiel die Reaktion in den Niederlanden aus, wo Wellingtons Sieg zunächst als Gründungsakt des vergrößerten Königreiches gefeiert wurde. Immerhin hatte der Feldherr auch als Oberbefehlshaber der niederländischen Truppen Napoleons Armee überwunden. Drei Jahre nach dem Sieg hatte die Regierung in Den Haag den 18. Juni sogar zum Nationalfeiertag erklärt. Doch nachdem das Land 1830 staatsrechtlich geteilt worden war, lag das aufwendig errichtete Löwendenkmal plötzlich jenseits der Landesgrenzen und die anfängliche Begeisterung der Niederlande verebbte damit rasch. In Belgien wiederum war die Hinterlassenschaft des ungeliebten nördlichen Nachbarn von Anfang an höchst umstritten. „Waterloo" symbolisierte für Flamen und Wallonen den tiefen kulturellen Riss, der durch das neue Land ging, hatten beide Volksgruppen damals doch in verschiedenen Lagern gestanden, viele Wallonen sogar aufseiten Napoleons gekämpft. An Versuchen, den Löwen umzugestalten, seine Richtung zu verändern oder gar gänzlich abzubauen, hat es daher nicht gefehlt. So schlug der wallonische Abgeordnete Alexandre Gendebien der neuen belgischen Abgeordnetenkammer im Dezember 1832 sogar vor, das Löwendenkmal zu Kanonen und Bomben für die Verteidigung des Landes umzugießen.[24] Doch dagegen stand das geschäftliche Interesse der umliegenden Gemeinden. Obwohl Wallonen und immer noch Frankreich zugeneigt, mochten sie auf die Einnahmen aus dem anhaltenden Touristenstrom nicht verzichten. Mehr als einmal zeigten sie sich sogar entschlossen, das Löwendenkmal mit Waffen zu verteidigen. Ein offizieller Bericht aus dem Jahre 1831 sprach sogar von 200 bis 300 Einwohnern, die sich mit Gewehren vor dem Monument versammelt hatten. Auch wenn das Parlament in Brüssel mehrheitlich die Auffassung vertrat, dass Belgien ohne Waterloo immer noch eine französische Präfektur sein würde, waren die Belgier doch peinlich bemüht, im Umgang mit Waterloo antifranzösische Provokationen zu unterlassen. Dies galt besonders während des Zweiten Kaiserreichs (1852–1870), als ausgerechnet im Jubiläumsjahr 1865 die Frage eines französischen Erwerbs des nördlichen Nachbarlandes plötzlich wieder auf die politische Tagesordnung gelangt war. Den Feierlichkeiten zum 50. Jahrestag der Schlacht fehlten dann auch antifranzösische Spitzen. Stattdessen prägten erstmals pazifistische Töne die offiziellen Verlautbarungen. So forderte das Organisationskomitee die anreisenden Engländer, Deutschen, Niederländer und Belgier zu einem ernsten und würdigen Besuch des Schlachtfelds auf, um somit die Prinzipen von Freiheit, Frieden und Liebe im Gegensatz zu Gewalt und Hegemoniestreben zu bekräftigen.[25] Ein Tenor, der 25 Jahre später erneuert wurde und sich bis heute durchgehalten hat. Vertreter des offiziellen Frankreichs fehlten jedoch trotz aller symbolischen Vorsicht der Veranstalter bisher bei allen Festlichkeiten. Noch 1965 hatte Charles de Gaulle seinen Botschafter in Brüssel angewiesen, den offiziellen Veranstaltungen unter einem Vorwand fernzubleiben.[26] Dies erscheint umso erstaunlicher, da es Frankreich in den Jahren nach 1815 in erstaunlicher Weise verstanden hat, eine „Kultur der Niederlage" zu entwickeln, in der Napoleons Untergang bei Waterloo schließlich zur

Défaite glorieuse mutierte, bei der die kaiserliche Armee allein der Übermacht und dem Schicksal erlegen war.[27]

Napoleons dreiste Beschönigungen des Schlachtverlaufs in der Ausgabe des Pariser Moniteur vom 23. Juni und Neys entschiedener Widerspruch hatten die Hauptstadt, mehr noch als die Niederlage selbst, zunächst in einen Schockzustand versetzt. Da brachte ausgerechnet Wellingtons Waterloo-Bulletin vom 19. Juni, das acht Tage später ebenfalls im Moniteur erschienen war, die entscheidende Wende. Die französischen Soldaten, so erfuhren die Pariser nun, hatten bei Waterloo außergewöhnlich tapfer gekämpft und Wellington sogar an den Rand einer Niederlage gebracht. Erst das Erscheinen der Preußen habe die Lage gewendet. Zu diesem heroischen Topos fügte sich vollkommen das Bild einer untergehenden Garde, die lieber starb, als sich zu ergeben. Die berühmte Formel „La Garde meurt, mais elle se ne rend pas" wurde dem General Cambronne in den Mund gelegt, von dem man zunächst fälschlicherweise angenommen hatte, dass er in der Schlacht gefallen sei.[28]

Das Bild des „letzten Karrees" bei Waterloo avancierte zum Fundament des nationalen Umgangs mit der Niederlage, der sich schließlich nach dem Tod des Korsen nahtlos die Napoleon-Legende einfügte. Von Gourgaud, Montholon und Las Cases in kurzer Folge seit 1818 herausgebracht, vermittelten die Erinnerungen und Gedanken von St. Helena im Kern folgende Botschaft: Der Kaiser habe stets den Frieden gewollt und sei bei Waterloo allein der Übermacht seiner Feinde erlegen. Der schon sichere Sieg ging jedoch schließlich durch die Nachlässigkeit seiner Marschälle Ney und Grouchy verloren. Obwohl sich dagegen nicht nur aus dem Kreis der Betroffenen und ihrer Nachfahren Gegenstimmen erhoben, blieb die Napoleon-Legende das prägende Element der französischen Geschichtsbewältigung bis in das Zweite Kaiserreich. Victor Hugo, der sich in seinen Werken wiederholt mit Waterloo befasst hatte, weigerte sich lange, die *morne pleine* aufzusuchen, weil er die Niederlage nicht nur als Triumph Europas über Frankreich empfand, sondern auch als Sieg des Mittelmaßes über das Genie des Kaisers.[29] Rasch verblasste dagegen das royalistische Gegenbild, die „Schwarze Legende" eines feigen und unfähigen Kaisers, der seine Armeen wiederholt im Stich gelassen habe. Der Mythos von Waterloo und Napoleon verfestigte sich kontinuierlich während der so genannten Julimonarchie und erreichte schließlich seinen Höhepunkt mit der feierlich inszenierten Rückführung des Leichnams Napoleons im Jahre 1840.

Erst in den 1850er-Jahren formierte sich, beginnend mit der Geschichte des Feldzugs von 1815 aus der Feder des ehemaligen Offiziers Jean Baptiste Charras eine einflussreiche Gegenbewegung zunächst noch aus dem Exil, die schließlich in der Dritten Republik (seit 1870) den Weg zu einer wissenschaftlichen Umgehensweise mit Waterloo bereitete. Zum Meilenstein der Waterloo-Historiografie avancierte in den 1890er-Jahren das dreibändige Werk des Historikers Henry Houssaye, das vor allem Napoleons Entscheidungen während des Feldzugs von Belgien kritisch hinterfragte und in wenigen Jahren über 40 Auflagen erlebte.[30]

Der aufklärerische Tenor aller französischen Historiker von Houssaye bis Henri Lachouque bewirkte eine einschneidende Neubewertung der Schlacht, die nunmehr gelöst von nationalen Rechtfertigungsmustern „um ihrer selbst Willen erinnert wurde". Der Schlachtenmythos von Waterloo konnte somit im 20. Jahrhundert und insbesondere nach 1945 eine transnationale Neubewertung erhalten, die das Kämpfen und Leiden der Soldaten als universelle Erfahrung in den Mittelpunkt stellt.[31]

Da fast die Hälfte aller Kombattanten bei Waterloo aus deutschen Staaten stammte, fand der gemeinsame und endgültige Sieg über Napoleon auch jenseits des Rheins große Resonanz. Von Anfang an wurde jedoch die Gemeinsamkeit des Erfolgs betont. Blücher stand auf gleicher Höhe mit Wellington. So begann der Dichter und Publizist Ernst Moritz Arndt einen Vierzeiler über Waterloo mit der Reihenfolge: Blücher, Wellington und Gott, während Goethe 1824 an Eckermann schrieb, dass Blücher und Wellington wie auch die französischen Marschälle den Helden des Altertums völlig an die Seite zu setzen seien.[32]

Selbst ein Nationalist wie Heinrich von Treitschke, der den „Landsknechtsführer Wellington" zum letzten Vertreter „einer längst überwundenen Kriegsweise" herabwürdigte, kam nicht umhin, der Kraft seines Charakters und seiner Selbstbeherrschung Respekt zu zollen. Gegen eine

Marginalisierung des deutschen Anteils am Sieg, wie sie etwa in dem viel beachteten Werk des englischen Offiziers William Siborne zum Ausdruck kam, verstand man sich zu wehren. Eine Rezension des auch ins Deutsche übersetzten Bandes im renommierten Preußischen Militärwochenblatt aus dem Jahre 1845 umfasste immerhin 68 Seiten und bemerkte einleitend, „dass er nicht völlig zufriedenstellen könne, da es unsere Beteiligung an dem großen Erfolg entweder nur streife oder unsere Anwesenheit derart schmälere, dass jeder, der nicht die wahre Geschichte kennt, einen falschen Eindruck gewinne".[32]

Gelegentlich steigerte sich diese durchaus sachliche Kritik an britischen Vereinnahmungstendenzen zwar zu schrillen Tönen, wie etwa in der Schlachtendarstellung von Carl Bleibtreu, die bezeichnenderweise im zweiten Kriegsjahr 1915 unter dem programmatischen Titel „Englands große Waterloo-Lüge" erschien, doch es überwog schon in den letzten Jahrzehnten des 19. Jahrhunderts bei den damals für die Operationsgeschichte zuständigen Militärs die Tendenz, den Feldzug von 1815 im Kontext der großen Strategien zu untersuchen.[34] Für die Bedürfnisse der nationalen Erinnerungskultur blieben immer noch Leipzig und Sedan.

Spätestens seit den 1970er-Jahren ist Waterloo jenseits aller nationalistischen Bezüge und Eifersüchteleien zu einem Ort europäischer Geschichte geworden, der sich nicht mehr den großen Entscheidungen der Heerführer widmet, sondern den Erfahrungen der einfachen Soldaten. Deren Strapazen, Leiden und Leistungen versucht vor allem die wachsende Schar der Reenactoren aus allen Ländern alljährlich noch einmal aufleben zu lassen.[35] Sieg und Niederlage sind dabei längst zweitrangig geworden und Napoleon, der durch sein Scheitern bei Waterloo und seine Verbannung auf ein menschliches Maß gestutzte Kaiser, erlangte Alltagstauglichkeit und als gebrochene Persönlichkeit sogar Eingang in die Popkultur. In drei Sprachen steht inzwischen die Redewendung „sein Waterloo erleben" oder „to meet his Waterloo" für eine schmerzvolle Niederlage. Wohl als einer der Ersten prägte sie der Autor Arthur Conan Doyle.[36] In Frankreich findet sich als Alternative zu Waterloo auch die Chiffre Beresina vor allem für sportliche Niederlagen oder Rückschläge in der Politik.[37]

Aus dem Helden und Triumphator wurde ein Opfer und damit eine Figur, die automatisch die Sympathie des postmodernen westlichen Menschen hervorruft. So wundert sich auch kaum einer der zahllosen Besucher, dass in der Ikonografie des Schlachtfelds Napoleon längst wieder in der ersten Reihe steht, während man nach Figuren oder Abbildungen von Blücher oder Wellington in den Museumsshops schon suchen muss.

20. Die Irrfahrt des Fabricio del Dongo über das Schlachtfeld von Waterloo

Er sehe schon ein, dass er gar nichts wisse, aber er wolle kämpfen und sei fest entschlossen, dorthin, zu den weißen Rauchwölklein zu reiten. Mit diesen Worten lässt der französische Romancier Henri Bayle, besser bekannt als Stendhal, in dem Roman „Die Kartause von Parma" seinen jugendlichen Helden Fabricio del Dongo eine bizarre Odyssee durch die Schlacht von Waterloo antreten.[38] Begeistert von der spektakulären Rückkehr des Kaisers hatte sich der naive Held kurzerhand aus Mailand nach Paris aufgemacht, um sein Idol zu unterstützen und an dessen Ruhm teilzuhaben. Von einer freundlichen Marketenderin mit handfesten Ratschlägen bedacht, wie diese oder jene Gefahren zu vermeiden seien, stolpert er ohne die geringste Ahnung vom Großen und Ganzen des sich im Hintergrund abspulenden Dramas über Felder, die von Pfützen oder Leichen bedeckt sind und auf denen soeben Geschichte geschrieben wird.

Auch wenn Stendhal seine Hauptfigur mit gewollter Übertreibung als einen romantischen Narren schildert, der von Kameradschaft und Ruhm träumt, ohne auch nur den simpelsten taktischen Zusammenhang durchschauen zu können, so schien sich dessen Blindheit gegenüber dem historischen Gesamtereignis kaum von den Wahrnehmungen unzähliger Soldaten auf dem Schlachtfeld von Waterloo unterschieden zu haben. War man doch auf beiden Seiten der Frontlinie mit der Bewältigung der unmittelbar drohenden Gefahren vollauf beschäftigt, und selbst wer nicht unter Beschuss stand, hatte gewöhnlich anderes im Sinn, als dem Verlauf der Schlacht zu folgen.[39] Wie für den erfundenen Novizen Del Dongo schienen für die Mehrheit der wirklichen Teilnehmer die großen Kausalitäten der Schlachtenlenker und militärischen Stäbe überhaupt nicht zu existieren. Nichts von den großen Streitfragen, welche die Öffentlichkeit in Frankreich auch noch in den 1830er-Jahren beschäftigten, als sein Roman entstand, erörtert Stendhal auch nur ansatzweise.

Sein fiktives mikroskopisches Bild der Schlacht, in der sich keine Spur vom Scheitern der kaiserlichen Garde oder vom abendlichen Flankenangriff der Preußen findet, steht in denkbar heftigem Widerspruch zu der bis heute dominierenden Sicht der Drums-and-Trumpet-History, die den Zusammenstoß von Armeen ausschließlich als große Manöver der Kolonnen, Karrees oder Kavalleriekorps in ihrer zeitlichen Abfolge zu beschreiben versucht. Man zählte die Geschütze, lobte das geordnete und prächtige Vorrücken der Bataillone in fantasievollsten Metaphern oder pries das tapfere Ausharren der Soldaten im dichtesten Feuer, ohne zu fragen, was genau denn Tapferkeit eigentlich ausmachte, wenn bereits die Hälfte der eigenen Kameraden tot oder verwundet das Gras bedeckte.[40]

Stendhal hat mit der sonderbaren Reise seines Helden Fabricio del Dongo all diesen Versuchen von schreibfreudigen Militärs oder national gesinnten Historikern, das Chaos der Gewalttätigkeiten und Gewalterfahrungen in die Ordnung einer Schlacht zu fügen, eine entschiedene Absage erteilt. Jede Schlachtbeschreibung enthält notwendig Vereinfachungen, Auslassungen oder sonstige Beschönigungen, in denen das Erlebte verarbeitet, geordnet oder für politische Zwecke instrumentalisiert wird. Allein der Name Waterloo als Zusammenfassung für eine Vielzahl von mehr oder weniger isolierten Gefechten, die am Nachmittag des 18. Juni 1815 zwischen Goumont, La Haye Sainte, Papelotte und Plancenoit stattfanden und die schließlich in eine kopflose Flucht der Franzosen mündeten, ist nicht mehr als eine kreative Künstlichkeit.

Dass jede schriftstellerische oder historiografische Beschreibung einer Schlacht nie mehr als ein Konstrukt sein kann, in dem das Handeln der Akteure den jeweiligen Moral- und Ehrbedürfnissen unterworfen wird, räumte sogar Wellington ein. Eine wahre Geschichte der Schlacht von Waterloo würde, so warnte er, die Reputation und Ehre so vieler verdienter Soldaten infrage stellen, die sich doch den Anspruch auf ihren Ruhm redlich erworben hätten. Im Übrigen bezweifelte der Herzog, dass eine derartige Geschichte überhaupt geschrieben werden könne: Gegenüber Walter Scott verglich er sie einmal mit einem festlichen Ball. „Der ein oder andere mag all die kleinen Ereignisse behalten haben, deren großes Ergebnis die gewonnene oder verlorene Schlacht war; keiner aber vermag sich ihrer Reihenfolge oder des Zeitpunktes ihres präzisen Eintretens zu erinnern.[41] Die moderne Militärgeschichte hat inzwischen in entschiedener Abkehr von der klassischen Kriegsgeschichte der Generale und Generalstäbe Wellingtons Skepsis an der Authentizität überlieferter Schlachtenschilderungen zum Paradigma erhoben. Sie hat nicht nur die ideologiekritische Methodik der universitären Geschichtswissenschaften auf die militärischen Meisternarrationen angewandt, sondern auch ihr Themenspektrum beträchtlich über die bloße Betrachtung von Schlachten und Feldzügen ausgeweitet. Nachdem in der Bundesrepublik Kriegs- oder Schlachtengeschichte lange als Tummelplatz methodisch unreflektierter Freizeithistoriker oder gar als gedankliche Schmuddelecke von Revisionisten gegolten hatte, vollzog die akademische Forschung gerade in den letzten beiden Jahrzehnten eine vorsichtige Annäherung an das Phänomen „Krieg". Unter dem leitenden Gedanken einer „Kulturgeschichte der Gewalt" schließt die neuere Militärgeschichte jetzt auch außermilitärische Gewaltformen nicht aus.[42] Selbst wenn neuerdings wieder operationsgeschichtliche Fragestellungen an Akzeptanz gewonnen haben, so hat doch in der Untersuchung von Schlachten ein grundlegender Wechsel der Perspektive stattgefunden: Nicht mehr Schlachten machen Geschichte, sondern umgekehrt wird gefragt, wie die jeweilige Kultur einer Gesellschaft militärische Operationen geprägt hat. Dass Kriege und Kriegsformen von der Politik vollkommen abhängige Phänomene sind, hatte ja bereits der Kriegstheoretiker Carl von Clausewitz vor mehr als 180 Jahren als Kernthese seines Hauptwerkes formuliert.

Schlachten sind somit nicht länger die „Marksteine der Geschichte", sondern werden höchstens noch als zweitrangige Phänomene wahrgenommen, gewissermaßen als Funktionen der Geschichte. Gar von Entscheidungsschlachten zu sprechen, verbietet sich daher ganz von selbst. Moderne Militärgeschichte ist somit kein Rivival der klassischen Generalstabshistorie mit ihrem anwendungsorientierten Anspruch, aus der Geschichte vergangener Feldzüge Lehren für zukünftige Operationen zu ziehen. Sie interessiert längst nicht mehr die klassische Fragestellung, weshalb eine Schlacht gewonnen wurde oder verloren ging, sondern weshalb bestimmte Akteure so und nicht anders handelten. Kulturelle Prägungen, Mentalitäten und Strukturen stehen im Vordergrund ihres Forschungsinteresses.

Eine neue „Kulturgeschichte der Schlacht" versucht all diese Gesichtspunkte zu integrieren.

Angestrebt wird nunmehr eine *histoire totale* der Schlacht, welche der ökonomischen, technischen und sozialen Vielfalt des Phänomens gerecht werden soll.[43] Wie diese Totalgeschichte aussehen könnte und welchen Erkenntnisgewinn sie erbrächte, bleibt allerdings im Dunkeln. Gewiss kann die Mentalitätsgeschichte helfen, die Genese gewisser Entscheidungen auf dem Schlachtfeld oder auf dem Weg dorthin zu erhellen. Eine militärisch orientierte Technikgeschichte vermag Aussagen über das Innovationspotenzial von Streitkräften zu gewinnen, und eine Strukturgeschichte, die Armeen auch als soziale Phänomene würdigt, liefert Einsichten über ihre Zusammensetzung, Aufstiegsmöglichkeiten und inneres Konfliktpotenzial. Zum tieferen Verständnis militärischer Operationen sind derartige Forschungen ohne Frage von Nutzen, doch man darf nie übersehen, dass all dies nur Hilfsfunktionen sein können. Für sich genommen, sind sie nicht mehr als ein *nice to know*. Welche Faktoren auch immer zum Ausgang einer Schlacht beigetragen haben, entscheidend war und ist stets das Kämpfen und Töten gewesen. Ein Zitat von John Keegan bringt dies wohl am treffendsten auf dem Punkt: „Das Leben von Völkern und Menschen verändert sich nicht durch das, was Armeen sind, sondern durch das, was sie tun."[44] Das Kämpfen in seiner konkreten und vielfältigen Form war sein Thema. Seinem Ansatz ist auch diese Studie verpflichtet.

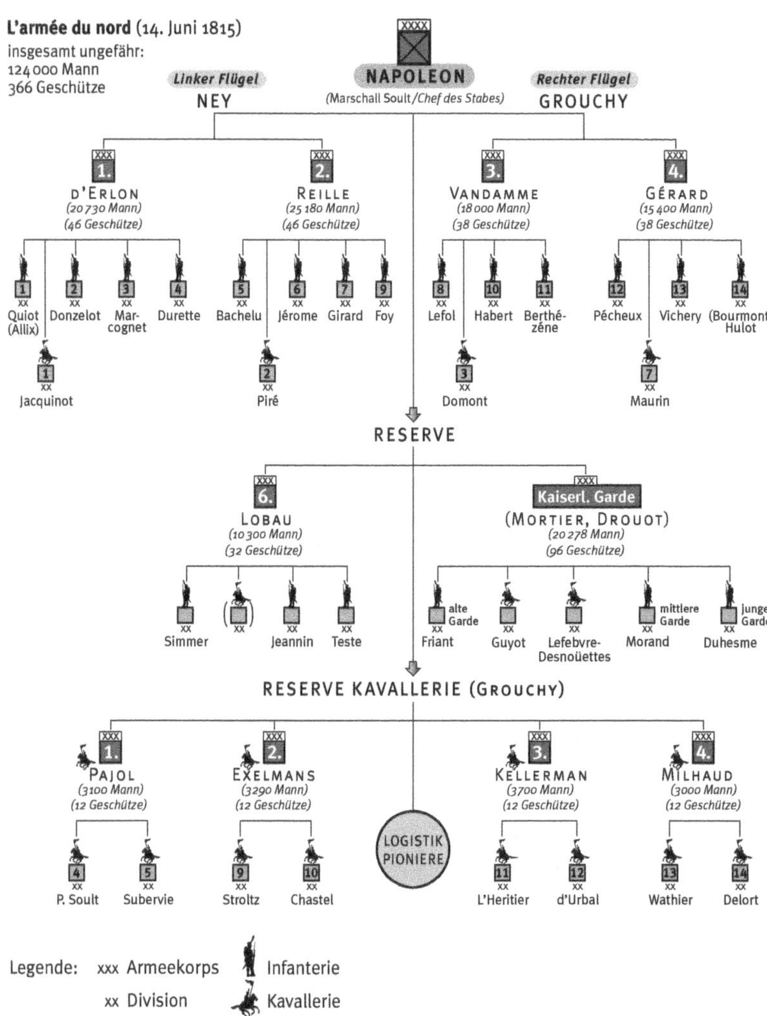

L'armée du nord (14. Juni 1815)
insgesamt ungefähr:
124 000 Mann
366 Geschütze

Linker Flügel
NEY

NAPOLEON
(Marschall Soult/Chef des Stabes)

Rechter Flügel
GROUCHY

1.
D'ERLON
(20 730 Mann)
(46 Geschütze)

2.
REILLE
(25 180 Mann)
(46 Geschütze)

3.
VANDAMME
(18 000 Mann)
(38 Geschütze)

4.
GÉRARD
(15 400 Mann)
(38 Geschütze)

1 Quiot (Allix)
2 Donzelot
3 Mar-cognet
4 Durette

5 Bachelu
6 Jérome
7 Girard
9 Foy

8 Lefol
10 Habert
11 Berthé-zène

12 Pécheux
13 Vichery
14 (Bourmont) Hulot

1 Jacquinot

2 Piré

3 Domont

7 Maurin

RESERVE

6.
LOBAU
(10 300 Mann)
(32 Geschütze)

Kaiserl. Garde
(MORTIER, DROUOT)
(20 278 Mann)
(96 Geschütze)

Simmer
( )
Jeannin
Teste

alte Garde
Friant
Guyot
Lefebvre-Desnoüettes
mittlere Garde
Morand
junge Garde
Duhesme

RESERVE KAVALLERIE (GROUCHY)

1.
PAJOL
(3100 Mann)
(12 Geschütze)

2.
EXELMANS
(3290 Mann)
(12 Geschütze)

3.
KELLERMAN
(3700 Mann)
(12 Geschütze)

4.
MILHAUD
(3000 Mann)
(12 Geschütze)

4 P. Soult
5 Subervie

9 Stroltz
10 Chastel

LOGISTIK PIONIERE

11 L'Heritier
12 d'Urbal

13 Wathier
14 Delort

Legende: xxx Armeekorps   Infanterie
            xx Division   Kavallerie
            x Brigade   Artillerie

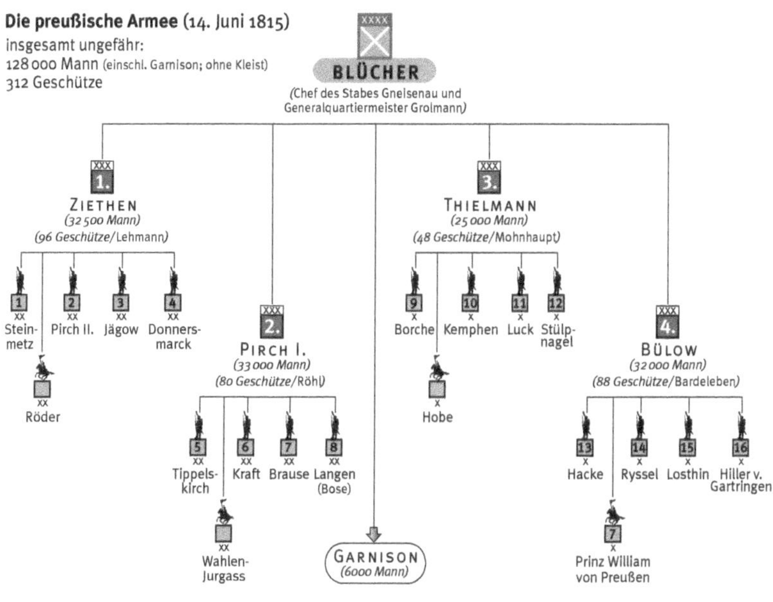

Die preußische Armee (14. Juni 1815)
insgesamt ungefähr:
128 000 Mann (einschl. Garnison; ohne Kleist)
312 Geschütze

BLÜCHER
(Chef des Stabes Gneisenau und
Generalquartiermeister Grolmann)

1.
ZIETHEN
(32 500 Mann)
(96 Geschütze/Lehmann)

1 Stein-metz
2 Pirch II.
3 Jägow
4 Donners-marck
Röder

2.
PIRCH I.
(33 000 Mann)
(80 Geschütze/Röhl)

5 Tippels-kirch
6 Kraft
7 Brause
8 Langen (Bose)
Wahlen-Jurgass

GARNISON
(6000 Mann)

3.
THIELMANN
(25 000 Mann)
(48 Geschütze/Mohnhaupt)

9 Borche
10 Kemphen
11 Luck
12 Stülp-nagel
Hobe

4.
BÜLOW
(32 000 Mann)
(88 Geschütze/Bardeleben)

13 Hacke
14 Ryssel
15 Losthin
16 Hiller v. Gartringen

7 Prinz William von Preußen

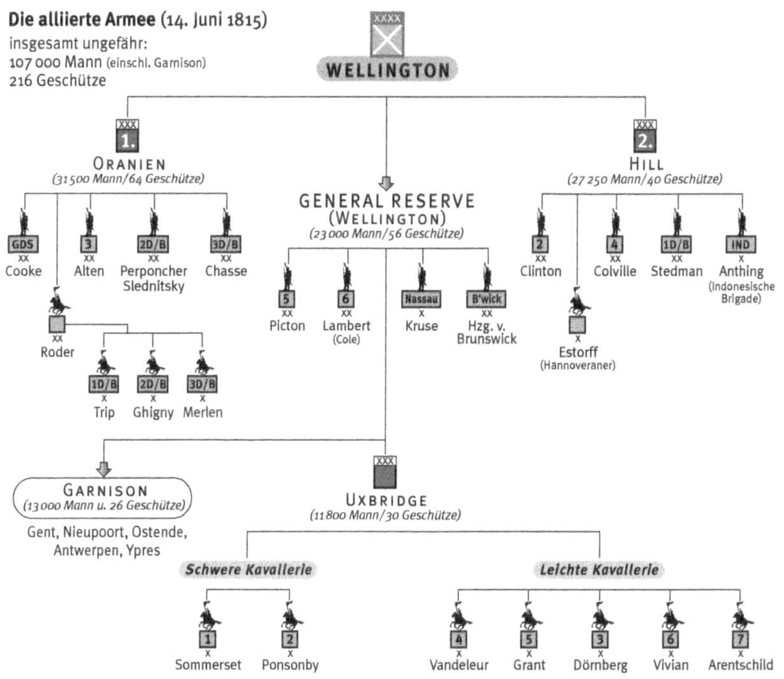

Die alliierte Armee (14. Juni 1815)
insgesamt ungefähr:
107 000 Mann (einschl. Garnison)
216 Geschütze

WELLINGTON

1.
ORANIEN
(31 500 Mann/64 Geschütze)

GDS Cooke
3 Alten
2D/B Perponcher Slednitsky
3D/B Chasse
Roder
1D/B Trip
2D/B Ghigny
3D/B Merlen

GARNISON
(13 000 Mann u. 26 Geschütze)
Gent, Nieupoort, Ostende,
Antwerpen, Ypres

GENERAL RESERVE
(WELLINGTON)
(23 000 Mann/56 Geschütze)

5 Picton
6 Lambert (Cole)
Nassau Kruse
B'wick Hzg. v. Brunswick

UXBRIDGE
(11 800 Mann/30 Geschütze)

Schwere Kavallerie
1 Sommerset
2 Ponsonby

Leichte Kavallerie
4 Vandeleur
5 Grant
3 Dörnberg
6 Vivian
7 Arentschild

2.
HILL
(27 250 Mann/40 Geschütze)

2 Clinton
4 Colville
1D/B Stedman
IND Anthing (Indonesische Brigade)
Estorff (Hannoveraner)

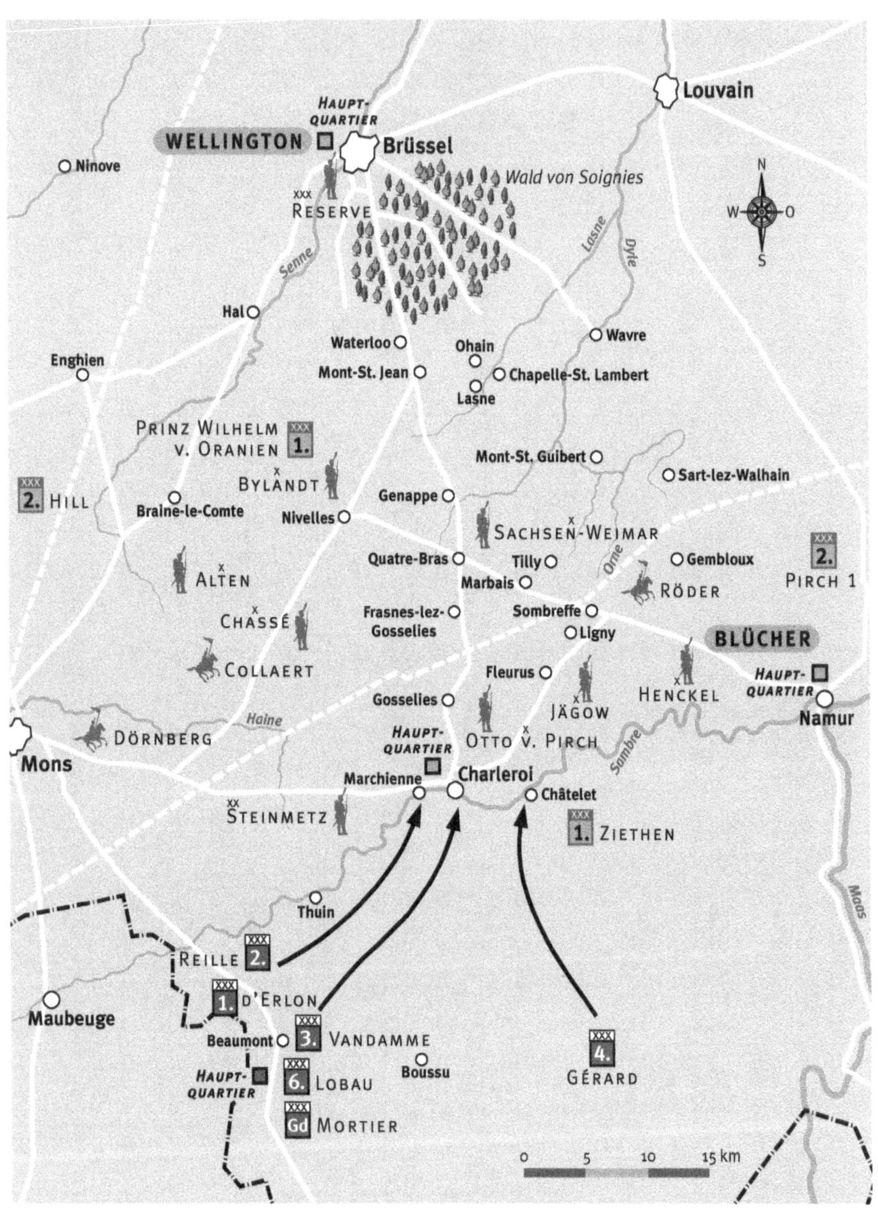

Eröffnung des Feldzuges 14./15. Juni 1815

Ausgangsstellung Waterloo, mittags, 18. Juni 1815

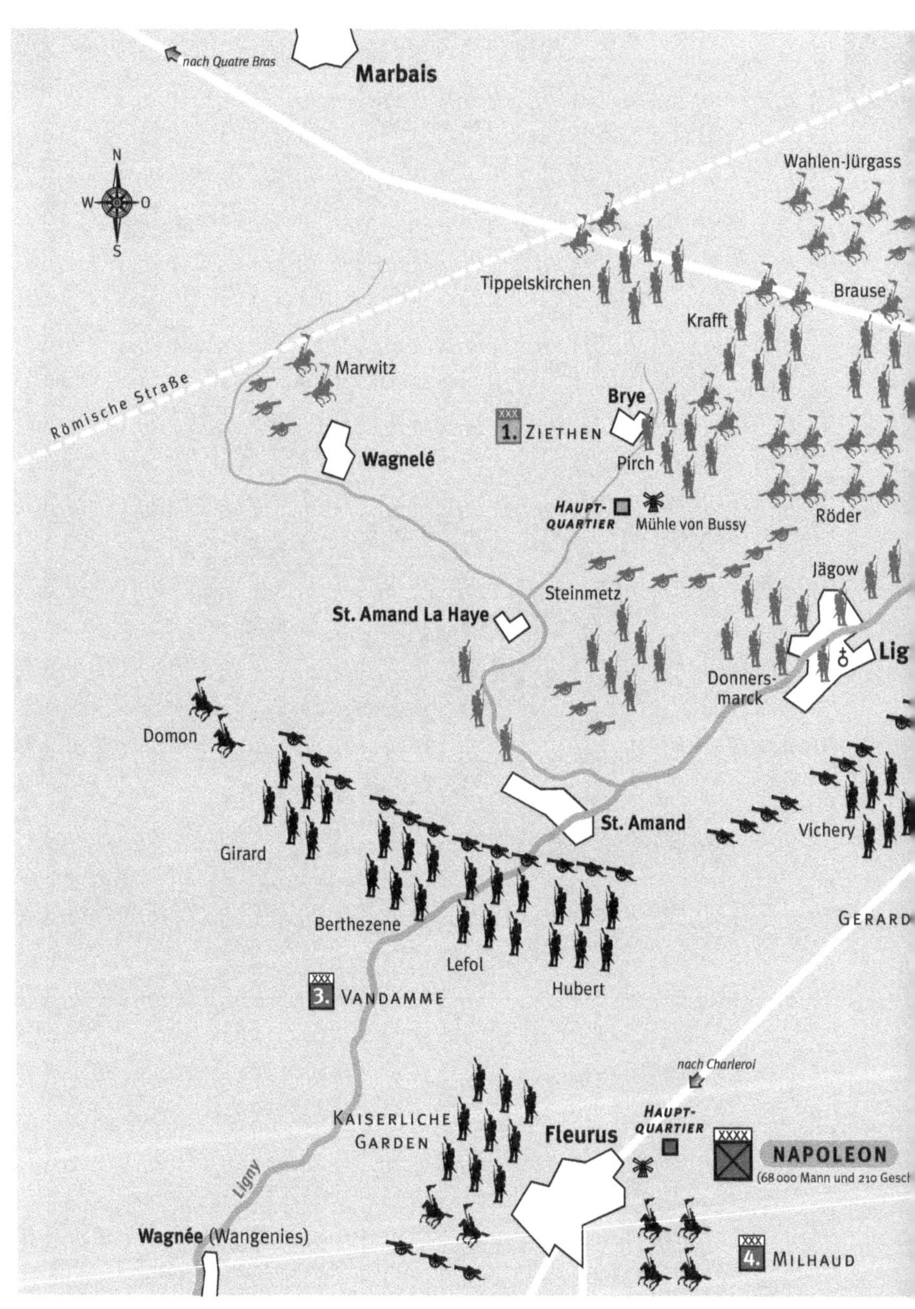

Schlacht bei Ligny, 16. Juni 1815

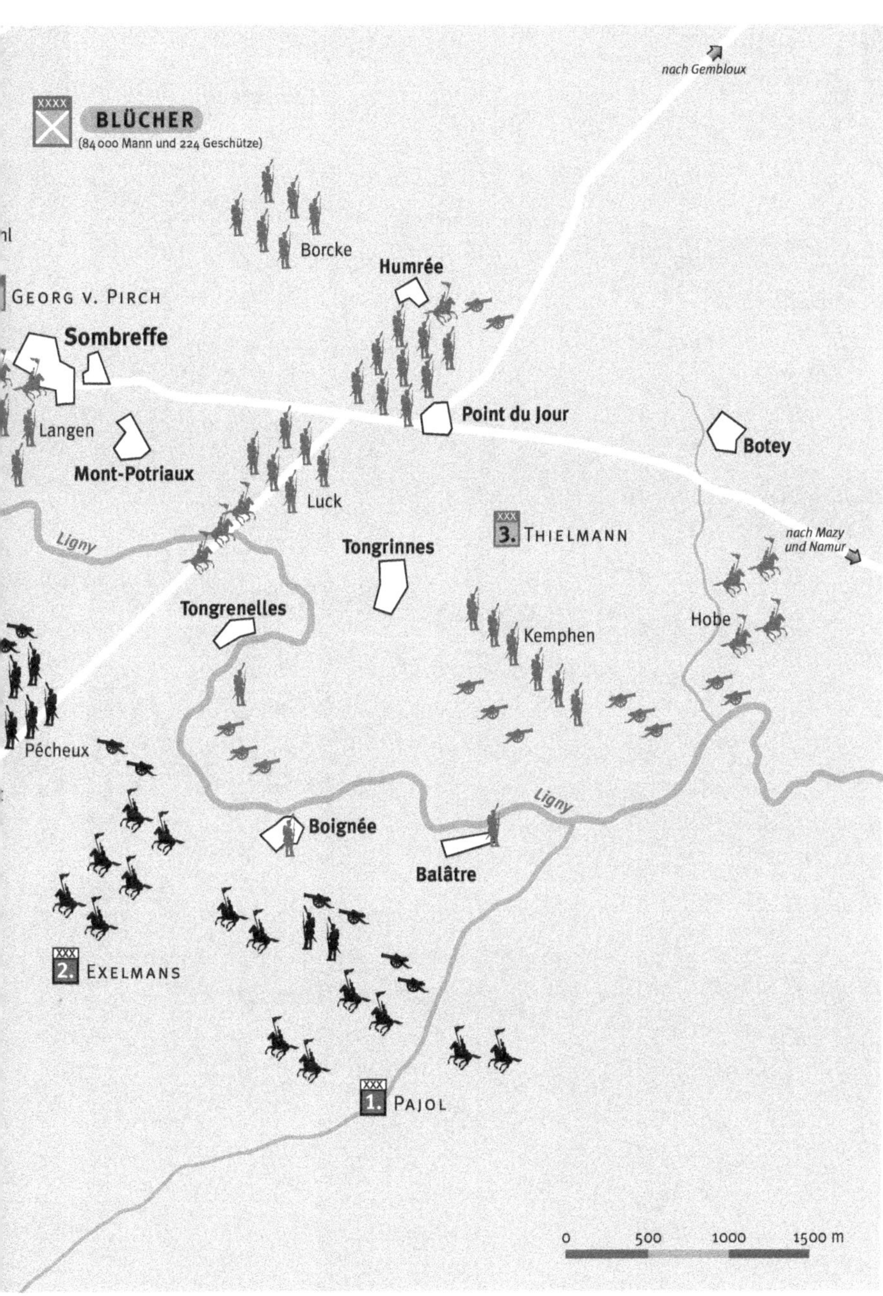

nach Gembloux
BLÜCHER
(84 000 Mann und 224 Geschütze)
Borcke
Humrée
GEORG V. PIRCH
Sombreffe
Point du Jour
Botey
Langen
Mont-Potriaux
Luck
nach Mazy
und Namur
Ligny
Tongrinnes
3. THIELMANN
Tongrenelles
Hobe
Kemphen
Pécheux
Ligny
Boignée
Balâtre
2. EXELMANS
1. PAJOL
0   500   1000   1500 m

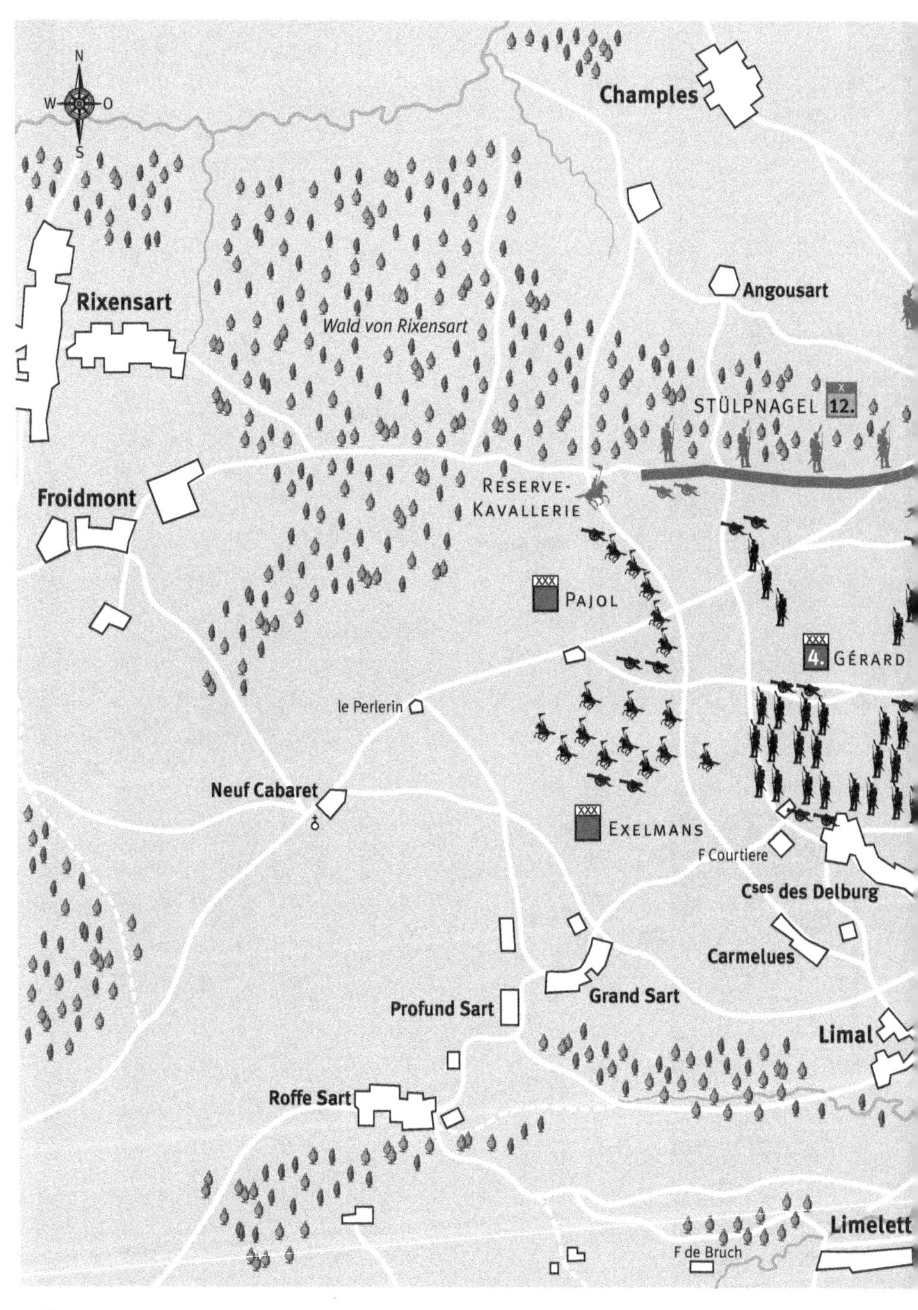

Schlacht bei Wavre, 18./19. Juni 1815

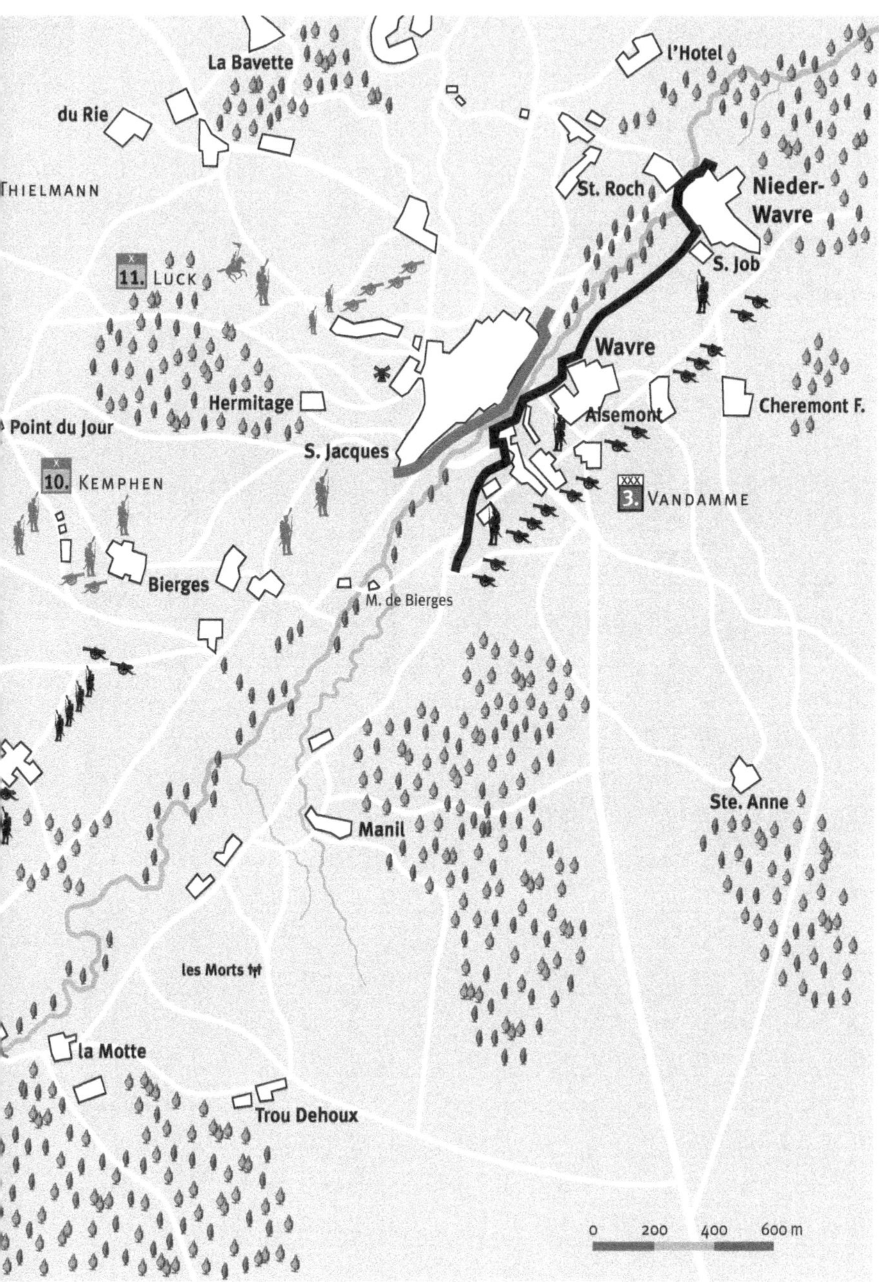

La Bavette
du Rie
THIELMANN
l'Hotel
St. Roch
Nieder-Wavre
S. Job
11. LUCK
Wavre
Hermitage
Alsemont
Cheremont F.
Point du Jour
S. Jacques
10. KEMPHEN
3. VANDAMME
Bierges
M. de Bierges
Ste. Anne
Manil
les Morts
la Motte
Trou Dehoux
0   200   400   600 m

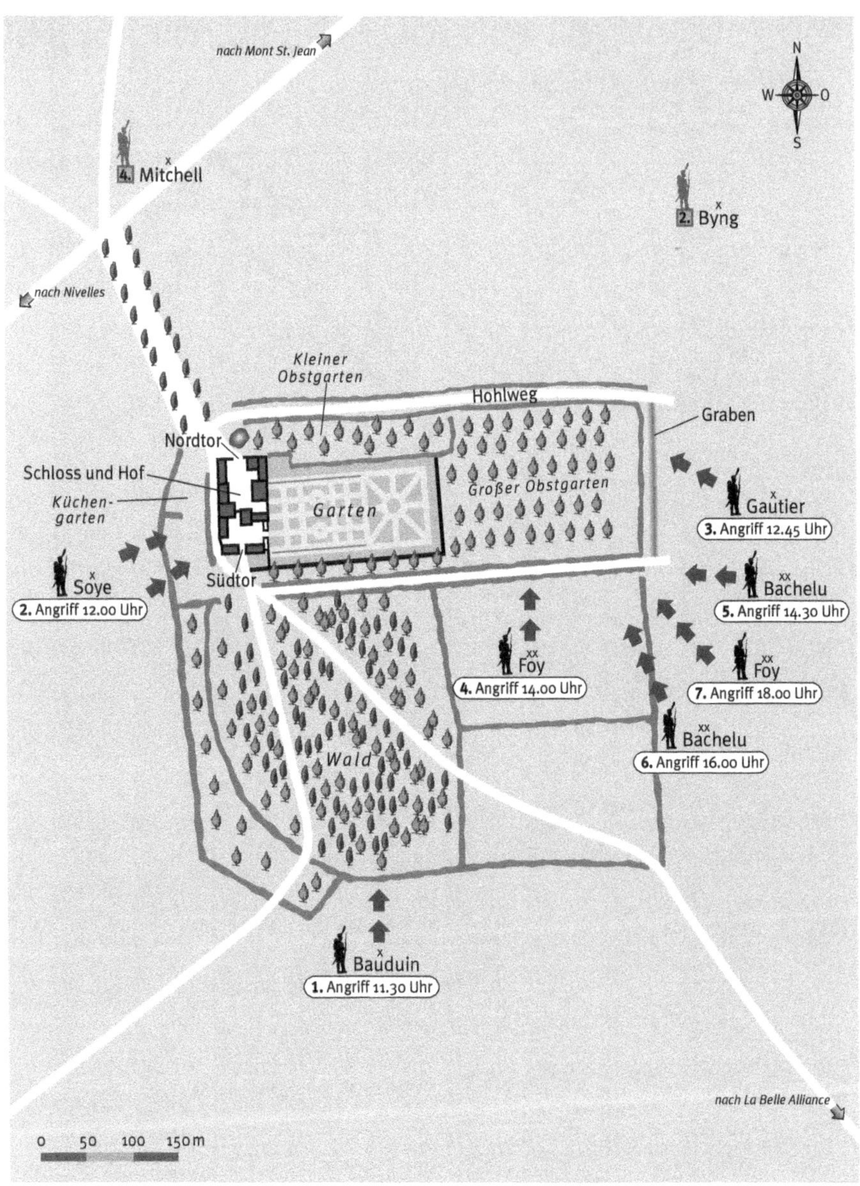

Schlacht um Gut Goumont

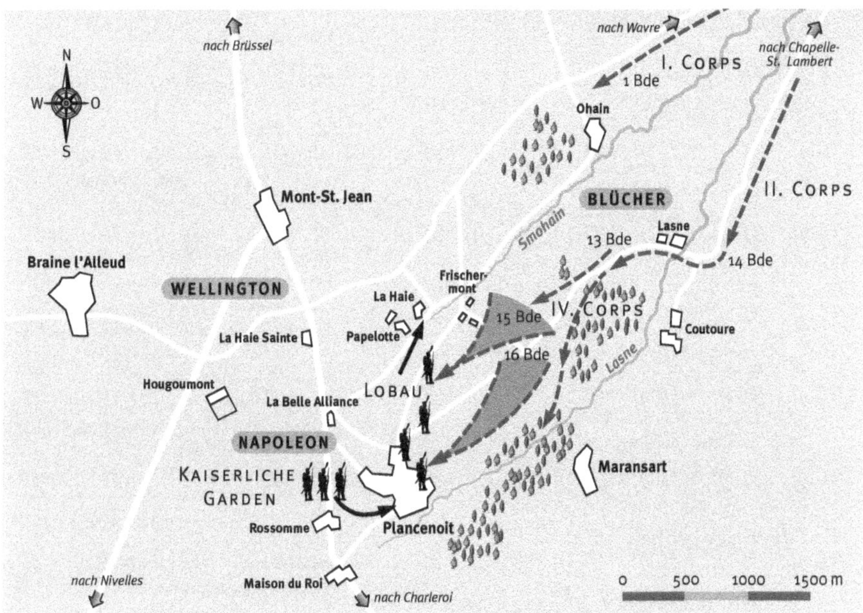

Flankenangriff des 4. Preußischen Corps von Bülow am Nachmittag des 18. Juni 1815

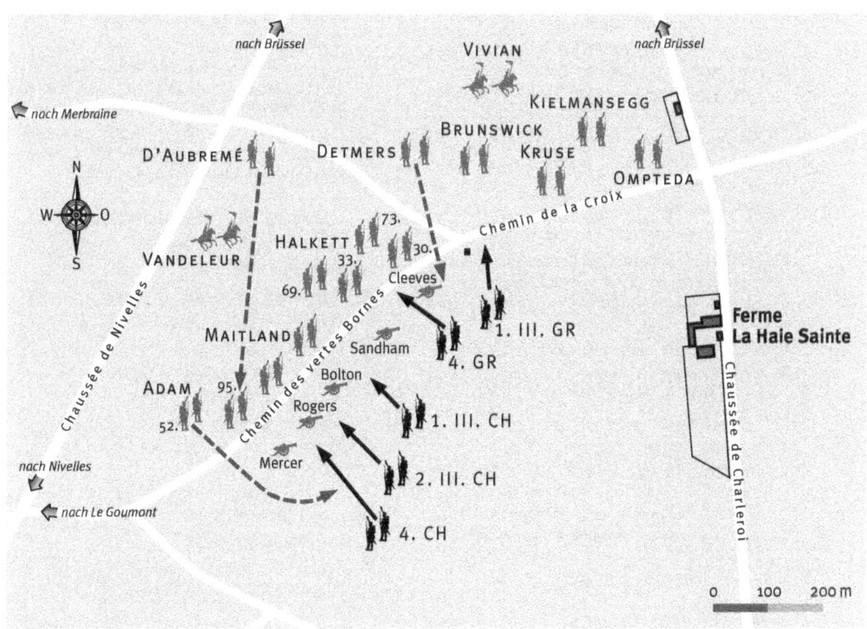

Angriff der Kaiserlichen Garde am Abend des 18. Juni 1815

Waterloo – der vereinnahmte Sieg

1 Müffling, Aus meinem Leben, S. 250.
2 Zitiert in Glover (Hrsg.), Waterloo Archive, Bd. IV, S. 147.
3 So war das Preußische Denkmal in Plancenoit 1832 von den Franzosen niedergerissen worden, Logie, Waterloo, S. 196.
4 Largeaud, Napoléon et Waterloo, S. 11 f.
5 Jac Weller, Wellington at Waterloo, London 1992.
6 Siehe Johannes Willms, Triumph der Defensive. Waterloo, 18. Juni 1815, in: Stig Förster u. a. (Hrsg.), Schlachten der Weltgeschichte. Von Salamis bis Sinai, München 2004, S. 198: „Wellington war der Sieger von Waterloo. Er zerstörte den Nimbus Napoleon.“
7 Hamilton-Williams, Waterloo, S. 28.
8 Chandler, Waterloo, S. 9.
9 Largeaud, Napoleon et Waterloo, S, 340 f.

Vorgeschichte

1 Weigley, Age of Battles, S. 96.
2 Strachan, European Armies, S. 25 f.
3 Young, Bravest of the Brave, in: Chandler, Napoleon's Marshals, S. 370.
4 Parker, Militärische Revolution, S. 22.
5 Weigley, Age of Battles, S. XVI: „There was no such rapid pace of technological change in the epoch from Breitenfeld to Waterloo. The hardware of war was essentially the same in 1815 as in 1631.“
6 Strachan, European Armies, S. 33.
7 John Frederick Charles Fuller, The Conduct of War. 1789-1961, S. 86.
8 Hofschröer, Wellington's Smallest Victory, S. 17.
9 Tulard, Napoléon, Chef de Guerre, S. 81.
10 Frank H. Winter, The First Golden Age of Rocketry, Washington 1990, S. 24: „I do not want to set fire to any town and I do not know any other use of rockets.“
11 Ortenburg, Revolutionskriege, S. 43 f.
12 Orlando Figes, Krimkrieg. Der letzte Kreuzzug, Berlin 2011, S. 318.
13 Parker, Militärische Revolution, S. 25.
14 Strachan, European Armies, S. 10.
15 Strachan, European Armies, S. 16: Der Ladevorgang einer Luntenschlossmuskete umfasste 44 Einzeltätigkeiten, die Steinschlossmuskete verringerte diesen Aufwand auf immerhin noch 26 Schritte.
16 Parker, Militärische Revolution, S. 39 f.

17 Weigley, Age of Battles, S. 207.
18 Weigley, Age of Battles, S. 294 f.
19 Napoleon, Correspondence, zitiert nach J. M. Thompson, Napoleon's Letters, London 1998, S. 312.
20 Tulard, Vingt Jours, S. 36 f.
21 Lefebvre, Napoleon, S. 559 f.
22 Pertz/Dellbrück, Gneisenau, Bd. 4, S. 323.
23 Lefebvre, Napoleon, S. 561.
24 Tulard, Vingt Jours, S. 126.
25 Zitiert nach Adkin, Waterloo Companion, S. 20.
26 Hamilton-Williams, Waterloo, S. 62 f.
27 Hamilton-Williams, Waterloo, S. 60.
28 Fleury de Chaboulon, zitiert nach Willms, Napoleon, S. 632.
29 Willms, Napoleon, S. 633.
30 Chandler, Waterloo, S. 22.
31 Zitiert bei W. Siborne, Waterloo Campaign, Anhang III u. IV, S. 525.
32 Willms, Napoleon, S. 634: „Unter den Ministern war wohl keiner, der dem neuen Anlauf Napoleons auch nur die geringste Erfolgschance einräumte.“
33 Houssaye, Campaign of 1815, S. 4 f.
34 Houssaye, Campaign of 1815, S. 8.
35 Houssaye, Campaign of 1815, S. 11.
36 Houssaye, Campaign of 1815, S. 18.
37 Hamilton-Williams, Waterloo, S. 268.
38 Zitiert nach Keegan, Die Schlacht, S. 188.
39 Logie, Waterloo, S. 19.
40 Arnold Wirtgen, Die preußischen Handfeuerwaffen. Modelle, Manufakturen, Gewehrfabriken 1814–1856, Bonn 2004, S. 25: Nach der Auswertung von 36 Regimentsgeschichten gelangt der Verfasser zu dem Resultat, „dass die preußische Linieninfanterie zu rd. 80% mit fremden Gewehren ausgerüstet war“.
41 Ortenburg, Revolutionskriege, S. 26.
42 Holmes, Wellington, S. 14.
43 Logie, Waterloo, S. 21.
44 Tulard, Napoléon, Chef de Guerre, S. 77.
45 Holmes, Redcoat, S. 42 f.
46 Holmes, Redcoat, S. 32 f.
47 Tulard, Napoléon, Chef de Guerre, S. 303.
48 Keegan, Die Schlacht, S. 184.
49 Keegan, Die Schlacht, S. 172 f.
50 Mercer, Journal of the Waterloo Campaign, S. 153.
51 Tulard, Napoléon, Chef de Guerre, S. 79 f.
52 Logie, Waterloo, S. 24.
53 Logie, Waterloo, S. 26.
54 Weller, Wellington at Waterloo, S. 97.
55 Chandler, Waterloo, S. 75.

56 Chandler, Waterloo, S. 162.

57 Bericht des Soldaten Henry Swann, in: Glover (Hrsg.), Waterloo-Archive, Bd. IV., S. 141.

58 Foulkes, Dancing into Battle, S. 57f.

59 Holmes, Wellington, S. 174.

60 Mercer, Journal of the Waterloo Campaign, S. 154: „Es machte keinen Sinn, dass ich meinen Stock gebrauchte, um ihnen klarzumachen, dass wir ihre englischen Freunde waren. Das einzige Resultat war ein furchterfüllter Blick und beschleunigte Flucht."

61 Bericht des Soldaten Thomas Jeremiah, in: Glover (Hrsg.), Waterloo Archive, Bd. IV., S. 182.

62 Parkinson, Hussar General, S. 15f.

63 Glenn A. Steppler, The British Army on the Eve of War, in: Guy (Hrsg.), Road to Waterloo, S. 4.

64 Holmes, Wellington, S. 17.

65 Parkinson, Hussar General, S. 47.

66 Holmes, Wellington, S. 31f.

67 Willms, Napoleon, S. 49.

68 Willms, Napoleon, S. 49.

69 Holmes, Wellington, S. 40.

70 Willms, Napoleon, S. 540.

71 Weller, Wellington at Waterloo, S. 23.

72 Lefebvre, Napoleon, S. 80f.

73 Parkinson, Hussar General, S. 53.

74 Parkinson, Hussar General, S. 72.

75 Weller, Peninsula, S. 29f.

76 Parkinson, Hussar General, S. 82.

77 Willms, Napoleon, S. 527.

78 Parkinson, Hussar General, S. 90.

79 Parkinson, Hussar General, S. 93.

80 Holmes, Wellington, S. 172f.

81 Holmes, Wellington, S. 173.

82 Parkinson, Hussar General, S. 101f.

83 Weller, Peninsula, S. 265.

84 Wellington, Military Dispatches, S. 302.

85 Parkinson, Hussar General, S. 177.

86 Willms, Napoleon, S. 628.

87 Parkinson, Hussar General, S. 205.

Die Schlacht

1 Detaillierte Aufstellung der französischen Kräfte bei Houssaye, Campaign of 1815, S. 20. David Chandler, Waterloo, S. 52, nennt 128 000 Mann und 366 Geschütze. Deutlich niedriger wiederum die Zahlen bei Chalfont, Battle of three Armies, S. 31, wo die *Armée du Nord* nur mit 115 500 Mann angeben wird.

2 Hamilton-Williams, Waterloo, S. 120.

3 Davout hatte am 14. Oktober 1806 mit nur einem Armeekorps von 26 000 Mann die Hälfte der preußischen Armee in die Flucht geschlagen, siehe Chandler, The Iron Marshal, in: ders., Napoleon's Marshals, S. 110f.

4 Müffling, Aus meinem Leben, S. 204.

5 Pertz/Dellbrück, Gneisenau, Bd. 4., S. 382.

6 Müffling, Aus meinem Leben, S. 210–212.

7 Hamilton-Williams, Waterloo, S. 82.

8 Pertz/Dellbrück, Gneisenau, Bd. 4, S. 406.

9 Chandler, Waterloo, S. 63.

10 Chandler, Waterloo, S. 126.

11 Hamilton-Williams, Waterloo, S. 262.

12 Napoleon zu Colonel Neil Campbell, dem britischen Kommissar auf Elba, zitiert nach: Hamilton-Williams, Waterloo, S. 244.

13 v. Ollech, Geschichte des Feldzuges von 1815, S. 12: „Das ist das größte Glück, welches Preußen begegnen konnte."

14 Curt Jany, Geschichte der Preußischen Armee, Bd. IV. Die Königlich Preußische Armee und das Deutsche Reichsheer 1807-1914, Osnabrück 1967, S. 105.

15 Pertz/Dellbrück, Gneisenau, Bd. 4, S. 338f.

16 Brief Gneisenaus an Oberst von Thile vom 27.3.1815, in: Karl Griewank (Hrsg.), Gneisenau. Ein Leben in Briefen, Leipzig 1939, S. 311f.

17 Parkinson, Hussar General, S. 207.

18 Hamilton-Williams, Waterloo, S. 148.

19 Chandler, Waterloo, S. 68f.

20 Weigley, Age of Battles, S. 305f.

21 Houssaye, Campaign of 1815, S. 32f.

22 Hamilton-Williams, Waterloo, S. 154.

23 Chandler, Waterloo, S. 56.

24 Young, Bravest of the Brave, in: Chandler, Napoleon's Marshals, S. 361f.

25 Young, Bravest of the Brave, in: Chandler, Napoleon's Marshals, S. 362.

26 Hamilton-Williams, Waterloo, S. 143f.

27 v. Ollech, Geschichte des Feldzuges von 1815, S. 95f.

28 Hamilton-Williams, Waterloo, S. 137.

29 Hamilton-Williams, Waterloo, S. 154f.

30 In seinem Bericht an den Earl Bathurst, in: Wellington, Military Dispatches, S. 391, heißt es sogar: „I did not hear of these events till in the evening of the 15th."

31 Weller, Wellington at Waterloo, S. 45f.

32 Zitiert nach Bernhard von Pothen, Art. Friedrich Karl von Müffling genannt Weiß, in: Allgemeine Deutsche Biografie, Bd. 22, Leipzig 1885, S. 452.

33 Müffling, Aus meinem Leben, S. 212f.

34 Müffling, Aus meinem Leben, S. 228ff.

35 Hamilton-Williams, Waterloo, S. 177.

36 Hamilton-Williams, Waterloo, S. 178.

37 Weller, Wellington at Waterloo, S. 36.

38 Weller, Wellington at Waterloo, S. 50.

39 Das lange im Preußischen Kriegsarchiv aufbewahrte Schreiben ist bei von Ollech, Geschichte des Feldzuges von 1815, S. 124, als Faksimile abgedruckt.

40 Pertz/Dellbrück, Gneisenau, Bd. 4, S. 370: „Es ist unmöglich, sich einer peinlichen Empfindung zu erwehren, wenn man die Angaben dieses Briefes mit der tatsächlichen Stellung, welche die Truppen in jenem Moment einnahmen, vergleicht.“

41 Müffling, Aus meinem Leben, S. 235.

42 Müffling, Aus meinem Leben, S. 234: Die Behauptung des Generals, dass in der Unterredung um 13 Uhr die tatsächlichen Verhältnisse bei Quatre Bras zur Sprache gekommen seien, ist schlicht irreführend. Hätten Gneisenau und Blücher gewusst, dass mit Wellingtons Reserve frühestens um 16 Uhr zu rechnen war, wäre ihr Schlachtplan gewiss anders ausgefallen.

43 v. Ollech, Geschichte des Feldzuges von 1815, S. 91.

44 Hamilton-Williams, Waterloo, S. 224. v. Ollech, Geschichte des Feldzuges von 1815, S. 123, nennt 82 000 Mann auf preußischer Seite, die Streitmacht der Franzosen beziffert er ohne das Korps Lobau, aber wohl einschließlich der zunächst gleichfalls nicht eingesetzten Garde auf 69 000 Mann.

45 Hamilton-Williams, Waterloo, S. 196f.

46 David Chandlers Kritik an Neys mangelnder Aggressivität an diesem Morgen erscheint daher unangemessen, siehe: Waterloo, S. 87.

47 Hamilton-Williams, Waterloo, S. 28 u. 216.

48 Chandler, Waterloo, S. 95.

49 Chandler, Waterloo, S. 97, glaubt sogar, dass bei der Befehlsausgabe eine Verwechslung der Ortsnamen Wagnelé und Wagnée eine Rolle gespielt habe. Die letztgenannte Ortschaft lag allerdings sehr weit im Rücken von Vandammes Korps.

50 Hamilton-Williams, Waterloo, S. 224.

51 Houssaye, Campaign of 1815, S. 120f.

52 Hamilton-Williams, Waterloo, S. 219f. Jac Weller, Wellington at Waterloo, S. 64f. liefert dagegen eine Version, die den Prinzen von Oranien für das Desaster verantwortlich macht. Entgegen Halketts Willen habe er befohlen, die Karrees wieder aufzugeben und zwei Linien zu bilden, um eine höhere Feuerkraft zu erhalten. Einen Beleg liefert Weller allerdings nicht.

53 Houssaye, Campaign of 1815, S. 121.

54 Siehe dazu das Vorwort von Lord Chalfont, Waterloo. Battle of three Nations, S. 16: „Napoleons Plan [zur Vernichtung der Preußen] wurde von Ney zunichte gemacht, der keinen Versuch unternommen hatte, seine Männer schon am Morgen des 16. [Juni] einzusetzen.“

55 Memoires pour servire l'histoire de la France, S. 58

56 Wellingtons Verhalten an diesem Tag schien eine schlagende Bestätigung für Gneisenaus notorisches Misstrauen gegenüber dem Briten. Auch seinen Stellvertreter Müffling versuchte er gegen den Herzog einzustimmen: „Der General von Gneisenau warnte mich bei meinem Abgange [nach Brüssel], mit dem Herzog von Wellington sehr auf meiner Hut zu sein, denn dieser ausgezeichnete Führer sei durch seine Verhältnisse in Indien und die Verhandlungen mit den hinterlistigen Nabobs an Falschheit gewöhnt, und habe es darin zu einer solchen Meisterschaft gebracht, dass selbst die Nabobs von ihm überlistet worden wären.“ Müffling, Aus meinem Leben, S. 212.

57 Hamilton-Williams, Waterloo, S. 223f.

58 Uhle-Wettler, Höhe- und Wendepunkte, S. 80.

59 v. Ollech, Geschichte des Feldzuges von 1815, S. 172.

60 v. Ollech, Geschichte des Feldzuges von 1815, S. 156.

61 Tulard, Napoléon, Chef de Guerre, S. 65: „Diese Soldaten sind in ihrer Mehrheit Atheisten. Sie besuchen nicht die Messe wie die Österreicher und haben keine Feldkaplane wie die Briten: Ihr Gott ist Napoleon.“

62 v. Ollech, Feldzug von 1815, S. 174: „Rastlose Kriegsenergie spricht sich in diesem Entschluss allerdings nicht aus.“

63 Siehe dazu Hamilton-Williams, Waterloo, S. 234: Gneisenau verspürte keinerlei Eile, Wellington und Müffling über die getroffene Entscheidung zu informieren. Schließlich waren die beiden während dieses Tages ihm gegenüber ebenso zurückhaltend mit Nachrichten gewesen.

64 Houssaye, Waterloo Campaign, S. 143.

65 Hamilton-Williams, Waterloo, S. 238. Die erheblichen früheren Rückkehrzeiten bei Logie, Waterloo, S. 67, sowie Houssaye, Campaign of 1815, S. 144, können unmöglich stimmen. Nach Weller, Wellington at Waterloo, S. 72, soll Oberst Gordon sogar mit dem noch viel weiter entfernten General von Thielmann gesprochen haben und es dennoch geschafft haben, sich bis 7.30 Uhr wieder bei Wellington einzufinden.

66 Müffling, Aus meinem Leben, S. 240f.

67 Hamilton-Williams, Waterloo, S. 240.

68 Hamilton-Williams, Waterloo, S. 244f.

69 James D. Lunt, Grouchy. The Odd Man out, in: Chandler (Hrsg.), Napoleon's Marshals, S. 140 ff.

70 V. Ollech, Feldzug von 1815, S. 176.

71 Zitiert nach Hamilton-Williams, Waterloo, S. 246. Der Befehl wird auch bei v. Ollech, Feldzug von 1815, S. 176 f, wiedergegeben.

72 Hamilton-Williams, Waterloo, S. 249, Weller, Wellington at Waterloo, S. 75.

73 Mercer, Journal, S. 145.

74 Hamilton-Williams, Waterloo, S. 254.

75 Weller, Wellington at Waterloo, S. 6f.

76 Zum Feldzug von 1794/95 siehe auch: G.J. Evelyn: „I learned what one ought not to do." The British Army in Flanders and Holland 1793–1795, in: Alan J. Guy (Hrsg.), The Road to Waterloo, S. 16–22.

77 Oft tauchen auch die britischen Regimentsbezeichnungen auf, was aber verdeckt, dass für den Feldzug von 1815 jeweils nur eines der beiden zu einem Regiment gehörenden Bataillone verfügbar war.

78 Siborne, Waterloo Campaign, S. 555, beziffert die Verluste der beiden Brigaden auf zusammen 1350 Mann.

79 Hamilton-Williams, Waterloo, S. 285.

80 Weller, Waterloo, S. 82.

81 Weller, Waterloo, S. 82.

82 Hamilton-Williams, Waterloo, S. 257.

83 v. Ollech, Feldzug von 1815, S. 191f.

84 v. Ollech, Feldzug von 1815, S. 192.

85 Clausewitz, Feldzug von 1815, S. 97f., bestreitet, dass die Division absichtlich zurückgelassen wurde und glaubt, sie sei einfach vergessen worden.

86 Hamilton-Williams, Waterloo, S. 262.

87 Seymour, Defence of Hougoumont, in: Chalfont (Hrsg.), Waterloo. Battle of three Armies, S. 85.

88 Plünderungsaktionen von Briten und Deutschen am Vormittag der Schlacht sind mehrfach bezeugt. So etwa die Erinnerungen des Privat Thomas Jeremiah, in: Glover, Waterloo Archive, Bd. IV, S. 185.

89 Chandler, Waterloo, S. 133.

90 Siborne, Waterloo Campaign, S. 234.

91 Houssye, Campaign of 1815, S. 187.

92 Weller, Wellington at Waterloo, S. 90f.

93 Houssye, Campaign of 1815, S. 166f.

94 Zitiert nach Siborne, Waterloo Campaign, S. 244.

95 Hamilton-Williams, Waterloo, S. 287.

96 Siborne, Waterloo Campaign, S. 252.

97 Hamilton-Williams, Waterloo, S. 297.

98 Hamilton-Williams, Waterloo, S. 297.

99 Hamilton-Williams, Waterloo, S. 298, dagegen glaubt Weller, Wellington at Waterloo, S. 102, dass der Herzog, der sich ganz in der Nähe aufhielt, den Befehl zum Einsatz der schweren Kavallerie gegeben hat.

100 Siborne, Waterloo Letters, S. 70f.

101 Major de Lacy Evans, in: Siborne, Waterloo Letters, S. 62.

102 Den Zahlen von William Siborne, Waterloo Campaign, S. 273, folgen auch die meisten modernen Autoren wie Hamilton-Williams, Waterloo, S. 309, oder Weller, Wellington at Waterloo, S. 103; dagegen nennt Seymour, in: Chalfont (Hrsg.), Battle of three Armies, S. 98, nur 2000 französische Gefangene.

103 Hamilton-Williams, Waterloo, S. 314.

104 Hamilton-Williams, Waterloo, S. 311. Kempt und Pack hatten in dieser Phase, für sie die verlustreichste der gesamten Schlacht, noch einmal zusammen 900 Mann verloren.

105 Houssaye, Waterloo Campaign, S. 202f.

106 Logie, Waterloo, S. 106, Houssaye, Waterloo Campaign, S. 203.

107 Houssaye, Waterloo Campaign, S. 204. „Es scheint fast sicher, dass Napoleon zunächst nichts von dieser Massierung seiner Kavallerie bemerkt hatte." Dagegen die Darstellung bei Hamilton-Williams, Waterloo, S. 320, der Napoleon von Beginn an als Urheber der Neyschen Attacke sieht und dafür den Mangel an Infanterie als Grund anführt.

108 Logie, Waterloo, S. 107.

109 Houssaye, Waterloo Campaign, S. 204.

110 Reminiscences of Captain Gronow, S. 189.

111 Logie, Waterloo, S. 107.

112 Houssaye, Waterloo Campaign, S. 213.

113 Weller, Wellington at Waterloo, S. 234.

114 Keegan, Die Schlacht, S. 183.

115 Weller, Wellington at Waterloo, S. 111.

116 Keegan, Die Schlacht, S. 183.

117 v. Ollech, Feldzug von 1815, S. 238.

118 Hamilton-Williams, Waterloo, S. 320.

119 Reminiscences of Captain Gronow, S. 190.

120 Logie, Waterloo, S. 115.

121 Hamilton-Williams, Waterloo, S. 330.

122 Weller, Wellington at Waterloo, S. 130.

123 Logie, Waterloo, S. 134.

124 Hamilton-Williams, Waterloo, S. 328.

125 Houssaye, Campaign of 1815, S. 258.

126 Houssaye, Campaign of 1815, S. 259.

127 Houssaye, Campaign of 1815, S. 259.

128 Chandler, Waterloo, S. 152f.

129 Houssaye, Campaign of 1815, S. 222.

130 Hamilton-Williams, Waterloo, S. 334.

131 Houssaye, Campaign of 1815, S. 217f.

132 Hamilton-Williams, Waterloo, S. 341f.

133 v. Müffling, Aus meinem Leben, S. 248, Weltzien, Memoiren des Generals von Reiche, S. 213.

134 Houssaye, Campaign of 1815, S. 218.

135 Weller, Wellington at Waterloo, S. 131.

136 General Hussay Vivian behauptete jedoch einen Tag später, aus eigenem Entschluss mit seiner Bri-

gade ins Zentrum geritten zu sein. Siehe Brief an das Parlamentsmitglied Edward Wynne-Pendarves v. 19.6.1815, in: Glover, Waterloo Archive, Bd. IV, S. 62.

137 Tulard, Napoléon, Chef de Guerre, S. 116.

138 Tulard, Napoléon, Chef de Guerre, S. 65.

139 Es hätten eigentlich noch 14 Bataillone sein müssen, doch das 4. Grenadierregiment verfügte ebenso wie das 4. Jägerregiment nur über ein Bataillon. Siehe dazu Weller, Wellington at Waterloo, S. 144.

140 Zum Umfang der preußischen Beteiligung siehe v. Ollech, Feldzug von 1815, S. 256.

141 Seymour, in: Chalfont, Battle of three Armies, S. 158. Siehe auch Weller, Wellington at Waterloo, unter Bezugnahme auf von Müffling, S. 141.

142 Zu einer ähnlichen Einschätzung gelangt auch Becke, Napoleon and Waterloo, S. 246.

143 Houssaye, Campaign of 1815, S. 224.

144 Logie, Waterloo, S. 122.

145 H.T. Siborne, Waterloo Letters, S. 255.

146 Weller, Wellington at Waterloo, S. 147.

147 Hamilton-Williams, Waterloo, S. 343f.

148 Weltzien, Memoiren des Generals Ludwig von Reiche, S. 215.

149 Houssaye, Campaign of 1815, S. 231.

150 Chandler, Waterloo, S. 164.

151 Logie, Waterloo, S. 136.

152 Houssaye, Campaign of 1815, S. 235.

153 Müffling, Aus meinem Leben, S. 249.

154 Hamilton-Williams, Waterloo, S. 345.

155 Mercer, Journal of the Waterloo-Campaign, S. 178ff.

156 Theodor Fontane, Wanderungen durch die Mark Brandenburg, Bd. 1, München 1966, S. 248.

157 Brief an General Bloomfield v. 19.6.1815, zitiert in: Glover (Hrsg.), Waterloo Archive, Bd. IV, S. 62.

158 Houssaye, Campaign of 1815, S. 231: „Die drei Bataillone der Garde wehrten die Kavallerie mit Leichtigkeit ab."

159 Hamilton-Williams, Waterloo, S. 346.

160 Houssaye, Campaign of 1815, S. 232.

161 Höfschröer, Waterloo Campaign, S. 148f.: „Sergeant Führing [vom Osnabrücker Landwehrbataillon] richtete sein Bajonett auf Cambronnes Brust [der von seinem Pferd gestürzt war], woraufhin dieser rief <Pardon, Monsieur> und seinen Degen fortwarf."

162 Houssaye, Campaign of 1815, S. 235.

163 Nach Wenzlik, Waterloo II, S. 147, konnten drei dieser Gardebataillone noch in Richtung Genappe entkommen. Leider nennt er nicht die Belege.

164 Houssaye, Campaign of 1815, S. 234.

165 Dass sich die beiden Befehlshaber bei Genappe getroffen haben, wie es etwa Hofschröer, Waterloo

Campaign, S. 151, behauptet, ist allein schon wegen der Entfernung unwahrscheinlich. Genappe liegt immerhin sechs Kilometer südlich von La Belle Alliance.

166 v. Ollech, Feldzug von 1815, S. 252. Wellington sprach etwa 25 Jahre später von einer Umarmung zu Pferde, wobei ihn Blücher mit „Mein lieber Kamerad" begrüßte und hinzufügte „Quelle affaire!", angeblich die einzigen französischen Worte, die der Feldmarschall kannte. Stelle zitiert bei: Logie, Waterloo, S.142.

167 Chandler, Waterloo, S. 166. Nach Hamilton-Williams, Waterloo, S. 348, soll Wellington jedoch zu Blüchers Vorschlag geschwiegen haben. Hier könnte aber eine Verwechslung mit Müfflings Erinnerungen vorliegen, der in der Nacht Wellington denselben Vorschlag machte, aber keine Antwort darauf erhielt, Aus meinem Leben, S. 250.

168 In seiner Meldung an Earl Bathurst machte er daraus zwölf Stunden: Wellington, Military Dispatches, S. 395.

169 Wellington, Military Dispatches, S. 391: „Die Stellung, die ich vor Waterloo einnahm, kreuzte die Straßen von Charleroi und Nivelles …"

170 Hofschröer, Waterloo Campaign, S. 151.

171 Hofschröer, Waterloo Campaign, S. 152.

172 Hofschröer, Waterloo Campaign, S. 151f.

173 Parkinson Hussar General, S. 242.

174 Weller, Wellington at Waterloo, S. 153.

175 Parkinson, Hussar General, S. 241.

176 Armeebericht der preußischen Armee vom Niederrhein, in: Pertz/Delbrück, Gneisenau, Bd. 4, S. 708.

177 Weller, Wellington at Waterloo, S. 153f.

178 Bericht des polnischen Stabsoffiziers Baron v. Kupieski vom 23.6. 1815, zitiert bei Largeaud, Napoléon et Waterloo, S. 366.

179 Houssaye, Campaign of 1815, S. 252.

180 Lecestre, Unveröffentlichte Briefe Napoleons, Paris 1897, zitiert bei Thompson, Napoleon's Letters, S. 313.

181 Logie, Waterloo, S. 164.

182 Logie, Waterloo, S. 164.

183 Houssaye, Campaign of 1815, S. 264.

184 v. Ollech, Feldzug von 1815, S. 264.

185 Foulkes, Dancing into the Battle, S. 200f.

186 Foulkes, Dancing into the Battle, S. 208f.

187 Foulkes, Dancing into the Battle, S. 205.

188 Logie, Waterloo, S. 155.

189 Keegan, Die Schlacht, S. 238.

190 Keegan, Die Schlacht, S. 235.

191 Mercer, Journal, S. 182.

192 Logie, Waterloo, S. 154.

193 Foulkes, Dancing into the Battle, S. 204f.

194 Foulkes, Dancing into the Battle, S. 204.
195 Logie, Waterloo, S. 156.
196 Logie, Waterloo, S. 157.
197 Logie, Waterloo, S. 190f.

Analyse

1 Siehe den Kommentar des Generals von Ollech, Feldzug von 1815, S.141: „Die Schlacht brannte in der Tat wie nass gewordenes Pulver an der langen Dauer der Dorfgefechte ab."
2 Während die Taktik die örtliche Gefechtsführung bis zur Divisionsebene beschreibt, befasst sich die Operation mit der Führung von Armeekorps und Armeen auf einem Kriegsschauplatz.
3 Weller, Wellington at Waterloo, S. XIII.
4 Mercer, Journal, S. 146.
5 Tulard, Napoléon, Chef de Guerre, S. 65.
6 Willms, Napoleon, S. 663.
7 Gaspard Gourgaud, Napoleons Gedanken und Erinnerungen. St. Helena 1815-1818, Stuttgart 1904, Gesprächsnotiz v. 30. 10. 1815, S. 221.
8 Holmes, Wellington, S. 217.
9 Parkinson, Hussar General, S. 243.
10 Parkinson, Hussar General, S. 249.
11 Matthias Rogg, Kompass Militärgeschichte, Freiburg 2013, S. 214.
12 Young, The Bravest of the Brave, in: Chandler, Napoleon's Marshals, S. 374.
13 Klitscher, Ney, S. 337.
14 In: Pertz/Dellbrück, Gneisenau, Bd. 4, S. 605.
15 So Gneisenau in einem Brief an die Fürstin Radziwill vom 20.11.1819, in: Karl Griewank (Hrsg.), Gneisenau. Ein Leben in Briefen, Leipzig 1939, S. 363.
16 Edward Creasy, The Fifteen Decisive Battles of the World. From Marathon to Waterloo, London 1851, S. 7.
17 Zitiert nach Wenger, Die Heilige Allianz, in: Pyta (Hrsg.), Das europäische Mächtekonzert, S. 210.
18 Schroeder, The Transformation of European Politics, in: Pyta (Hrsg.), Das europäische Mächtekonzert, S. 29.
19 Zitiert nach Carsten Holbraad, The Concert of Europe. A Study in German and British International Theory, 1815-1914, London 1970, S. 17.
20 Logie, Waterloo, S. 206f.
21 Largeaud, Napoléon et Waterloo, S. 11.
22 The Creevey Papers. A Selection from the Correspondence & Diaries of the Late Thomas Creevey, hrsg. v. Herbert Maxwell, London 1903, S. 236.
23 Logie, Waterloo, S. 210.
24 Logie, Waterloo, S. 210.
25 Logie, Waterloo, S. 211.
26 Peter Brügge, Nach den Preußen diesmal nicht gerufen. Bei den Waterloo-Feiern in Brüssel. In: Der Spiegel Nr. 26 vom 23.6.1965, S. 28–29.
27 Largeaud, Napoléon et Waterloo, S. 18, betont dabei gegenüber Wolfgang Schivelbusch (Kultur der Niederlage), dass diese Form der Geschichtsbewältigung schon vor 1870 in Frankreich wirksam war.
28 Largeaud, Napoléon et Waterloo, S. 42.
29 Logie; Waterloo, S. 219.
30 Logie, Waterloo, S. 213.
31 Erich Pelzer, Waterloo, Schlachtenmythos und Erinnerungssymbolik, in: Krumeich/Brandt (Hrsg.), Schlachtenmythen, S. 158.
32 Goethe an Eckermann am 24.11.1824, in: Heinz Schlaffer (Hrsg.), Sämtliche Werke, Bd. 19, München 1986, S. 113.
33 Hofschröer, Wellington's Smallest Victory, S. 215f.
34 Erich Pelzer, Waterloo, Schlachtenmythos und Erinnerungssymbolik, in: Krumeich/Brandt (Hrsg.), Schlachtenmythen, S. 157.
35 Zur Geschichte und Tradition von Reenactments als eine Bewegung vor allem der weißen Mittelschicht in den Vereinigten Staaten seit den 1960er Jahren siehe Ulf Otto, Krieg von Gestern. Die Verkörperung von Geschichtsbildern im Reenactment, in: Welt – Bild – Theater. Politik des Wissens und der Bilder, Bd. 1, hrsg. von Kati Röttger, Tübingen 2010, S. 77-87.
36 Arthur Conan Doyle, The Return of Sherlock Holmes (1905), London 2012, S. 239: "We have not yet met our Waterloo, Watson, but this is our Marengo, for it begins with defeat and ends with victory."
37 Largeaud, Napoléon et Waterloo, S. 11, Anm. 1.
38 Stendhal, Die Kartause von Parma (Übersetzung von Walter Widmer), München 1952, S. 50ff.
39 So verschliefen der Fähnrich Charles Short und seine Kameraden den Morgen der Schlacht, nachdem sie dank einer Ration Gin und einigen Laiben Roggenbrot in beste Stimmung geraten waren, in: Glover, Waterloo-Archive, Bd. IV., S. 147.
40 Siehe dazu Keegans Kritik an der Schilderung der Schlacht von Albuera (16.5.1811) aus der Feder des renommierten Generals Sir William Napier, Die Schlacht, S. 38f.
41 Zitiert nach Keegan, Die Schlacht, S. 135.
42 Vgl. etwa Bernhard W. Kroener, Militär, Staat und Gesellschaft im 20. Jahrhundert, München 2010.
43 Marian Füssel/Micheal Sikora, Kulturgeschichte der Schlacht, Paderborn 2014 (= Krieg in der Geschichte Bd. 78), Einleitung, S. 19.
44 Keegan, Die Schlacht, S. 30.

Literatur

1) Marc **Adkin**, The Waterloo Companion, London 2001.

2) Archibald Frank **Becke**, Napoleon and Waterloo. The Emperor's Campaign with the „Armée du Nord", London (Reprint von 1936) 1995.

3) Lord **Chalfont** (Hrsg.), Waterloo. Battle of three Armies, London 1979.

4) David **Chandler**, Waterloo. The Hundred Days, London 1997.

5) **ders.**, Dictionary of the Napoleonic Wars, Ware (Hertfordshire) 1999.

6) **ders.** (Hrsg.), Napoleon's Marshals, London 2000.

7) Charles **Chesney**, Waterloo Lectures, London (Reprint der 4. Auflage) 1997.

8) Carl **von Clausewitz**, Der Feldzug von 1815 in Frankreich, Norderstedt (Reprint der Ausgabe von 1862) 2014.

9) Nick **Foulkes**, Dancing into Battle. A Social History of the Battle of Waterloo, London 2007.

10) John **Franklin** (Hrsg.), Waterloo. Netherland Correspondence, Dorset 2010.

11) Gregory **Fremont-Barnes**/Todd **Fisher**, The Napoleonic Wars. The Rise and Fall of an Empire, London 2004.

12) Gareth **Glover** (Hrsg.), The Waterloo Archive. Bd. 4, British Sources, Barnsley 2012.

13) **ders.** (Hrsg.), The Waterloo Archive, Bd. 5, German Sources, Barnsley 2013.

14) Reese H. **Gronow**, Reminiscences of Captain Gronow, London 1862.

15) Alan J. **Guy** (Hrsg.), The Road to Waterloo. The British Army and the Struggle against Revolutionary and Napoleonic France 1793–1815, London 1990.

16) David **Hamilton-Williams**, Waterloo. New Perspectives. The Great Battle Reappraised, New York 1994.

17) Peter **Hofschröer**, 1815. The German Victory, London 1999.

18) **ders.**, Wellington's Smallest Victory. The Duke, The Model Maker and the Secret of Waterloo. London 2004.

19) Richard **Holmes**, Wellington. The Iron Duke, London 2003.

20) **ders.**, Redcoat. The British Soldier in the Age of Horse and Musket, London 2001.

21) David **Howarth**, Waterloo. A Near Run Thing, Moreton-in-Marsh 1968.

22) Henri **Houssaye**, Napoleon and the Campaign of 1815, Berkeley/Kalifornien 1900.

23) John **Keegan**, Die Schlacht. Azincourt 1415 - Waterloo 1815 - Somme 1916, München 1981.

24) Ernst **Klitscher**, Michael Ney, Soldat der Revolution. Marschall des Kaisers, Saarbrücken 1995.

25) Gerd **Krumeich**/Susanne **Brandt** (Hrsg.), Schlachtenmythen. Ereignis – Erzählung – Erinnerung, Köln 2003.

26) Jean-Marc **Largeaud**, Napoléon et Waterloo. La défaite glorieuse de 1815 à nos jours, Paris 2006.

27) George **Lefebvre**, Napoleon, Stuttgart 2012.

28) Jacques **Logie**, Waterloo. The 1815 Campaign, London 2006.

29) Das Tagebuch des Generals der Kavallerie **Grafen von Nostitz**, in: Kriegsgeschichtliche Einzelschriften des Großen Generalstabs, Heft 5/6, Berlin 1885.

30) Cavalié **Mercer**, Journal of the Waterloo Campaign, New York 1995.

31) Günter **Müchler**, Napoleons Hundert Tage. Eine Geschichte von Versuchung und Verrat, Stuttgart 2014.

32) Friedrich Karl **von Müffling**, Aus meinem Leben, Berlin 1851.

33) **Napoleon**, Memoir pour servire l'histoire de la France en 1815, Paris 1820.

34) Karl Rudolph **von Ollech**, Geschichte des Feldzuges von 1815, Berlin 1876.

35) Georg **Ortenburg**, Waffe und Waffengebrauch im Zeitalter der Revolutionskriege, Koblenz 1988.

36) Geoffrey **Parker**, Die militärische Revolution. Die Kriegskunst und der Aufstieg des Westens 1500–1800, Frankfurt 1990.

37) Roger **Parkinson**, Hussar General. The Life of Blücher, Man of Waterloo, Ware (Hertfordshire) 2001.

38) Georg Heinrich **Pertz**/Hans **Delbrück**, Das Leben des Feldmarschalls Grafen Neidhardt von Gneisenau, 5 Bde., Berlin 1864–1880.

39) Wolfram **Pyta** (Hrsg.), Das europäische Mächtekonzert. Friedens- und Sicherheitspolitik vom Wiener Kongress bis zum Krimkrieg 1815–1853, Köln 2009.

40) H.T. **Siborne**, Waterloo Letters. A Selection from Original and Hitherto Unpublished Letters Bearing on the Operations of the 16th, 17th and 18th June 1815. By Officers who served in the Campaign, London (Reprint) 1993.

41) William **Siborne,** History of the Waterloo Campaign, London (Reprint) 1995.

42) Hew **Strachan**, European Armies and the Conduct of War, London 1983.

43) Jean **Tulard**, Les vingt jours. Louis XVIII. ou Napoleon?, Paris 2001.

44) **ders.**, Napoléon. Chef de Guerre, Paris 2012.

45) Franz **Uhle-Wettler**, Höhe- und Wendepunkte der deutschen Militärgeschichte. Von Leuthen bis Stalingrad, Graz 2006.

46) Russell L. **Weigley**, The Age of Battles. The Quest for Decisive Warfare from Breitenfeld to Waterloo, London 1993.

47) Jac **Weller**, Wellington at Waterloo, London 1998.

48) **ders.**, Wellingon in the Peninsula, London 1999.

49) The Duke of **Wellington**, Military Dispatches, hrsg. v. Charles Esdaile, London 2014.

50) Louis **von Weltzien**, Memoiren des Königlich Preussischen Generals der Infanterie Ludwig von Reiche. Zweiter Teil. Von 1814–1855, Leipzig 1857.

51) Detlef **Wenzlik**, Waterloo II. Der Feldzug von 1815. Waterloo und Wawre, Hamburg 2008.

52) Johannes **Willms**, Napoleon. Eine Biographie, München 2007.

Register